JN314648

都市の自己革新と文化

ひとつの都市再生論

渡部　薫

日本経済評論社

目次

序章

なぜ都市再生に文化か

第一節　はじめに

現在、日本国内において都市再生や地域再生が国家的な大きな課題になってきており、活性化や再生が必要とされる地方都市が増えてきている。そこには、産業構造の変動やグローバルな産業の再編成に伴う、地域経済の構造的な衰退という根本的な問題が潜んでいる。今まで他律的に外部の力に依存していたような都市は、ますます浮動化する外部資本の動きに翻弄されるようになってきている。さらには、地方分権の進行により、地方都市は外部資本の生産投資ばかりではなく、中央からの支援にこれまでのように依存することも困難になりつつある。地方都市には自立した都市の運営が必要となってきている。内発的な経済基盤を新たに創出することが求められるようになってきているのである。

このような状況下において、内発的な発展、再生の道を模索する動きが見られる。都市の内部において自己変革を起こそうとする動きである。その一つの重要な動きとして文化を用いた都市の再生の試みがある。日本よりも早く経済の構造変動に伴う都市の衰退を経験したヨーロッパでは、一九八〇年代以降文化を主要な手段とする都市の再生政策が取り組まれてきた。そこでは、文化は、工業都市から脱工業都市への脱皮を促すもの、文化産業等新しい経済基盤の形成を刺激するもの、新しい社会に変化するための契機となるもの、として位置づけられてきた。文化の持つ創造的な力、変化を生み出す力が注目され、その力を都市再生の一つの原動力として活用しようとしたのである。日本でも、比較的早い時期から文化はまちづくりに取り入れられていたが、そこでは、主に観光に結び付けられ、手軽に人寄せするための道具として使われていたに過ぎなかった。しかし、現在では、ヨーロッパの試みと同様に文化を広義に捉え、まちが変化するための契機として位置づけるようなまちづくりの動きも現れてきている。

このような政策手段として用いる文化とは地域の外在的な力として捉えられるものであるが、他方で、ソーシャル・キャピタルや、創造産業を育むとされる創造的環境の文化的要因のような、地域に内在する文化が注目されるようになり、このような地域の文化が都市再生を目指す都市の内発的な発展にとって基礎的なはたらきをするという認識も高まりつつある。文化は、このように地域に外在的な変革の力としての可能性が見出される一方で、地域が発展するための内在的な基盤としても見られるようになってきているのである。このように見ると、文化を主要な手段とする都市政策には、用いる文化によって地域の内在的な基盤としての文化に作用することで地域の構造的な変化をもたらす可能性を考えることができるのである。

第二節　文化で何を問うのか

1　本書で明らかにすること

以上のような状況から、本書が追究するところについて論じたい。すなわち、都市の再生もしくは長期的・持続的発展は都市の内発性に基づくことが求められるが、そのためには、内発的な発展を支える能力（内発力）、すなわち、都市内で生み出される新しい活動を支える基盤・基礎を形成する必要がある。そのような基盤は、都市を様々な活動から成り立つ一つの社会システムとして見るとき、その基本的構造を構成する〈地域の文化〉に密接に関わっていると考えられるため、都市の再生には、地域の文化が変容する、あるいは、新しい地域の文化が形成される必要がある。

文化を主要な手段とする都市政策・まちづくり、あるいは都市再生に関わる文化政策（以下、「文化政策等」と略称する）には、狙った対象への短期的な経済効果にとどまらず、文化の力によって都市の基本的な構造にはたらきかけるという可能性がある。すなわち、文化政策やまちづくり活動等及びそれらの中に内在する文化のはたらきが地域社会、そして地域の文化を動かすことにより、都市の構造的な変容——都市の内発的能力を支える新しい文化を形成し、長期的に発展しうる都市の基本的な構造を再構成すること——すなわち、都市の自己革新を導く契機になると見ることができるのである。

本書は、文化政策等及びその内在する文化の力がこのような都市の基本的構造にどのような影響を与えることができるか、都市の自己革新といえるような変化を導くことができるかについて明らかにすることを目的とするものである。そして、そこでは、どのような論理とメカニズムを読み取ることができるかを追究する。文化政策等の可能性としては、本書では次の二つに焦点を当てる。

Ａ　都市のサブシステムに着目し、その一つとしての創造的環境形成の可能性、及び活動のネットワーク形成による都市内のサブシステム形成の可能性

Ｂ　文化の持つ意味作用に着目し、文化政策等に伴う地域についての意味の提示が地域のアクターの認知や意味解釈を通じて地域の文化に影響を与える可能性

本書の対象となる都市としては、大都市圏外の地方都市を想定している。ここでいう「都市」は、地理的なまとまりとしての「地域」とほぼ同義的に使っている。より一般化された表現としては、「都市の自己革新」よりも「地域の自己革新」とした方が適切かもしれないが、本書の問題関心がかつて何らかの形で存在感を示した地方都市の再生にあるため、都市という言葉を用いている。いわゆる、マックス・ウェーバーやロバート・パークなどが非都市地域、すなわち農村との対比においてその特性を描くべく定義を試みた「都市」を論じるものではない。ただ、議論の中で、「地域の文化」「地域イメージ」「地域社会」等、地域という言葉も随所に出てくるが、これは、都市という言葉によってそのような非都市地域との対比における都市というニュアンスが出てくるのを避けるため、あるいは、一般的に使われる表現を用いているためである。なお、対象となるのは自治体それ自体ではなく、自治体も含んだ都市の地域社会である。

2　どのような視点で見るか

以上のような目的を追究するために、本書では次のような視点に立脚する。

(1) 文化の作用する力を論じる

第一に、都市が変わることを文化を軸に論じる。多くのまちづくりや地域再生に関する議論では、「人」の重要性が論じられるが、それに対して本書では文化に注目する。人の重要性を軽んじるものではないが、それだけでは議論が断片的な内容の提案や個別の戦術論（人を育てる、ネットワークの重要性、外部から人材を入れる等々）にとどまり、それ以上の議論の展開に乏しい。本書は、まちづくりや地域再生について具体的な方策のあり方を論じるのではなく、現象や政策の効果・可能性について文化を中心に理論的に分析し説明することを目的とする。すなわち、まちづくり等に関わる人の行動を動機づけ、推進するものとして、また、人と人との関係を規定し方向づけるものとして文化のはたらきを捉え、そのような文化のはたらきからまちづくりや地域再生を支える論理やメカニズムの分析を試みようとするのである。

この点について補足すると、真の意味で都市や地域が再生するためには、その構造的側面、すなわち、その都市や地域を支え・規定している文化としての地域のアクターの思考・行動や関係の枠組が変わることが必要なのである。都市や地域の再生の試みとは、このような地域の文化の変容に関わるものでなければならないのである。それでは、都市を変容させる動因としての文化と地域の文化とはどのような関係に立つのであろうか。文化は変わりにくいといわれるが、変化するとした場合それはどのように説明されるか、また、文化政策等はそのような変化とどう関係するのか。議論を進める中で答えていくつもりである。

(2) 分析の立脚点としての意味と活動

このような都市を変容させる動因としての文化の作用する力について、本書では、個人における意味の追求とその表現としての活動を通して見ようとするものである。

本書は、都市の経済的再生に対する関心に基づくため、都市という地域社会は何らかの社会的な価値を提供する活動から構成されていると見る。したがって、都市の変容、都市の自己革新というのは、何らかの形で都市を構成する活動の変化に関わるものになるということができる。ここで活動の変化としては、行動様式や活動間の関係のあり方の変化や新しい活動の形成・展開等が考えられる。すると、文化の作用する力とは、このような活動の変化を通じて都市の変容を導き出すものと捉えることができる。さて、活動においては、その活動に参加する個人が活動の中に投影、あるいは見出そうとする意味が、活動のあり方や方向づけを左右する重要な役割を握っている。活動は、個人の追求する意味を担い、それを具体的な価値の生産に結びつけ、社会に提供することで社会的な役割を果たしているということができる。それゆえ、そのような活動に作用する文化の力とは、まず、第一に意味に関わることになる。文化は、第一章で詳しく論ずるが、第一義的には意味の体系として捉えることができるため、意味との関わりにおいて見ていくことが不可欠なのである。

(3)　分析枠組としての意味・機能・構造

このような視点の意義を理解するために、意味・機能・構造という分析枠組を取り上げ、三者の関係について考えてみたい。

社会学では、その学問的歴史の中で長い間社会を認識するための基礎的な概念として機能と構造がセットで論じられてきた[(1)]。その代表的見解である構造－機能理論では、機能も構造もシステムの存続・維持という観点から位置づけられている。機能はシステムが存続していく上で不可欠な条件としての機能的要件として捉えられ、一方で、システムを構成する諸部分間の相対的に安定した、比較的変化しにくい相互関係として定義される構造は、機能的成果が確保されるとき維持されるが、確保されないときは変動するものとして説明されている。そこでは、意味は、機能や構造を中心にした視点に立脚してそれらに従属する概念として扱われてきた。機能主義の立場から意味を積極的に社会理論に取り込もうとしたのがN・ルーマンである。しかし、ルーマンは、意味と機能の問題を徹底して突き詰めることで機能主義は意味を包摂した社会システム論を構築できるとするが、そこでは意味を機能によって問う方法戦略を採用してしまっているのである。(2) 意味が機能からは独立した位置づけを与えられていないという点では、構造-機能理論の捉え方とあまり違いがないといえる。

これに対して、現象学的社会学、シンボリック相互作用論、エスノメソドロジー等の理解社会学あるいは解釈学派といわれる流派では、意味の社会学とも称されるように、個人の行為や社会関係に潜む主観的な意味を重視し、社会的世界が能動的な人間主体による意味づけによって構成されていること、有意味な行為によって生産されることを強調する。しかし、解釈学派の立論については、A・ギデンズや今田高俊が批判するように、主観的な意味や動機を偏重し過ぎており、物質的活動が視野から欠落しやすい、制度論的視点が欠落している、社会全体の編成原理について論ずる言葉を持っていない等の指摘も挙がっている。

本書は、都市の自己革新を文化の持つ作用する力が導き出す可能性を見るという目的に立つものである。そこでは、文化の作用する力が都市を構成するアクターやその活動を通じて都市という地域社会を動かす可能性を見ようとすることになる。そのため、構造-機能理論のように社会システムに設定された目的を前提としたり、あるいは、システムの安定を前提としたりするものではない。すなわち、制御という発想ではない。したがって、機能を中心に都市の変容を説明するものではない。都市を機能システムとして捉えていないからである。(3)

右に述べたように、文化は第一義的には意味の体系として捉えられるため、文化の作用する力については意味との関わりを無視することはできない。都市を構成する社会的な活動は、活動に参加する人たちが追求する何らかの意味を担い（社会的な価値の生産・供給として）具体化するものであるが、また、逆に、意味によって方向づけられ、あり方も左右されるのである。ここで、本書が想定する個人像とは、個人を取り巻く様々な制約の下で意味を追求しながら、労働や消費生活、その他の活動に従事するような個人である。本書においては、意味という視点が根本的に重要なのである。しかし、「様々な制約の下で」と留保しているように、意味偏重にはならない。今田が解釈学派を批判する中で、その理論の中に見ようとする「意味ばかりを追い求める行為者像」[4]（今田 2001: p. 218）は、「私探し」や自己実現を希求する人たちが多い現代においても現実的ではない。しかも、本書では、繰り返しになるが、都市の経済的再生に対する関心に基づくため、対象としての都市については、何らかの社会的価値を提供する活動から構成されるものとして捉えられる側面に焦点を当てるのである。意味に具体的内実を与え、社会的に表現されるために、あるいは社会的価値を生産・提供するために、機能は重要であると考える。そして、機能を支えるものとして構造を捉えるのである。意味は、機能を伴い、さらに機能を通じて構造を伴うことで現実を構成できるのである、現実を動かす効力をもつことができるのである。

ギデンズは、相互行為と構造との関係について、構造は相互行為のあり方を規定し、あるいは可能にする条件であるとともに、相互行為によって絶えず生産／再生産されるという構造の二重性を主張するが、これを意味－機能－構造の関係に見ることができる。一つは、意味は機能や構造にサポートされるが、逆にそれらによる制約を受けているのである。機能や構造は意味が実現される可能性の条件をなしているということである。もう一つは、意味は、機能を伴って活動という形で具現化し、それが繰り返されることを通じて社会に経験的に蓄積され、それが文化あるいは制度として結晶化したものが構造を構成すると考えることができるということである。以上のように、意味と機能、構造はどれが主でどれが従というものではなく、基本的には相補的な関係として見るべきものであり、研究の立場や目的に応じてどれに焦点を当てるかによって主役が異なるものなのである。本書では、意味を中心にすえて考察を進めるが、その場合でも機能、構造との相補的な関係において意味を捉え、論じるものである。

3　本書のアプローチ

都市や地域の再生や活性化については、都市計画学や社会学、経済学、行政学等多くの学問領域が相互に重なりながら研究が進められてきた。他方で、文化にまちづくりや都市政策の重要な要素として期待する議論も多く、近年創造都市論などにおいて多少の蓄積が得られたものの、まだ十分な研究が行われたとはいえず、理論的には発展途上にある。本書は、このような領域におけるこれまでの研究を踏まえつつ、都市再生やまちづくり等における文化の力、可能性を理論的に明らかにし、それによって文化政策等による都市の変革（なぜ、ある文化政策は都市の革新的な変容を導くことができたか等）を説明するという新しい試みである。本書の基本的視点は「個人における意味の追求とその活動における表現」であり、文化の作用について個人が抱く意味を中心に論じていくため、社会学の消費文化研究のアプローチを研究のベースとする。その上で、対象領域で研究の蓄積がある文化経済学や経済地理学、地域経済学、さらには組織論等の理論や概念を適宜援用するものである。これらは、学問分野としては異なるものの、援用する理論や概念については、その分野において文化的接近を行っており、文化研究的アプローチと齟齬するものではない。例えば、文化経済学で彫琢されてきた文化資本や近年多分野において取り上げられ論じられているソーシャル・キャピタル等の概念について、右に述べた基本的視点に基づいて接近し、解釈を施した上で活用するものである。

4　留意点

本書では、文化、意味、価値という言葉が重要な概念であるため頻繁に登場するが、複数の異なる意味で使われており、混乱を避けるため、ここに簡単な説明を提示する。それぞれの詳しい説明、議論については、一章以下の該当する箇所で行う。

①文化——文化という言葉が一般においても社会科学上においても多様な使われ方をしているように、本書でも何種類かの使い方をしている。

まず、「文化を主要な手段とする都市政策」、「文化による都市再生」、「文化政策」という形で使われる文化がある。この場合は、人間の創造的な活動やその所産（有形、無形を問わず）という意味で使っている。次に、ある集団の行動ないし関係の様式を示すもの、あるいは価値、規範等、人の思考や行動、社会関係を指示し方向づけるもの、という意味で使われる文化がある。本書で「地域の文化」として使っている用法はこれに入る。第三に、シンボルの体系、意味の体系という意味で使う場合がある。これは、もっとも文化の核心を示した使い方である。

②意味——この言葉は、「～を意味する」、「～の意味」のように使われている一般的な用法を別とすれば、特に複数の意味では使っていない。ただし、社会学等で使われている、「行為者の意図や目的、動機等の主観的・心的側面を表すもの」という使い方になっているものの、これとはやや異なる、今田高俊やA・メルッチが論じているような、「その対象となるものの主体との関係における存在のあり方や価値を問うもの」という側面を

強調した形で用いている。

③価値――大きくは二つの意味で使っている。一つは、行為を方向づける、指示することに関わる社会学的な概念として、もう一つは、経済学的な有用性、効用性を表す概念として。本書が焦点を当てている都市のアクターの活動が担うとする社会的な価値の生産・供給は、後者のケースである。

注

（1）富永健一によると、構造と機能という認識はスペンサーまでさかのぼり、スペンサーは構造概念と機能概念とを対応しあう二つの基礎的な社会学的分析のレベルを表す概念として捉えていたという（富永 1986: p. 186）。

（2）今田高俊（2001: p. 214）による。

（3）本書において機能システムとして捉えていないというより、後述する第一章第二節で見るように、都市は機能システムとしての要件を備えていないということである。

（4）今田は解釈学派（今田によると意味学派）の主張に対して、次のように批判している。「（意味学派は）意味を捉えるにあたり、主観主義の誤謬と制度的視点の欠落に陥っているために、どうしても社会を構想する言語の整備ができないでいる。主観主義の誤謬に陥っている最大の原因は、意味ばかりを追い求める行為者像にある。……意味学派は、社会をあたかも意味や言語からなる世界であるかのように扱うため、観念世界の操作で現実世界を再構成できるかのような錯覚をもたらす」（2001: p. 218）。しかし、第三章で述べる片桐雅隆の議論や解釈学派の主張を組織論において展開している坂下昭宣の議論を見る限りでは、現実の社会的な相互作用との関わりにおいて意味的世界を捉えており、今田の批判は少なくとも解釈学派のすべてに該当するものではないように思われる。

第一章　都市の自己革新とは何か

本章は、文化政策等の役割を検討するとともに、それによって導かれる都市の自己革新とは何を意味するのかについて明らかにし、その中で第二章、第三章で詳しく論ずる文化政策等の可能性を指摘するものである。

まず、本書が対象とする文化政策等（文化による都市再生・まちづくり、あるいは都市再生に関わる文化政策）とはどのようなものか、どのような可能性があるかについて、これまでの経験や、創造都市論を概観することによって明確にする。それを踏まえて、文化政策等に見出せるポテンシャルとして短期的な経済効果にとどまらない、都市の構造的側面を変化させる可能性を取り上げ、そのような可能性に文化政策等の重要な意義があることについて検討する。このような文化政策等の可能性を説明するために、文化のはたらきについて検討を行う。文化には、もう一つ、都市の構造的部分を構成するものとしてのはたらきを見出し、都市のアクターの行動を支え、経済的基盤に関わるものとしての（都市の）地域の文化について論じる。このような議論と道具立てに基づいて、文化政策等が導く都市の自己革新とは、本書においてどのように設定されるべきかについて論じていく。

第一節　文化政策等の可能性

まず、ここでは、文化を主要な手段とする都市政策・まちづくり、あるいは都市再生に関わる文化政策のこれまでの経験やそれを踏まえて提唱されている創造都市論を取り上げ、これらの議論をもとに文化政策等が都市の構造的な変容をもたらす可能性について検討する。

1　文化を手段とする都市再生の経験

本書が対象としている文化を主要な手段とする都市政策・まちづくり、あるいは都市再生に関わる文化政策とは、一般的に文化的資源の活用あるいは整備による都市再生や都市活性化、まちづくりを指す。具体的方法あるいは施策のメニューとして、歴史的文化遺産やシンボルの活用、美術館・博物館の整備、街並み・景観の整備・活用や文化消費を中心とする消費空間の形成、文化活動の振興、文化イベントの開催等が知られている。

文化を主要な手段とする都市政策は、もともと都市の活性化や再生という文脈において登場したものであるが、そこでは工業に代わる、あるいは他律型の依存経済に陥ることを回避しうる、都市における内発的基盤の形成を目指してきた。ヨーロッパでは、産業構造の変動に伴い、一九七〇年代には多くの従来型の産業都市において、産業革命以降の工業化の進展の中で形成されてきた製造業を中心とする経済基盤が崩壊し、その結果甚だしい経済的衰退に陥り、高い失業率や都市の物理的荒廃に悩まされるような状況が見られた。そうした状況から、一九八〇年代以降文化を用いた都市の再生事業が取り組まれてきたが、そこでは、序章でも論じたように、経済の脱工業化、知識化あるいは文化化といった構造変動に対する認識に基づき、それに対応した形で都市再生を図ろうとする強い自覚に支えられていたのである。このようにヨーロッパで経験した八〇年代以降の文化主導の都市再生では、文化を、工業都市から脱工業都市への脱皮を促すもの、文化産業等新しい経済基盤形成を刺激するもの、新しい社会に変化するための契機となるものとして評価し、都市全体のための構造的変容あるいは自己変革の手段として位置づけてきたのである。文化の持つ創造的な力、変化を生み出す力が注目され、その力を都市の再生や活性化のための一つの原動力として活用しようとしたのである。

このような政策をこれまでの経験を踏まえて分類すると次のようになる。

第一に、増大する文化消費需要を狙って文化消費の都市空間を創り出すことである。ツーリズム、スポーツ、レクリエーション、エンターテインメント、芸術等に対する拡大する文化・余暇支出に対応して都市景観の美的改造、歴史的空間の保存／再創造、文化／娯楽／スポーツ施設の整備等を行うものである。これは直接的な経済的成果を狙った消費志向の政策ということができる。この方法には、都市の中心部から転出した富裕層やミドルクラスの人たちを呼びもどすという狙いも含まれていた。

第二に、第一の方法と強く関連するが、文化政策を通じて都市の魅力や生活の質を高めることで都市の経済基盤を現代化し多様化させる方法である。文化施設や文化活動は都市が提供できる地域の生活の質を構成するとともに都市のイメージを高めるため、激しい都市間競争において浮動的な国際資本を勝ち得るために必要であると考えられている。生活の質は、とりわけ新しい知識集約型の産業が求める技術や能力のある人たちによって住み働く場所の条件として重視されているため、生活の質を高めることでこのような人材を引き付け、その結果新しい産業の立地を招いたり、生み出したりすることになると考えられる。そのため、しばしば場所のマーケティングとイメージ戦略に基づいて、第一の方法と同様に都市空間の再創造や文化施設の整備、さらにアート・フェスティバル等の文化イベントを行うことを通じて、都市の魅力や国際的なイメージを高めることが試みられる。第二の方法は、第一の方法と施策メニューは重なるものの、目的が生産面に向けられているという違いがある。

第三に、文化政策を通して直接的に、芸術、デザインやメディアのような文化産業あるいは創造産業[1]に介入する方法がある。これは、文化事業領域における革新の試みへの支援やこの産業の多くを占める中小事業者に対する経営実務支援、情報支援、あるいは特別に文化産業を奨励する地区の創設等を通じてこの産業を育成し、都市における新たな基盤産業を創出しようとするものである。第三の方法は、第二の方法ともしばしば結びついて、文化産業／創造産業への支援策として、英国をはじめとして文化を手段とする都市政策、とりわけ創造都市と称する政策において中心的な施策になってきている。

第四に、文化や芸術のもつ創造的パワーを活かして社会の潜在力を引き出すことを目的とする政策がある。これは市民あるいはコミュニティが政策の主な対象であり、文化や芸術を通じて彼らの創造的活力を引き出し、それによって社会的な相互作用、アイデンティティ、コミュニケーションを活性化させ、地域内の教育や健康、福祉等の様々な公的分野と結びつけることによって、地域コミュニティの問題解決や活性化に貢献することを狙いとするものである。その意味で、この方法はコミュニティ・エンパワーメントの一つの方策と見ることができる。なお、この方法は、後述する創造都市論のアイディアの一つのモチーフとなっている。

以上見てきた四つのカテゴリーの政策は、明確に区分できるものではなく、相互に関わっていると見るべきである。例えば、第一に挙げた消費志向の政策は、第二で論じた都市の生活の質に関わるだけでなく、そこで生じた需要を生産につなげることで第三の文化産業政策にも結びつく。第四の方策は、結果として、都市の基礎的な創造的能力を高め、また、地域の社会的環境を向上させることになるため、第二の方策の創造的人材の育成に結びつくとともに、地域の創造的活動を刺激し、間接的に第三の方策の目的である文化産業の育成・発展に貢献すると考えられている。

このような政策の具体的な展開については、英国では、スコットランドやイングランド中北部という産業革命以降の英国の産業を支えた地域、それゆえに、七〇年代に厳しい経済的停滞に陥っていた地域において始まっている。いち早く八〇年代初頭にスコットランドのグラスゴーがイメージ戦略を中心にした脱工業都市化、あるいは文化消費都市化という方式の文化政策による都市再生に乗り出している。北西部のニューカッスルは隣接するゲーツヘッドと共同して文化政策を行っているが、そこでは、大規模なパブリックアートやデザイン性の高い文化施設の整備によって都市空間の芸術化を図ることで文化消費の拡大を狙ったが、同時に地域住民の創造的活力を引き出す試みとなっている。それに対して、やはりイングランド中北部にあるシェフィールドは文化産業の支援・育成に取りかかり、前述した文化産業地区を八〇年代半ばに英国内で初めて実施し、この政策のモデルとなっている。同じ地域にある重要な産業都市の中で、リバプールは当初自治体内の政治的不協和音等のために出遅れていたが、その後都心部の再開発が軌道に乗り、音楽産業に対する支援を中心に文化政策も順調に展開されている。(2) 文化産業政策は現在、先述したグラスゴー、ニューカッスル・ゲーツヘッド、中部イングランドのノッティンガム、さらに、ロンドンのハックニー地区をはじめ、イングランド南西部のブリストルなど、産業衰退地域か否かの区別を超えて、全国的に広まってきており、英国における文化的政策の主流となっている。

大陸では、スペインのビルバオがグッゲンハイム美術館を中心とした文化主導のまちづくりによって都市再生に成功したことや、フランスのナントがリュー・ユニックという現代アートの実験場を象徴とする文化政策を柱にした都市政策によって経済的衰退から立ち直ったことが有名である。他にも、ヨーロッパでは、フランスのモンペリエ、ドイツのルール地方のＩＢＡエムシャー・パーク、ハンブルク、オランダのアムステルダム、ロッテルダム、イタリアのボローニャ、フィンランドのヘルシンキ等々、多くの都市・地域が文化を用いた都市の再生・活性化政策、あるいは、現在では創造都市と称した政策を試みている。

これに対して日本では、九〇年代初めくらいまで都市や地域の再生・活性化において文化政策といえるような政策は現れておらず、自治体やまちづくり事業の個々の取り組みにおいて文化がまちづくりに用いられたというほどのものであったが、九〇年代に入ってから少しずつ文化政策としても地域の活性化と結びつけて取り組まれるようになってきている（根木 1997）。しかし、依然として、ヨーロッパの文化を用いた都市再生のように、明確な目的や論理、一貫性を持って都市の産業構造の再編に迫るような形で文化や文化政策を活用している都市再生やまちづくりは多くない。映画産業やコンテンツ制作産業の振興策なども増えてきているが、都市全体の再生のための構造的変容、あるいは自己革新の手段として位置づけられているものはこれまでのところほとんどないといえよう。他方で、創造都市の潮流が日本にも影響を与え、現在、横浜や大阪、金沢において創造都市論に基づく政策が展開されつつある。今後の展開が注目されるところである。

2　ランドリーらの創造都市論――文化による都市の自己変革の可能性

次に、創造都市の議論について検討してみたい。創造都市という概念が今日の文脈で最初に登場したのはアメリカの都市研究者J・ジェイコブスの著作であるが、現在のように論じられるようになってきたのは、前述した八〇年代以降のヨーロッパにおける文化を主要な手段とする都市再生政策の経験に対する批判的考察からである。八〇年代以降に行われた文化を主要な手段として用いた都市再生の試みは、効果の多少はあるものの多くの都市において、直接的な経済効果という点においては成果があったといわれている。しかし、経済的な志向性を強く打ち出した文化的な都市再生は、市内の階層格差の増大やインナーシティにおけるジェントリフィケーション、貧困層やエスニック・グループ等のマイノリティの文化的疎外、文化施設整備のための莫大な支出による都市財政の圧迫など、数々の問題を生み出してきたことも指摘されている。さらには、政策のあり方として、全体的に消費志向に偏る傾向があり(3)、そこで産み出された所得をリンクさせて地域に根付いた創造的な産業の形成に結びつける必要性が論じられている。要するに、政策のスコープが狭く経済的な目的に絞りすぎていたこと、さらに、その効果も短期的な成果を狙って消費に直結する経済の振興に偏り、内発的な生産基盤の形成に結びつかない傾向が見られるということである。

このような都市再生の経験を踏まえて、ヨーロッパでは九〇年代以降創造都市と称される一連の研究が英国のC・ランドリーを中心とするグループにおいて現れ、提案・主張を行ってきた(4)。そこでは、前述した第一から第三のカテゴリーのような文化を経済的手段とする性格が強い都市再生政策ではなく、市民の潜在力を引き出すことを目的とする第四のカテゴリーのような試みを評価し、都市にはらむ様々な問題を解決するためには都市の持つ創造性を引き出すことが重要であると主張する。エーベルトらは、芸術文化が持つ創造的パワーに着目して、自由で創造的な文化活動と文化施設などのハード及び、制度、伝統・アイデンティティ等のソフトの文化インフラストラクチュアの充実した都市こそが、イノベーションを得意とする産業を受容し、解決困難な課題に対応した「創造的問題解決能力」を育てることができると論ずる（Ebert, Gnad and Kunzmann 1994）。エーベルトらは、ジェイコブスが、イノベーションを得意とし経済の変化に柔軟に対応するイタリア北部の中小企業群を分析(5)する中で析出したインプロビゼーションという概念に注目する。インプロビゼーションとは、ジャズの即興演奏に見られる変化する状況に応じて柔軟に素早く対応する能力のことで、エーベルトらは、この概念を都市内のアクター間のネットワークに結びつけて論じる。すなわち、創造的な文化活動とその基盤となる文化インフラストラクチュアに支えられたネットワーク内のアクター間の相互作用の中で創造的な力が生まれ、それがネットワークを通じてインプロビゼーション的に連鎖反応を起こすことで既存のシステムを変革する可能性を主張するのである。

エーベルトらの議論を受けて、ランドリーは創造都市という概念を世界的に広める契機となったその著作『創造的都市――都市再生のための道具箱』(*Creative City: A Toolkit for Urban Innovation*)において、より一般的に人々のもつ創造性による問題解決能力の重要性を主張し、都市の抱える様々な問題解決には、都市の持つ場所的固有性と人々の持つ創造性を引き出し発揮させるような知的インフラが必要であると論じる(Landry 2000)。ランドリーの主張は、脱工業化あるいはポストフォーディズムといわれる社会経済的な構造変動の波に飲み込まれた都市や地域が自己変革をする可能性を論じている。都市間(あるいは地域間)競争が激しくなり、また、中央政府からの支援もあてにできなくなっていく中で、浮動的な資本の力に翻弄されることなく、自己を取り巻く環境の変化を読み取りながら絶え間なく自律的に対応していく能力[6]が必要とされてきている状況下において、このような都市の自己変革の可能性を、文化の力や地域の人々が持つ創造性に結び付けて論じているのである。もちろん、このような自己変革の可能性はすべての都市に無条件に与えられているものではない。地域の人々の努力によって試行錯誤の中から獲得されるものである。しかし、もしそのような過程に乗り出すことができれば、すべての都市に自己変革の可能性が開かれていることを主張しているのである。すなわち、何かをきっかけに一部の人たちの創造性に火がつき、それが地域の固有性や地域アイデンティティを媒介に地域内に次第に広がってゆき、自己組織的なメカニズムが作動することによって自律的に自己変革を行っていくというのである。ランドリーらの創造都市論は、このように都市の自律的な変容のあり方の一つとして創造性による自己変革の可能性を提示しており、そのような変革をもたらす創造性の都市内における連鎖的波及の重要性を主張している。

そして、この創造的な自己変革を支える要素やそれを進めるための考え方等について具体的に提案を行っているのである。

このようなランドリーらの主張は、政策の実践の中から生まれた経験的な知見に基づくものであり、多くのすぐれた示唆を与えてくれるが、理論的な論拠が示されていない、あるいは、その主張を分析的に説明していないという問題がある。エーベルトらの論じる「芸術や文化の持つ人々の潜在能力や創造性を引き出す力」、そしてネットワークを通じた連鎖反応を媒介するものとして論及している地域の固有性やアイデンティティの役割についてそれ以上の詳細な議論や理論的に分析的な説明はされていない。これらは創造都市論の重要な課題ということができる。

以上の検討を整理すると、まず、文化を主要な手段とする都市政策は、経済の構造変動の中で都市がその変動に対応するために行った方策で、都市の構造的変容あるいは自己変革するための手段として位置づけられるが、都市再生に成功している事例が多いものの課題も指摘されている。それに対して、文化政策等に対する批判的考察の中から生まれたランドリーらの創造都市論では、文化の持つ創造的な力によって都市の自己変革を導く可能性を主張する。本書では、創造都市論の議論を下敷きに、文化の力によって都市に自己革新をもたらす可能性を具体的な政策的な問題を取り上げることによって検討する。一つは、都市の自己変革の一つのあり方として、都市内に新しい行動や関係の枠組が支配する新しい環境——一種のサブシステム——を創る試みを取り上げる。これは、具体的には、文化産業や創造産業を発展させる創造的環境に焦点を当てる。もう一つは、文化政策等に伴う意味の提示が地域のアクターの認知や意味解釈を通じて地域社会の変容を導く可能性について検討する。ここでは、地域イメージ戦略に焦点を当てることになる。

第二節　文化と都市

前節では、文化政策等が短期的な効果にとどまらない都市の構造的な変容をもたらす可能性について論じた。これは、文化政策等が都市の構造を構成する文化にはたらきかけることを意味する。このような文化政策等の具体的な作用、インプリケーションについては第二章、第三章で詳しく論ずることになるが、ここでは、そうした議論を行う前に、そのような作用を生み出すものとして、文化のはたらきについて基本的な認識を得たい。文化は、言葉としては日常的に様々な領域で使われ、研究対象としても多様な分野から接近されており、しかも、同じ分野の中でも関心や視点に応じてそれぞれ独自に追究されているため、概念としてはおびただしいほどの定義を持っている。そのため、本書の目的や視点に対応する文化とはどのようなものか、どう捉えたらよいかを明確にする必要がある。まず、文化のはたらきとして、作用する力としての側面と社会の基本的な構造を構成する側面——作用する力としての文化がはたらきかける対象となるものである——について取り上げ、考察を行う。

本書は、文化政策等が都市の基本的構造を変え、都市の自己革新をどう導くかについて追究するものであるが、そのためには、客体となる「都市」や結果としてもたらされる「都市の自己革新」についても明確にしなければならない。そこで、この節では、本書においては文化政策等が変化をもたらす対象となる都市とはどう捉えるべきか、都市の自己革新とはどのようなことを指しているのかについて検討を行い、文化政策等が変化を導く客体となる「地域の文化」について論ずる。

1　文化のはたらきについての考察

(1)　文化概念の検討

ここでは、多様に定義されている文化概念を整理して、本書ではどう取り上げるべきかについて検討したい。まず、文化という言葉が意味するものを整理すると次のようになる。すなわち、A、人間の創造的な活動やその所産、B、ある集団の行動ないし関係の様式を示すもの、あるいは価値・規範等、人の思考や行動、社会関係を指示し方向づけるもの、C、シンボルの体系、意味の体系等。

まず、Aは、一般的にも教養的なもの、知的なものを指すために使われる（しばしば、「文化的」、「文化国家」のように形容的に使われる）定義の仕方で、ドイツの哲学や芸術思想で用いられてきたものである。そこでは、M・シェーラーの「理念的な目標を目指す精神によって生み出された所産」という定義に見るように、主に、高度な理念的ないし精神的活動の所産を指していたが（宮島 1993: p. 129）、現在では、大衆的なポピュラー・カルチャー等も多分に含まれているため、右に示したような定義の方が適切であろう。

これに対して、Bは、アメリカの文化人類学やイギリスの社会人類学で形成されてきた理解の仕方である。この理解は、ある社会の生活や行動の仕方を特徴づけているパターンを文化概念によって説明しようとするものである。その意味で、文化を社会構造と密接な関係にあるものとして捉え、両者の関係を追究しようとする視点である。

Cは、現在では、カルチュラル・スタディーズをはじめとして、社会学や文化地理学等の文化研究で基本的な前提となっている捉え方である。これは、人の諸活動や諸々の観念が言葉などのシンボルに依拠しており、そのシンボルが人の何らかの意味が付与されて成り立っていることに対する認識に立ったものである。要するに、文化は第一義的には意味の体系であるが[7]、意味は外的実体としてのシンボルを通じて表現されるためシンボルの体系として捉えることができるという認識である。なお、この理解は、必ずしもBと区分されたものではなく、文化は、シンボルの体系としての固有の形式を持ち、その形式を通じて社会構造との関わりを表現するのである。文化概念の整理を行ったクローバー＝クラックホーンの定義においても、文化の中核的要素は、シンボルによって表現され、習得・伝達される観念ならびにそれに付与された価値にあるとしている（*ibid.*）。

さて、AとBの捉え方は、文化をめぐる対立する視点として論じられている。例えば、英国の文化研究者でありカルチュラル・スタディーズの嚢祖の一人とされるR・ウィリアムズは、文化には「構成する精神」に重点を置く見方と「社会秩序全体」に重点を置く見方があるとしている（Williams 1981）。文化経済学においても、D・スロスビーは、文化概念を精選・集約して、「人類学や社会学の枠組みであり、ある集団に共有される態度や信念、慣習、価値観、風習などを表すもの」（Throsby 2001, 訳書 p. 23）と、「もっと機能的な方向づけを持っており、人間生活における知的・道徳的・芸術的側面を伴って行われる人々の活動や、その活動が生み出す生産物を表しているもの」（*ibid.*: p. 23）という二つのカテゴリーに整理している。文化経済学では、この場合後者、すなわちAが研究の主な対象となっており、経済的価値につながるような価値を持つ、または生むものとして文化を捉えている。このような視点は、文化経済学に限らず、それ以外の経済学、経営学、都市政策論等において用いられている。

Bについては、社会構造との関係について考えてみたい。文化概念についての社会学における代表的な見解を見ると、T・パーソンズは、行為を基礎とした相互作用関係のシステムである社会と対置して、文化を人間の行動を形づくる要因としての価値、観念、さらにその他のシンボル的に有意味なシステムとして捉えている

(Kroeber and Parsons 1958)。パーソンズは、文化は人間の行為の仕方がパターン化されたものであるが、パターン化された秩序としての文化は、パーソナリティの動機づけと社会的相互行為過程を規制することになると論じている。そこでは、文化を、社会システムの外にあって、行為者の行為を指示・規制あるいは方向づけるものとして見ている。文化は、社会的行為に体現された意味が組織化され、蓄積されたものであるが、ひるがえって、新たに構成される意味の解釈枠組を提供するという形で（徳安 1989）、行為を方向づけ相互行為間の関係を規定しており、その意味で、社会構造を基礎づけていると見ることができるのである。

文化についてのこの二つの対立する視点――価値を持つ・生むものとしての文化、社会構造に関わる文化――は、相容れないものではない。ともに人が意味と向き合う中で形成されるものであるという認識に立っている。後者の視点が文化を社会的行為に体現された意味が組織化され、蓄積されたものだと見ているとすると、前者は、文化を人が意味を探求したり、追求したりするような精神的営為を中核にして、その意味を具体的に表現、または実現する活動やその所産として捉えているということになる。その点において、文化という概念は、Cの捉え方が示しているように、人が行為を通じて経験する意味に核心があり、意味をめぐって構成されているということができる。

(2) 文化の働きの二つの側面

以上のような文化概念の検討を踏まえて、本書における文化のはたらきとして二つの側面について考えたい。一つは、前述のAの捉え方に基づいて、文化に作用する力、都市という社会を変容に導く力としての可能性を見ようとするものであり、もう一つは、Bの捉え方に基づいて、都市という社会を規定しているもの、形作っているものとして文化を見ようとするものである。すなわち、本書において追究の対象とする文化政策やまちづくり等に内在する文化の力が都市の基本的な構造を動かす側面と、その基本的構造を構成する側面である。

まず、作用する力としての文化については、文化に、アクターの活動のあり方（思考・行動の枠組）や活動間の相互関係のあり方を変えることを通じて、都市という社会の変化を導く可能性を見ようとするものである。スロスビーは、先に取り上げた文化概念の整理の中で、文化のもつこのような作用する力を機能的な側面として捉えているが、その具体的な性格として、創造性に加えて象徴的な意味の生産を挙げている。(8) 意味の生産は、それ自体が創造性に結びつくものであり、文化産業をはじめとして文化化する経済においては価値の創造の核となるものである。本書においては、文化の作用する力の機能的側面として、創造性による新たな価値の創造に着目し、文化資本という概念を通じて文化の持つ創造性によって地域における新しい活動を創発させたり、ネットワークを形成させたりといった作用を考える。それに加えて、文化の持つ意味自体が直接作用する側面についても取り上げたい。人は何らかのシンボルとして現れる文化事象、文化表現に対して、そのシンボルを解釈することを通じて意味を生産するが、そのような意味作用が市民の持つ自分たちの都市に対する認知や解釈枠組に影響をもたらす可能性を考えるのである。すなわち、作用する力としての文化については、価値の創造という機能の側面と意味作用の側面に分けて検討を行う。これらについては、それぞれ第二章と第三章で追究したい。

次に、都市の構造的側面としての文化について考えたい。先に社会学上の解釈について見たように、文化は、概念的には社会構造と区別されるが、構造を支え規定するものとして解釈されていることから、(9) 都市のシステムについて考える場合、構造そのものではないにしても都市の構造的側面として捉えることができる。そして、本書では、この構造的側面としての文化に、都市という社会システムを規定しているもの、形作っているもの、一つの都市としての特質を見るのであり、これを「地域の文化」と描く。この地域の文化が、作用する力としての文化が都市を変容に導くときの客体となるものである。これについては3項で論じたい。

2　都市をどう捉えるか

(1)　都市を捉える枠組

都市をどう定義するかについては、多くの議論があるが、そのほとんどは非都市地域、すなわち農村との対比で都市という人口集積地域の特性の捉え方を論じている[10]。しかし、本書で論じるのは、都市という地域社会の変化、しかも「質」的変化についてである。追究するのは、人口や産業、機関・機能の集積量・構成上の変化という現象そのものではなく、現象を支える都市の構造的側面である。ここでは、「文化が都市の基本的構造を変え、都市の自己革新をどう導くか」という本書の目的や序章で論じた視点に照らして、都市とは何か、都市をどのように捉えるべきかについて考えてみたい。

まず、都市を活動という要素によって構成されている地域社会[11]として捉えたい。ここで活動とは、社会的に意味を持つ何らかの価値の生産あるいは成果の達成をアウトプットとして目指す継続的な社会的行為から成り立つものとして定義される。社会学的には、例えばパーソンズや富永が行為論と連接させて、相互行為を社会システムの要素としているが、ここでは、経済的行為（営利、非営利、行政を問わず）を中心とした社会的効用をもった価値の生産・流通に関連する行為に焦点を当てる。本書では、都市の自己革新的変容を論ずる背景として都市再生や地域の活性化を追求するという問題関心に立脚しているため、都市の自己革新として論じられるべき都市の構成要素としては、社会的価値の生産行為としての活動が重要だからである。ここでいう活動は、一過性の行為ではなく、繰り返し行われる組織性を持った営為であり、このような活動の相互作用の集合体として都市という地域社会が構成されると捉えるのである。

そのような活動が都市という地域社会を構成するためには、活動の相互作用の集合が一つの都市としてのまとまり、一体性、もしくは、全体性を形成している必要がある。あるいは、他の都市や地域と区別される何らかの表徴または境界を有する必要がある。一般的には、都市あるいは地域については、市町村という行政区分やそれに基づく自治体があり、これが都市というまとまりや境界に大きく関わっていることは疑いようもない。しかし、活動という立場から見ると、行政区分によって垣根が設けられているわけでも、自治体が都市全体の主体として位置づけられているわけでもない。文化政策等が自己革新を導く対象となる都市というものを捉えるためには、この全体性や境界の問題を検討しなければならない。以下においては、この問題についてシステム概念を中心に、文化、地域アイデンティティを交えて検討を行いたい。

都市をシステムとして見る

都市について活動という要素とそれから構成される全体性、他の都市との区別、境界について論じることは、都市に対して一種のシステムとして認識することを示唆する。それでは、都市をどのようなシステムとして見ることができるのであろうか、あるいは、都市をシステムとしてみた場合、どのようなことがいえるのであろうか。

システムは、ものごとを認識する一つの方法概念であり、認識対象を様々な諸要素のうちから境界設定によって一定の諸要素の集合として切り取り、「要素の集合とこれらのあいだの関係からなるまとまりを持った全体」（見田他 1994: p. 362）として認識することを指示する。システム概念の本質的な特徴は、構成要素が相互に関連しあうことによってマクロ的全体としての固有の特性を創り上げていることを表示することにある。システムにおいては、境界によって諸要素はシステムの内と外に区切られるが、システムに含まれない諸要素のうちシステムに何らかの影響を及ぼすものがシステムの環境となる。このようにシステムという認識方法の重要な特徴として、要素の相互関係による全体の構成、システムの境界の存在を挙げることができる。これは都市の捉え方として先に指摘したところである。

社会システムとは、このようなシステム的な認識方法を社会という研究対象に対して適用することで成立する認識枠組であり、都市も地域社会として捉えるならば、一つの社会システムとして概念化することができる。社会システムについて長年にわたって研究を重ねてきた公文俊平によると、社会システムとは、「複数の主体が、a、共通の文化を基盤として、b、恒常的で規則的な相互行為を通じて結びつくこと、によって形成された一個の全体である」（公文 1988: p. 155）と定義される。公文はさらに、社会システムを、それ自体が一個の主体とみなすことができるものと、そうでないものに分類する。前者は、主体をその要素とする主体そのものであることから複合主体と呼び、後者は、非主体型の社会システムと呼んでいる。この非主体型の社会システムについて、公文は、「この型の社会システムは、主体ではないので、自分自身の目標を設定したり、その実現を目指して行為したりすることはない」（*ibid.*: p. 155）と論じ、その例として、市場や国際社会を挙げている。

社会システムとしての都市は、公文の議論に倣えば、この非主体型の社会システムに該当するものと思われる。都市というシステムにおいて、自治体あるいはその首長が重要な役割を果たすものの、あくまでシステムの一つのアクター（活動主体）に過ぎず、システム全体の主体ではない。公文の社会システムの定義をもとに前述したシステムの定義を参考にして社会システムの要件を整理すると、(ア)複数の主体から構成、(イ)共通の文化があること、(ウ)各主体が相互行為を通じて結びついていること、(エ)認識対象を他と区別する境界が存在すること、(オ)一個の全体が形成されていること（全体としての固有の特性を持つこと）、の五点になる。このうち、都市においては、(オ)が問題であり、これに(ア)を除く(イ)、(ウ)、(エ)がどう関わってくるかが問われる。(イ)については、都市においても何らかの共通する文化があると考えられるが、都市を構成する活動主体に全体というものを形成させるほどの影響力があるかどうかが問題となる。これについては後述する。(ウ)については、主体（アクター）間の結びつきによって(オ)でいう全体を構成することが求められていると考えられる。都市では、相互に異質な多種多様なアクター（行政、住民、NPO、様々な業種の企業、その他医療・福祉・教育などの各種機関・事業者）がそれぞれ異なる目的を持って互いに独立して活動を行っており、アクター間相互の関係は一様ではなく、結びつきが強い関係もあれば、ほとんどないものもある。都市では、そのような多様な結びつきの関係が雑多に同居しているが、この結びつきだけでは一つのシステム、すなわち一個の全体を構成しているということは困難である。ただし、都市の中の部分として結びつきの強い活動群がそれ自体で一つのシステム——都市のサブシステムということになる——を構成しているということができるのであれば、都市というシステムの重要な特徴になることに留意すべきである。(エ)でいう境界の存在については、都市はイコール自治体ではないが、先に簡単に触れたように、市町村という行政区分が都市というまとまりや境界に大きく関わっていることも否めない。都市はシステムといえるような明確な輪郭を持たず、対象となる都市に含まれる要素とそうでない要素を区切る境界は曖昧であり、一個の全体といえるものが不明確である。しかし、自治体による行政範囲は、制度的にもアクターたちの意識の上でもその活動間の重要な境界を形成していることも事実である。

都市を社会システムとして見たときのこのような特性は、企業組織[12]という機能を中心に組み立てられたシステムと比較すると一層明らかになる。企業組織は、確固とした組織の形態と構造を持ち、それゆえシステムとしての内部と外部の境界は判然としている。経営者という全体を統括する意思決定の主体を備え、組織の存続と発展及びそれに関連した明確な組織目的が設定されている。そのような目的を効率的に実現するために組織の部分がそれぞれ担う機能も体系的に配置されており、諸部分間の関係も明らかである。これに比べて、都市には活動という要素を内と外に区分する明確な境界がなく、全体を代表する主体がない。自治体がイニシアティブを取ることは多いが、必ずしも全体を代表する一個の主体といえるものではなく、通常そのような主体は備わっていないと見るべきである。都市には全体としての主体がないことから目的といえるような自明のものはなく、そのため、都市全体をくくる強い志向性というものはなく、構成要素である諸活動間を全体との関わりで結びつけるものが必ずしもあるわけではない。都市全体とアクターとの間も諸アクター間も必ずしもすべてが機能的な関係で結ばれているわけではない。

このような考察からは、都市は行政区分という一定の境界は持つものの、その要素として措定した活動間の相互関係による結びつきや機能的関係によっては、都市としての全体性や他都市からの区別が説明できないことがわかる。したがって、そのままではシステムとして捉えることに難があるということになる[13]。ここで、公文がシステムの要件の一つとして共通する文化の存在を挙げていることに目を向けてみたい。都市としての全体性や他都市との区分が活動間の相互作用や機能的関係によって説明されないとしても、文化によって説明することができないかと問うてみるのである。

都市システムと文化、地域アイデンティティ

都市における全体性の曖昧さは、都市には明確な境界がなく、全体としての主体も自明な目的もないことに関連する。しかし、現実にある都市が他の都市と区別されているように、ある都市をそれとして区別するものがあると考えられる。都市の要素である諸アクターがお互いに何らかの形で結びつき、あるいは共通するものを持ち、全体性を形成するためには、諸要素間においてある種の構造を形作っていることが必要だと考えられる。この構造とは、都市システムを構成するアクター間の相対的に恒常的な結びつきや相互作用関係、機能連関などの実体的な関係を意味している。文化はそのような活動主体間の実体的な関係を指示・方向づけるのである。公文が社

会システムの定義の中で全体を構成する要件として挙げている文化とは、このように都市システムの構造を支え基礎づけるものを指すと考えられる。これは、前項で見た構造的側面としての文化に相当する。このような文化の持つ構造的なはたらきによって活動という要素間の関係が都市というシステムの全体性を創り出すのである。これが次項で見る地域の文化である。ただし、先述したように、活動間の結びつき、相互作用関係は都市の中で一様ではなく雑多に存在しているため、都市によっては、とりわけ大規模な都市においては、実体的な関係だけでは都市内の部分システムを構成しても、都市システムの全体性を基礎づけるのは難しいことも考えられる。そこで、都市の全体性を考えるためには、もう一つ意味的側面を考える必要がある。

そもそも都市は、役割の体系あるいは機能の体系としての側面は弱く、むしろ意味の体系としての側面が強いと見ることができる。認識的にも、都市名や自治体の行政範囲、空間的範域が一つの区別の表徴になっている。N・ルーマンは意味の概念を導入して社会システム論を展開し、そこでは社会システムについて、「意味の同化されたシステムであり、社会システムの境界は物理的な性格のものではなく、意味連関において妥当するものの境界である」（Habermas und Luhman 1971: 訳書 pp. 8–9）と論じている。ルーマンの議論を援用して意味連関によって生じる認知的な空間を意味空間として措定すると、都市のアクター間に形成されている意味空間が都市というシステムとしての一体性、全体性を帯びるとき、都市システムとしての境界及び全体性が形成されると考えることができる。例えば、都市の地域アイデンティティは、そのような都市全体にまたがる意味空間を構成するための境界を設定していると考えられる。

意味連関は、当然、アクター間の相互作用に伴って形成されるが、構成要素間全体にわたる相互作用的な連関が都市全体にわたらず、部分的なものの集合に過ぎない場合は、実体的な相互作用によっては都市というシステムを構成するような意味連関は生じにくいということになり、構造的側面と同様の問題に突き当たる。そこで、アクター間の実体的な関係から離れて、意味それ自体において都市としての意味空間を考える必要がある。ここで再び文化――ただしこの場合は文化的表象や文化的資源――に目を向けると、それらの持つ意味作用が、例えば、都市全体にわたる地域アイデンティティにはたらきかけること等を通じて意味空間の形成に関わることで、都市としての意味連関に基づく都市システムの境界を形成し、それによって都市システムとしての一体性、全体性を構成するようになることが考えられるのである。すなわち、都市というシステムの一体性、全体性は意味が構成する境界によって支えられているということができる。[14] なお、地域アイデンティティの形成については、その根拠を価値等の文化の規範的側面に求める議論と自己カテゴリーという他都市との差異の認識に基づく抽象的な境界に求める議論の対立がある。これについては、第三章で論じたい。

このように、文化には諸活動を規定・方向づける構造的側面と意味空間を創り上げるという意味的側面がある。都市においては、アクター間に共有される価値・規範等の文化は構造的に作用する一方で、文化的表象や文化的資源とともに市民の地域アイデンティティに働きかけ意味空間の形成に作用することにもなり、これらのことを併せると、都市の境界、そして全体性・一体性、すなわちシステムを創り上げているということができる。

(2) ネットワークの束からなる社会システムとしての都市

都市における諸要素間の関係のゆるさ・雑多性あるいは部分的性格は、組織では成員が組織という明確な枠組と共通の目的によって結びつけられているのと異なり、都市がそもそも多様でかつ相互に異質なアクターから構成されていることから説明される。アクターはそれぞれ独立しており、共通する目的を持つ、あるいは共通する活動領域にある場合はアクター間で緊密な関係を築いていることが多いが、そうでない場合は相互の関わりは小さい。都市の、このような諸要素がお互いを強く縛らないでゆるく関係しているような状況は、システムの一つの類型としてネットワーク組織に類似している。ネットワーク組織は、タテ型のヒエラルキー構造の組織に対して、個々の成員の自由度・自律性が高く、中心が多元的あるいは脱中心的で、成員間の関係は非階梯的でゆるく結びついており、成員それぞれが外に開かれていることを特徴とする。いわゆるヨコ型のネットワークである。都市というシステムの統合原理は、このヨコ型のネットワークの原理が支配的だということができる。

ここでは、さらに、都市をそこで展開する活動が目的や価値を共有する他の活動と形成する様々なネットワークから構成されたシステムとして見るものとする。すなわち、システム全体の統合原理としてのネットワーク原理のもとで、様々な活動がそれぞれネットワークを形成し、そして、それらのネットワークが互いに複雑に関係しながら、一つのシステムを形成していると捉えるのである。このような捉え方は、地域経済の分析においてはA・サクセニアンがシリコンバレーの地域経済について論ずる、ネットワークにより構成された地域産業システム[15]という概念に見ることができるが（Saxenian 1994）、都市・地域経営や都市計画・まちづくり論の分野でも地域内の様々なネットワークによるローカル・ガバナンスの考え方に同様のものを窺うことができる[16]。このように都市はネットワークが集まって一つのシステムを構成していることから、それぞれのネットワークは都市のサブシステムとして捉えることができる。

さて、ネットワークの中には、タテ型のヒエラルキー構造を持つものもあれば、ヨコ型の典型的なネットワーク構造を持つものもある。また、ネットワークの要素である活動主体は、通常一つのネットワークに限らず、他のネットワークにも重なって属している。さらに、ネットワーキングという概念が重視しているように、個人や活動そしてネットワークは、他の活動やネットワークと動態的に横のつながりを形成している。このように、都市を、タテ型も含んだ様々なタイプのネットワークが互いに複雑に関係しながら形成しているシステムと捉えるのである。なお、従来地域社会の研究では社会集団を研究対象として取り上げるのに対して、ここではネットワークを取り上げているのは、本書の考察の対象となる、価値の生産や提供に関わる主に経済的な活動が創発し、そこから別の活動が派生してそれらが集団を形成していく状況及びそのような活動間の関係のあり方が、ネットワーク概念の重視する「つながり」や成員間のゆるい結びつきを特徴としていることを理由とする。

3　地域の文化と都市の自己革新

(1)　地域の文化とは何か

それでは、地域の文化とはどのようなものであろうか。これまでの議論から、都市は、価値の創造や事業活動という面から捉えると、それを構成する多様なアクターが教育や文化活動、産業等のそれぞれの事業領域における、地域的な特殊性も含んだ制度や文化によって規定され、方向づけられて成り立つ一つの社会システムとして見ることができる。地域の文化とは、このように都市のアクターの活動や活動間の相互作用関係を規定し、方向づける、都市の構造的な役割を担うものである。先述した文化の捉え方のうちBに相当する。例えば、アミンとスリフトが提起した「制度的厚み」[17]（Amin and Thrift 1994）やI・テイラー他の「感情の構造」（Taylor, Evans and Fraser 1996）は、ある都市の経済的優位性あるいは都市間の経済的パフォーマンスの差異をつくり出す地域の文化のはたらきを説明し、経済活動に与える影響について論じている。また、R・パットナムのソーシャル・キャピタルの議論やサクセニアンの地域産業システムの主張も同様に地域の文化と地域の経済的パフォーマンスとの関係を説明するもので、この問題に対する関心を開いてきたものである。

テイラー他の議論を紹介すると、彼らは、社会学的な関心に基づいて、英国の同じ中北部イングランドに位置する二つの主要都市、マンチェスターとシェフィールドの地域的な差異を説明するために、「感情の構造」という文化的特性に関する概念を用いている。これはその社会の社会構造、社会関係、産業構造や諸々の社会的実践とその歴史的蓄積の総体が生み出したものである。そして、その「感情の構造」のために、商業的な事業性や抜け目のなさを通して富や個人的成功を追求しようとする志向性を受け継いできたマンチェスターではグローバルな経済の変容に比較的容易に対応できたのに対して、シェフィールドではモノカルチャーに長く支配されることで形成された「感情の構造」があるためにそのような対応ができなかった、と説明している（*ibid.*）。ただし、地域の文化がアクターの活動や相互作用関係を規定する力は一様ではなく、都市によって様々に異なり、弱い都市もあれば強い都市もあると考えるべきであろう。また、同じ都市でも当然ながら活動領域やアクターによって異なると考えられる。

この構造的な側面の文化、すなわち、行動や思考の枠組としてのはたらきをする文化を具体的に考えると、宗教、精神・エートス、価値、規範、理念、慣習、ルール、現実認識の枠組などを挙げることができる。これらは分析的な概念でも、その関係が概念的に整理されたものでもなく、相互に重複があったり、ルールのように制度として捉えられたりするものもある。ここでは、これらの概念について厳密に論ずることが目的ではないため、地域の文化としてはどの概念が重要であるかを検討するにとどめたい。これらの概念が地域のアクターの日常の活動に与える影響について考えると、本書で対象とするアクターの活動が社会的価値の生産に関わる行為であることから、宗教や精神・エートス、あるいは価値・規範よりも現実認識の枠組が最も実践的な影響力を持っているということができる。そのような意味で、宗教や精神・エートスなどを基層的な位相の文化とすれば、精神・エートスや価値・規範等の影響を受けながらもアクターが置かれた社会的な文脈の中で生活や行動をする中で形成されてきたものの見方ともいえる現実認識の枠組は実践的な位相の文化ということもできよう。組織文化研究の議論を援用すると、佐藤と山田によれば、新制度派といわれる組織理論では、人々が価値観や規範意識よりももっと根本的な、物の見方ないし現実認識というレベルにおいて文化の影響を強く受けていることを強調している（佐藤・山田 2004: p. 202）。日常の生活や行動においては、現実認識の枠組が現実の解釈や判断、活動の方向づけに直接的に関わり、重要なはたらきをすることを意味している。

その点においては、本書では、地域の文化として実践的な位相にある文化、すなわち、現実認識の枠組を重視することになる。しかし、本書では地域という枠組が重要であり、組織論の議論が純粋に組織のパフォーマンスを重視するのと比べると、本書で対象としている活動が社会的価値の生産に関わるものであるとしても、地域社会との大きな関わり、地域のアイデンティティの共有という要素が重要な意味を持っており、地域で育まれ継承されてきた精神・エートスやとりわけ価値・規範なども本書の対象とする活動に大きな影響力を持っていると考えられる。しかもこれらと現実認識の枠組とを単純に切り離すことはできない。したがって、それらについても考察の対象とするものである。

また、文化は、スロスビーの定義でも見たように集団に準拠して捉えられる。文化は、一つの社会集団において獲得、共有され、伝承されるものである。そのため、文化研究の分析単位として通常社会集団が用いられるが、本書においては、社会集団と同じような意義においてネットワークという概念を用いているため、議論を進める上でネットワークに重要な役割を見ることになる。例えば、経営者層は商工会議所や青年会議所、その他各種の経営者間の集まりを通じてネットワークを形成し、英国等において労働者は主に職工組合を通じてネットワークを形成しているが、彼らはそのようなネットワークを準拠集団として現実の解釈枠組や志向態度等を身につけるのである。本書では、都市を様々な社会的ネットワークから構成されたシステムであるとして捉えるため、地域の文化はそのような様々な社会的ネットワークの持つ文化から構成されていると見ることができる。しかし、ネットワーク間の交わりやネットワークを超えた活動要素間の相互作用、さらに、先述したように、地域アイデンティティを通じた意味空間の共有によって、各ネットワークの文化の単なる寄せ集めを超えたある種の地域的に共有化された文化——その都市全体に関わる文化といえるもの——が形成されているのではないかと考えることができる[18]。先に取り上げた感情の構造や制度的厚みの議論では、こうした集積によって一つの都市としての特質が形成されていることを主張している。

(2) 都市の自己革新と地域の文化の変容

以上見てきたように、本書では、文化政策等によって都市という社会システムの構造を基礎づける地域の文化の変容——内発的な発展を基礎づけるような方向に——をもたらす可能性を追究するものである。これが、本書が文化政策等に求める都市の自己革新である。すなわち、都市の自己革新とは、文化政策等が、都市という社会システムの構造的側面を構成するものとしての地域の文化の変容をもたらすことを意味する。要するに、都市を構成するアクターの行動や思考の枠組、現実認識の枠組や活動間の関係のあり方に変化を引き起こすことである。例えば、ランドリーは、英国のハダーズフィールドという一三万人規模の産業都市において都市再生を目指す一連の政策プロジェクトが展開し、創造都市といえるような都市に変わっていく中で地域の文化にも変化が生じたことを指摘している[19]（Landry, *op. cit.*）。

しかし、地域の文化は政策等によって簡単に変えられるものなのであろうか。文化概念についてのパーソンズらの説明に見るように、文化は行為の経験の中から形成されるものであるから、行為の展開を通じて絶えず生産・再生産されるものである。しかし、他方で、文化は行為を規定するものであり、それ自身は変化しにくいとも考えられる。微小な変化は行為の日常的な積み重ねの中で少しずつ生じていくものと思われるが、それまでの行動や思考の枠組から外れるような行為が現れた場合はどうであろうか。また、それまでの地域の文化とは異なる文化が登場した場合はどうであろうか。

　パットナムのソーシャル・キャピタルの議論（Putnam 1993）や前述したテイラー等の感情の構造の議論は、歴史的経験に培われた地域の制度や文化が地域のアクターの経済活動に与える規定力の強さを主張する。特に、何世紀にもわたる市民的伝統の差が南北イタリアのソーシャル・キャピタルの違いになって現れ、それが経済的パフォーマンスの格差につながっているというパットナムの主張が地域の制度や文化全体に該当するとすれば、政策などの特定のイニシアティブによっては地域の状況は変えられないことになる。確かに、制度や文化はアクターを取り巻く複雑性を縮減するシステムの安定化装置としての機能を持っており、かつ、長い期間を経過して形成されてきたものであるから、一般的にも変化しにくいと考えられる。これに対して、サクセニアンは、前述したシリコンバレーの地域産業の研究から、地域文化は静止したものではなく、社会的な相互作用を通じて絶えず変化してゆくことを強調している（Saxenian, *op. cit.*）。新しい経済活動が生まれ、成長していくことは、それに影響を与える文化や制度の変容あるいは新たな形成が必要であると考えられるため、サクセニアンの主張も納得しうるものである。それでは、このような両者の主張の食い違いはどう説明されるのであろうか。これは、対象としている文化の位相が異なるからではないであろうか。パットナムが対象としている地域の文化が市民的伝統に根ざした信頼という、文化のより根底的な部分に関わるものであるのに対して、サクセニアンが論じているのは、基本的な信頼関係を前提として、その上に立って行われる経済活動に作用する文化だからではないだろうか[20]。前述の議論を適用すると、基層的な文化と実践的な位相にある文化の違いである。

　本書が問題にする文化の作用する力は、前述したように、基本的にはサクセニアンが論じているのと同様に、地域の文化としては主に実践的な位相の文化に影響することになると考えられる。すなわち、文化はその作用する力によって、新たな活動を生み出す等を通じて都市の実践的な位相の文化を中心に変化をもたらすことになると考えられるのである。本書は文化政策等に内在する文化の力にその可能性を追究するものであり、続く第二章、第三章において具体的に見ていくことになる。前節の考察で得たところを交えて整理すると、本書では、創造都市論が主張する文化の持つ創造的な力が都市の自己革新を導く可能性を理論的に説明するという課題を設定し、それに対して、文化政策等の持つ意味作用が地域社会に与える影響の問題、都市内に新たなサブシステムを形成する問題として検討し、分析を行うことによって応えることになる。そうすることで、文化政策等が地域の文化を変容させ、都市の自己革新を導く可能性を検討するものである。

注

（1） 文化産業とは、一九八〇年代に英国の大ロンドン庁が商品化された文化の経済的価値に着目したことから用いた用語で、『啓蒙の弁証法』（一九四七年）においてフランクフルト学派を代表するアドルノとホルクハイマーがこの言葉を初めて用いて文化の商品化に対する批判を展開したのとは文脈が大きく異なる。この概念の現在の使われ方では、「その財の主要な経済的価値がその財の文化的価値から引き出されるような象徴財を扱う経済活動によって成り立つ産業」（O'Connor 1999）として定義される。文化産業を構成する具体的な産業としては、ファッション、デザイン、テレビ・ラジオ、映像・映画、ビデオ製作、ゲームソフト製作、音楽、演劇、美術・工芸品制作などが挙げられている。英国では、現在では、文化産業より広い概念として創造産業（Creative Industries）が使われている。ＤＣＭＳ（Department for Culture, Media and Sport）のMapping Document 1998によると、創造産業とは、「個人の創造性、スキル、才能を源泉として、知的財産権の活用を通じて富と雇用を創造する可能性を持った産業」と定義される（佐々木 2003）。これには、先ほどの文化産業を構成する産業に加えて、広告、建築設計、コンピュータ・ソフトウェア製作、出版などが含まれている。

（2） その後の文化政策の成果もあって、二〇〇八年のヨーロッパの文化首都を目指したコンペティションにおいて他の候補都市との競争に勝ち抜き、当年にはヨーロッパ文化首都として数々の年間イベントを行った。ヨーロッパ文化首都については、第三章第三節2を参照されたい。

（3） 前項で論じた政策の分類のうち第一の方法に偏っていたということになる。

（4） 他に、創造都市論ではR・フロリダがもう一人の中心的な論者とみなされている。フロリダは、創造産業を含む現代のリーディング産業である知識産業の発展にとってはその担い手である創造的階級（creative class）の存在が不可欠であり、都市が発展するためには彼らの好む条件を都市が満たしていることが必要であると主張する（Florida 2002）。創造都市の議論は、日本では佐々木雅幸を中心に展開されている。佐々木は、ジェイコブスの都市論に啓発されて創造的な経済活動が都市経済を牽引しているイタリアのボローニャ市と金沢市の都市経済構造の分析に基づきながら、エーベルトらやランドリーの議論も取り入れて創造都市の定義を試み、さらにその成立のための条件を提示している（佐々木 2001）。

（5） ジェイコブスは、同地域に対して行ったC・セーブルの研究に大きな示唆を得ている。

（6） H・モンマースは、ランドリーらの研究を受けて創造都市を、「グローバル経済において変化する状況に応じて永続的に自己調整する能力を持った都市」（Mommaas 2004: pp. 520-1）と定義している。

（7） 文化についての文化人類学の代表的な見解として、解釈主義的社会学の影響を受けて解釈人類学を切り開いたクリフォード・ギアツは文化について次のような定義を行っている。「文化は、象徴に表現される意味のパターンで、歴史的に伝承されるものであり、人間が生活に関する知識と態度を伝承し、永続させ、発展させるために用いる、象徴的な形式に表現される概念の体系を表している」（Geertz 1973: 訳書 p. 148）。

（8） 先に挙げた文化概念の第二の定義について、スロスビーは、定義上のより正確さを与えるために、次の三つの性格を示唆している。すなわち、「関係する活動は、それらの生産において何らかの創造性を含んでいる。象徴的な意味の生産やコミュニケーションに関係する。それらの生産物は、少なくとも潜在的には、ある種の知的財産を盛り込んでいる」（Throsby 2001: 訳書 p. 23）。

（9） 例えば、今田高俊は規則を構造として捉えている（今田 1988a）。そこでは、文化の範疇に属する価値・規範等は規則を規定するもの、あるいは逆に、規則は価値・規範が具体化・実体化したものとして捉えているものと思われる。また、第三章で見るように、ソーシャル・キャピタルの概念においては、構造的要素としてのネットワークに対してそれを支えるものとして価値・規範等の文化的要素を論じている。

（10） 一例を挙げると、藤田弘夫は、このような都市の捉え方を次のような七つの都市概念として整理している（藤田 2003: pp. 5-16）①人口集積地としての都市、②機関の所在地としての都市、③施設としての都市、④自治体としての都市、⑤社会関係と心理状況としての都市、⑥地域社会としての都市、⑦文化としての都市。藤田は これらの都市概念の分類を用いて、ウェーバーやワース、マンフォードなどの都市研究が都市のどのような側面に焦点を当てていたかについて整理している。
(11) ここで、本書で対象としている都市とは一つの地域社会であるが、地理的近接性に基づくまとまりと共同性を備えた住民を主体とする地域コミュニティとしての地域社会に限定するのではなく、これと併せて企業等の他のアクターも含んだ、基本的に空間的な範域に基づいて一体性が認識される地域社会である。
(12) 富永健一は、社会システムを構造と機能の関係を中心に概念化しているが、そこから「組織は社会システムという概念化が最も適合するような社会システムである」(1988: p. 2) と論じている。その中でも、機能の追求を第一にしている企業組織は、機能と構造の関係が非常に明確な社会システムであると考えられる。
(13) しかし、現実には、山田真茂留が論じるように、相互作用の共有の浸透度が高いシステムは多くはない(山田 1998)。
(14) 都市名や自治体の行政範囲、行政区分は、この意味の側面において境界を形成し、そこから都市としての全体性・一体性を導いていると考えることができる。
(15) A・サクセニアンはシリコンバレーの経済的優位性を分析する中で地域産業システムという概念を提示しているが、そこでは、地域のシステムを構成するネットワーク(これは、基本的にはヨコ型のネットワークを指している)に注目している。サクセニアンによると、地域はばらばらの企業の集合体ではなく、相互関係を持つネットワークとして考えるべきであり、地域の優位性を生み出す要因は、技術者やベンチャー・キャピタル、専門メーカー等のアクターや研究大学、各種インフラ等の基礎的条件よりも、むしろ直接には見えづらい地域ネットワークのあり方にあるとしている(Saxenian 1994)。このように、サクセニアンは、地域は様々なネットワークが張りめぐらされたシステムとして捉えることができると主張しているのである。
(16) このようなネットワークによるローカル・ガバナンスの主張の代表的な例としてはR・ローズ(1997)が挙げられる。
(17) これについては、第二章第一節を参照されたい。
(18) 都市という地域社会においてどれだけの共有性を持った文化、価値があるかというのは、地域の文化をめぐる一つの問題である。本書では、集団やネットワークによってその共有度も異なると考えるものの、ここで論じたような理由である一定程度の地域的共有性を見ようとするものである。
(19) ランドリーは、自治体をはじめとしたハダーズフィールドの組織文化の変化を論じているが、小規模の都市においては自治体の存在は大きく、自治体の組織文化は地域の文化の大きな構成要素であるため、これが変わることによって地域の文化は大きく変化すると考えられる。

(20) 同様の議論がコーエンとフィールズによって行われている(Cohen and Fields 2000)。

第二章　文化資本と地域の文化の形成

　文化政策等の狙いの一つに文化産業を育成・発展させることが挙げられるが、その方法として創造的環境という一つのサブシステムを形成することが考えられる。文化政策等は、政策的にこのようなサブシステムを形成することで、都市の構造的な変容を導くと考えることができる。本章は、都市内のサブシステムに照準を置いて地域の文化がどのようにはたらいているか、その地域の文化を文化政策等を通じてどのように変化させることができるか、あるいは形成することができるかについて、文化資本という概念を用いて論ずるものである。

　第一章で見たように、地域には活動を支え、方向づける文化が内在している。他方で、都市再生を目指した文化政策やまちづくり活動等には、ある種の文化が内在しており、本書では、そのような文化が地域の文化の形成あるいは変容をもたらす可能性を考察する。あるいは、文化政策等により計画的に地域に新しい文化を創り出し、支援する可能性を考察するものである。しかし、政策等によって都市全体に関わる地域の文化を短い年月で変えることは考えにくい。文化政策等が地域の文化に作用するとした場合、それは、まず、都市のサブシステムにおいて起きると考えられる。また、研究の対象としても、都市全体にかかる地域の文化を取り扱うことは難しく、都市の中のサブシステムに焦点を当てて研究の対象とすることが適切である。一般的にもある都市の文化として論じられているものも、必ずしもその都市全体についてのものというよりも、都市内の一部地域あるいはサブシステムに関わるという場合が多いと考えられる。本章では、都市の全体システムを構成するコンポーネントとしてのサブシステムの文化に焦点をあて、そこでの文化のはたらきと文化政策等によってそのような文化を新たに形成あるいは変容させる可能性について考える。

そのような都市のサブシステムとして創造的環境の政策的形成を取り上げる。ここでは、その社会文化的側面に目を向け、創造的環境を構成している文化的要因について検討し、そこから、活動を支え、方向づける文化の力を説明する概念として文化資本概念を導入し考察を行う。その上で、創造的環境の形成の議論における消費的視点の重要性を主張し、文化資本概念を用いて、消費者の文化創造能力を切り口に文化消費と創造的環境の関係について考察をする。さらに、そこから政策的に創造的環境を形成する場合の問題点等について検討を行う。

それでは、文化政策等は、どのようなプロセスでそのようなサブシステムの文化を形成すると考えられるのであろうか。本章では、文化資本の概念を用いて、文化政策やまちづくり活動等のイニシアティブに内在する文化を契機にして同様の活動群の間でネットワーク、いわば都市のサブシステムを形成し、その中で局所的な文化を形成することについて論じ、さらに、その文化が都市全体に波及する可能性について検討する。

第一節　創造的環境と文化

この節では、都市のサブシステムとして創造的環境を取り上げ、今後の都市再生における有力な産業として見られる創造産業の発展の条件として、その産業活動にとって必要であるとされる環境が文化的側面からどのように捉えられるかについて検討し、それを通じて地域の文化（サブシステムの文化）について考察を行いたい。

1　創造的環境とは何か

現在、都市の創造性についての議論が盛んである[1]。都市、とりわけ大都市圏の中心部やその周辺において文化産業もしくは創造産業[2]が成長している、あるいはイノベーションが生まれているという事実から、都市が創造の場として注目を浴びるようになってきている。都市は、従来から文化や芸術が育まれ栄え、新しい考え方や行動スタイルが誕生するという意味で創造の場とみなされてきた。他方で都市は、産業革命以降の多くの都市に見られるように産業創造の場でもあった。工業化の進展とともに産業の活躍・発展の主要な場は都市から離れる傾向が見られたが、現在では、経済の文化化という経済変動の基本的傾向もあって、ニューヨークのシリコンアレーやサンフランシスコのマルチメディアガルチにおけるコンテンツ生産のように大都市の都心やその周辺部が創造産業等の新しい産業が成長する重要な舞台となっているのである。そのような産業では創造性が事業の核心にあり、いかに創造性を育むかということが重要な問題となっている。そして、このような産業への関心から都市に創造性を生み出す、あるいは育む場としての可能性が追求され、そのための特別な環境として創造的環境が概念化され、その特質や構造、条件が問われているのである。

創造的環境は、ヨーロッパの都市再生の文脈では、製造業の衰退によって都市の重要な経済基盤が失われた従来型の工業都市が経済構造の変動に対応して文化産業／創造産業の育成を試みる中で政策的に検討されてきたものである。文化産業を誘導・育成するための方策としては多様な支援メニューが挙げられるが、文化産業の特性や都市再生という目的を考えた場合に有効性が期待できるのは、ここまでにも既に名前だけは触れている、一般的に文化産業地区（cultural industries district）といわれる方策あるいは政策的枠組である。文化産業地区とは、都市内に一定の地区を設けて創造的環境を政策的・計画的に創り出そうとする試みである。文化産業が存立し、競争力を維持するために不可欠な創造性は、本来個人にその源泉が求められるものであるため、組織的には一企業組織内に見られるような垂直的、統合的な結びつきではなく、個人、企業、各種団体等の主体間の柔軟で相互に自立的なネットワーク的な結びつきにおいて生まれやすいと考えられている。このネットワークを空間的な視点から地理的な集積として捉えた概念がクラスターである。マイケル・ポーターによると、クラスターとは、ある地理的範囲内に集積された一定の専門的な中小企業群が形成した地域的ネットワークを指しており、そこでは、事業者間の生産のプロセスが財やサービス、知識・情報の交換を通じて緊密に結びついているのである。この点において、文化産業地区とは、文化産業についてのクラスター形成を図る政策的な試みということができる。

重要なのは、クラスターは、単に、中小企業群を持ってくれば自然に形成されるものではないことである。産業間のネットワークは、ある地域において歴史的な経過の中で形成されたものであり、そのためそれを支える社会文化的側面を見る必要がある。文化産業あるいは創造産業の産業構造や行動特性等に関わる制度や文化的側面が問題となるのである。これは、地域経済学や経済地理学において「埋め込み」（embeddedness）という概念で、すなわち、地域経済はそれが成り立つ地域社会に埋め込まれており、その社会的、政治的、文化的制約のもとに置かれている、として論じられてきた問題である。[3] この議論によると、ある産業を導入しようとする場合、それを育んできた社会と同様の社会文化的要素を持ち込まなければならないということになる。ここで問題となるのが、人為的・計画的にそのような歴史的地理的に形成されると考えられる社会文化的要素を盛り込むことができるのだろうかという点である。文化産業地区とは、都市の中に一つの新たな環境——本書の言葉でいうとサブシステム——を形成する試みであり、このような社会文化的側面が問題となってくるのである。

2　環境の社会文化的側面

都市における創造性あるいは創造的環境をめぐる議論は、ここからネットワークを含めた社会関係とそれを規定する文化的条件に目が向けられるのである。このような社会文化的条件を理論的に説明するために、制度的厚み、取引されない相互依存性、コンヴァンシオン等の、地域の経済的特質や優位性を説明する概念が取り上げられている[4]（Amin and Thrift 1994; 後藤 2003）。これらの概念は、必ずしも創造性を生み出すことだけに限定されるものではないが、それらを通じて創造的環境が社会文化的側面からどのように捉えることができるかを見ることができる。

そのような概念の代表的なものとしてA・アミンとN・スリフトが提起した「制度的厚み」がある。これは、創造性やイノベーションなどの競争力の源泉が経済組織や活動それ自体だけでは説明がつかず、経済活動を取り巻く社会文化的関係に目を向ける必要が認識されるようになって生まれた概念であり、経済的成功の中心にあるものとしての社会文化的要因、制度的要因を集約的に表現したものである（Amin and Thrift, *op. cit.*）。アミンとスリフトは、制度的厚みを構成するものとして、企業、金融機関、開発機関、教育機関、産業団体、政府機関等の確固たる制度的存在、それら地域のアクター間の高いレベルの相互作用とその結果生まれる共有化されたルール・慣習・知識及び団体間で共有される共通する事業に関わっているという相互認識等を挙げている。言い換えれば、これらが総体となって制度的厚みを構成しているのである。制度的厚みによって、ローカルな制度・慣習が再生産されて継承され、共有された知識のアーカイヴが構築・充実化されるとともに、信頼や相互依存性が拡張され、その結果新しい試みに対するしなやかさ、イノベーションを生み出すキャパシティを形成するのである。もちろん、制度的厚みは創造性やイノベーションにプラスにはたらいているものばかりではなく、過去の経験の蓄積に基づくルールや慣習、知識が新しい試みにとって足かせになるケースも十分考えられる。

制度的厚みは枠組の大きな概念で、制度的存在というアクターの存在や現在の制度、アクター間の関係に加えて、アクターの行動――創造的環境の場合は創造的な活動――を支えたり、方向づけたりする行動や関係の枠組や知識・ノウハウの蓄積という文化的要素を含んでいる。ここではこの文化的要素に焦点を当て、これについて文化資本という概念を用いて考えてみたい。この場合、文化資本とは、多様に定義されている文化概念の中で、社会学でしばしば用いられる「ある集団の行動ないし関係の様式を示すもの、あるいは、価値や規範等のように人の思考や行動、社会関係を指示し方向づけるもの」という定義に近いものである。これは一種の地域の文化である。なお、文化資本概念についての詳細な議論は次節において行う。社会学や文化人類学等が論じる文化概念が集団を対象としているように、文化資本は、地域全体というよりも、ある活動群が形成する個々の活動空間において見られるものと考えることができる。すなわち、文化産業のアクターが集まって創出している創造的環境のような活動空間が対象となるのであり、そこでは何らかの固有の文化資本が働いていると考えることができるのである。

このような文化資本は、当該地域における多様なアクターの活動やそれらの間の相互作用がその地域の文化的、社会的条件に作用されつつ歴史的に蓄積することで形成されたものと考えられる。そうであるならば、もしこれが創造的環境の社会文化的側面として重要なはたらきをすると考えると、創造的環境の政策的形成においては、文化資本を移植する、もしくは新たに創出することができるかどうか、ということが政策上の重要なポイントとなる。次節以下においては、この文化資本概念を用いて創造的環境を中心に都市のサブシステムの形成について検討を行う。

第二節　文化資本論

前節では、都市のサブシステムとして創造的環境を取り上げ、それを構成する重要な要因として社会文化的要因についての議論を見た。それを受けて、ここでは、そのように文化が活動を支え、方向づけ、推進するはたらきを説明するために文化資本という概念を導入する。文化資本には、創造的環境のような地域環境を構成し、その地域の活動に作用するというだけではなく、政策やまちづくり活動等の中に内在し、活動を推進し都市というシステムに何らかの変容をもたらすはたらきを見ることができる。すなわち、そのような活動の中には、文化が原動力となって展開されているものがあると考えられる。創造都市論では、第一章で見たように、文化の持つ創造的な力が都市の自己革新を導く可能性を主張するが、文化の力とは具体的にどのようなものかについて明確な説明がない。この節では、このような文化のはたらきを文化資本という概念を使って説明を試みようとするものである。

なお、都市を革新する取り組みについては、市民個人のはたらきに注目して市民起業家として論じる議論がある。この議論では、起業家精神と市民の徳を併せ持った個人のイニシアティブがセクター間にまたがる協働を生み出し、地域の市民社会としての側面を活性化させ地域を変えていくことを論じている（Henton, Melville and Walesh 1997）。これに対して本書は、個人ではなく文化に着目して、都市の革新を説明しようとするものである。都市の革新は、一つには、都市内における新しい活動の誕生、発展によってもたらされると考えることができるが、そのような活動を生み出す原動力を「個人」の特性・資質に還元するのではなく、文化のはたらきに求めようとするのである。そのため、文化を文化資本として、その作用する側面を照射するのである。文化資本概念を使えば、「個人」から解放されて、文化の蓄積・模倣・移植を考えることができる(5)。また、市民起業家の活動を文化概念で捉えることで、その都市の文化、制度（の変容）の議論に連接しやすい。しかし、もちろん、市民起業家といわれるような個人の役割を否定するものではなく、市民起業家がイニシアティブを展開することによって、それに内在する文化資本の形成を助け、推進する契機を創ることを認めるものである(6)。

1　文化資本についての先行研究

まず、文化資本に関する先行する一連の議論の概略について見ていきたい。

文化資本は、一般には社会学上の概念としてP・ブルデューが案出したものが知られている。これは、個人が有する文化的な性向・能力または資産を指し、ブルデューは、これによって階級の再生産、さらには社会構造の再生産を文化的に説明しようとする。ブルデューによると、文化資本は、身体化された様態、客体化された様態、制度化された様態という三つの様態で存在する。身体化された様態は、ものの言い方、感じ方、振舞い方といったもので、客体化された様態は、絵画、書物、辞典、道具、機械といった具体的な形態を持った資産を指し、制度化された様態は、学歴、資格等を意味する。この中では身体化された様態が最も重要で、個人の基本的な文化的態度を決定する。この概念が説明するのは、学歴の差異やその結果生まれてくる経済的格差は個人の能力のみに帰するのではなく、その背後にある階級が生み出す文化的差異によるところが大きいことである。個人はその属する階級に従って文化的性向・能力や資産（すなわち文化資本）を獲得することになるが、それによって階級が再生産されるのである。要するに、文化資本は階級の再生産装置の役割を果たすのである。この概念について付け加えるべきは、文化資本の獲得、蓄積、継承のためには経済資本の保有が前提となっていることである。[7] この概念によって、階級という経済的なポジションは文化によって説明されるが、その文化（資本）は、経済力によって説明されるという循環が論じられている。

それに対して、文化経済学では、この概念は経済学的にスタンダードな資本概念に近い形で再構成されている。その中心的な論者であるD・スロスビーは、経済学と文化との間にあるギャップに架橋するために、文化の持つ文化的事象としてのはたらきと経済的事象としてのはたらきという二つの側面を文化資本概念を使って説明しようと試みている（Throsby 2001）。そこでは、文化資本を、従来の経済学の資本概念である物質資本、人的資本、自然資本に加える形で提起している。スロスビーによると、文化資本の基本的特質は、経済的価値だけではなく文化的価値を生み出すことにある。ここから、文化資本は、それが有する経済的価値に加え、文化的価値を具体化し、蓄積し、供給する資産として定義されている。ここでスロスビーは、文化的価値について明確な定義を行っていないが、基本的には文化的な事物が持つ価値を指しており、様々な評価尺度に応じた価値が見出せるとしている。[8] また、文化的価値は経済的価値を生み出す、あるいは、文化的価値から生まれるサービスのフローから経済的価値が引き出せる、と論じている。文化資本は二つの形態で存在している。一つは、有形の文化資本であり、建物や絵画、彫刻のような芸術作品、工芸品等等の形で成り立っているものである。もう一つは、無形の文化資本であり、集団によって共有されている観念や慣習、信念や価値といった形式をとる知的資本として成立しているものである。以上のように、スロスビーの文化資本概念では、対象を文化的事象や財に限定して、その経済的側面と文化的側面の関係について論じている。

日本では、福原義春と文化資本研究会が、現在の経済環境の変化に対する認識に基づき経済活動における文化の重要性を主張するために文化資本概念を論じている（福原他 1999）。そこでは、まず、「資本とは、資金や材などの物質的な経済活動という面に限られるものではなく、人間にとっての魅力的な価値を外部に生み出していく総合的な活動という面から捉える」（*ibid.*: p. ii）という視点を提示する。そして、文化こそが価値を生み出すものであり、企業経営に生かすべき資本であり、ゆえに、これに向けて積極的に投資を行う必要がある、と主張する。さらに、福原は、現在の経済の枠組においては、企業の中では文化資本と経済資本は対立する関係にあるので、その対立を文化資本優位になるような分配の局面を創り出す必要性があると主張している。

文化資本研究会のメンバーでもあった山本哲士は、福原らの議論に加えて、産業社会や資本主義が大きく変化していく現代という時代においては企業のあり方を根本的に見直すことが必要であるとして、企業活動の中心となるべき文化のはたらきについて文化資本概念を用いて改めて論じている（山本 1999）。まず、資本とは、元手であり原動力であり作用する力であると捉える。企業等の経済活動には、基本的に重要な三つの資本、経済資本、社会関係資本、文化資本があるが、その中で文化資本を、経済活動のエネルギーとなる根本的な力であると位置づけ、企業活動の基盤や諸事業内容の総体を動かす中心となる力であり、構造化する力であると主張する。山本は、「社会にとって意味のあるものごとをつくりだす」（*ibid.*: p. 47）と論じているように、文化資本を企業の社会的な存在意義を示す社会的な価値の生産を担っているものであるとして捉え、経済資本についてはお金の力として文化資本のそのような価値の生産を助けるはたらきをするものとして位置づけている。山本の議論は抽象的でわかりにくい部分もあるが、その主張の要諦は、文化を価値の源泉として捉え、価値を生み経済活動を推進する原動力としての役割を文化資本として論じようとするところにある。

2　文化資本の定義

ここでは、本書で使用する文化資本の概念について検討したい。

まず、文化資本とは、文化の社会に対して作用するはたらきを捉えた概念ということができるが、本書では、とりわけ、都市というシステムの要素である活動を支え、推進し、方向づける文化のはたらきを説明する概念として検討を行いたい。このような要請に基づいて、前述した先行する研究の検討を通して定義の措定を試みたい。

ブルデューの社会学的な文化資本概念は階級の文化的再生産を説明するために案出されたものであり、文脈的には本書の議論にはそぐわない。本書では文化資本のはたらきを経済活動等の社会的活動の中に見ようとするが、ブルデューの場合は個人に焦点を置いている。しかし、人の振舞いの仕方、行動の仕方が再生産されることを説明しており、その点において、活動を一定の方向に導くことをそのはたらきとして捉えようとする本書における文化資本の捉え方と共通している。次に、山本の議論は、文化資本を限定的な文化概念にとどめず、産業社会という文脈の中で経済活動を動かす原動力として広い意味に捉え直し、文化に価値の生産の根本的な力、社会を構造化する力としての可能性を見出そうとしている。これは文化の作用する力に対して本書がとる基本的な捉え方・発想と合致しており、本書が文化資本概念を社会的な活動を支え、推進し、方向づけるはたらきとして捉えようとすることを支持する議論となっている。文化資本によって示そうとする「経済活動を動かす原動力」としての社会的な価値を生み出す力については、山本は、企業を構成する社員や組織における様々な具体的な能力を列挙するが、(9)議論は文化という括りでは収まらない部分にも及んでいる。山本の、原動力としての文化資本についての議論で一つ欠けているのは、人の行動の意味的側面についての説明である。活動に対して作用する文化資本のはたらきを説明するためには、その能力だけではなく活動に存在意義を与えたり、方向づけたりするための意味づけ、動機づけについても論及する必要がある。本書では意味の側面を重視し、文化のもつ意味づけを活動の重要な推進力として文化資本の中に見ようとするものである。もちろん、序章でも論じたように、意味だけでは活動は成り立たず、活動を具体的に支える能力、社会的な価値を生産する能力が必要であり、文化資本概念においてもこの両者を視野に収めなければならない。

これに対して、スロスビーの文化資本概念は、対象を一般的な文化的事象に限定しており変化の原動力という捉え方も弱いものの、文化的価値という価値概念と結びつけて論じているため、意味の視点を重視する本書の議論にとって参考になる。ただし、スロスビーの文化資本概念は、「活動を支え、推進する」という視点は弱く[10]、文化的価値についても活動との関係について論じているものではない。スロスビーの議論を再掲すると、文化資本は、まず、「それが有する経済的価値に加え、文化的価値を具体化し、蓄積し、供給する資産」（Throsby *op. cit.*: p. 81）として定義されている。さらに、文化資本を有形と無形の二つの形態に分類し、建物や絵画、彫刻のような芸術作品、工芸品等の有形の文化資本と「集団によって共有されている観念や慣習、信念や価値といった形式をとる知的資本として成立」しているような無形の文化資本として説明している。スロスビーの定義からは、文化資本を、価値の部分を中核にそれを具体的に支える財や資源から成り立っているとする基本的な骨格を看取することができる。

以上の検討を踏まえて、山本の議論を基本的なモチーフにスロスビーの議論の骨格を用いるとともに、スロスビーが論じた文化的価値の意味的側面を強調して、簡潔に次のように定義したい。すなわち、文化資本とは、それが関わる活動に意味づけし、具体的な価値を生み出す原動力となることで、活動を支え・方向づけるという、文化の持つはたらきを捉えた概念で、活動の意味づけに関わる文化的価値を具体化した、あるいは奉じる知的資本や文化的資源のことである。なお、文化資本は拡張された資本概念の一つであるが[11]、基本的には価値を生み出すもの、ストックとして投資の対象になるものという一般的な資本概念の捉え方に基づいている。この定義では、スロスビーと異なり経済的価値は文化資本のそもそもの属性としては捉えていない。経済的価値は、文化資本が経済活動に用いられることによって文化的価値から生み出されると解釈されるのである。ここで重要なのは文化的価値であり、これによって文化資本が単なる物的資源や知的資本と区別されるのである。例えば、同じく知的資本であっても、経営学上論じられている知的（知識）資本概念が技術・手段的側面を重視しているのに対して、文化資本概念では、知的資本に備わった性質としての文化的価値に着目しそのはたらきを論じるところにその意義がある。すなわち、単にアイディア等を生み出すための知識や仕組みというだけではなく、文化的価値を伴うことで社会に何らかの意味を提示する、投げかけるという側面を強調しているのである。そして、ここでは、この文化的価値に文化資本による活動の主体形成や方向づけの中心的な役割を見ていくことになる。ただ、意味だけではなく、知的資本の機能の側面を伴って、文化資本は作用する力を発揮するということができる。文化資本の持つ力についてはこの意味、機能に構造を加えた三側面について見る必要がある。

なお、文化資本概念は、山本にしてもスロスビーにしても経済活動を対象に据えて論じており、とりわけ山本の場合は企業の活動に焦点を当てている。それに対して、ここでは、経済活動から一般化して「活動」を対象とし、それを都市や地域の文脈に置いて論じるものである。しかし、特に議論の飛躍があるわけではない。活動として一般化しているとはいえ、具体的には経済活動や非営利的活動を想定している。それらは、何らかの事業に従事して、社会的な価値を生産・供給している活動であり、その点において山本やスロスビーの議論の対象と基本的には変わりなく、彼らの議論を援用することに特に問題はないと考える。ただ、非営利の活動においては、そして都市や地域の文脈においては、一般化された状況における経済活動と比べて文化的価値の重要性が高くなると考えられ、留意する必要がある。これについては後述したい。

3　文化資本の三側面――分析の視点

　それでは、文化資本が活動を支え、推進し、方向づけるというはたらきは、どのように説明されるのであろうか。ここでは、序章で触れた意味・機能・構造という分析枠組に基づいて文化資本のはたらきを考えてみたい。この枠組に基づくと、意味は活動の主体形成や活動のあり方・方向づけに関わり、機能は活動の実質、具体的内実を構成し、構造は機能を支えることで活動を成り立たせ、支えるということになる。そして、文化資本が都市において展開する活動に作用するはたらきは、この三つの側面において捉えることができる。なお、この三つの側面は、あくまで文化の文化資本としてのはたらきを捉えるための分析の視点であり、活動の中に見出せる文化資本が現実に三側面をバランスよく備えているというものではない。

　このような文化資本の作用としては、この項では、活動の創発に焦点を置いて考えたい。創発とは、新しいもの・こと（現象、状況、性質、観念、主体等）が生まれてくることを指すが、創造が主体のはたらきを前提とするのに対して、創発はそれらが主体の作用なしに生じてくること、あるいは、新たな主体が生じてくることを意味する。創発性は、都市社会を対象領域とした場合、社会学によってエスニック・コミュニティや暴走族等の下位文化形成、災害等の緊急時における組織やネットワークの創発等が取り上げられてきた。地域活性化については、地域ヴィジョンをテコに地域の新たな共同性が創発されていくことを論じた研究に見出すことができる（山下 2001）。また、地域の産業集積については、行政が計画的に誘導したのではなく、自律的に形成されるケースに対して創発性が論じられている。現在では、進化経済学や複雑系の経済学において好んで論じられている。それに対して、ここでは、都市の再生あるいは地域活性化という文脈において、文化の持つ創発性に光を当て、文化が何らかの活動の形成を導く、あるいは、活動が創発する状況を創り出す可能性を論じるものである。

(1) 意味的側面——文化的価値

まず、活動の主体形成や方向づけに関わる文化資本の意味的側面、すなわち文化的価値のはたらきについて考えてみたい。意味については、多様な定義や議論が行われているが、究極的にはある対象を他から区別する差異によって生じるものとして捉えられている。しかし、そのような静的な定義では、意味の発生は説明されない。差異はそれ自身では差異とはなりえず、既存の差異体系（制度や文化、知識等）からの差異化として初めて認識可能だからである。自己組織性理論の立場から意味論を展開している今田高俊は、意味とは、「個人が自分を包み込んでいる世界といかに関わるかという存在（実存）の問題」であり、〈世界への関与〉という能動的な探求を伴うものと主張している（今田 2005: p. 184）。また、新しい社会運動論においては、例えばメルッチは、意味は、存在に対する主張という形で現在においては運動を推進する中心的な争点になってきていると論じている（Melucci 1989）。これらの主張から、意味は存在自体に関わり、活動の形成や推進において、すなわち、活動の主体形成や活動のあり方・方向づけにおいて重要な役割を果たしていると見ることができる。活動の創発は、第一義的には意味に関わるのである。

文化資本の概念においては、この意味の領域を担うのが文化的価値である。文化とは、人類学的研究の流れの中では、その核心は意味の領域に帰着すると考えられている（徳安 1989: p. 27）ように、制度的なものにしても、文化財のようなものにしても、人に意味を問いかけてくるところに中核があり、それを具体化する、あるいはその手段となる何らかの媒体としての実体を伴うものであるということができる。スロスビーの文化的価値の解釈においても、その一つの属性として象徴的価値を挙げ、文化的対象についての意味の本質を表し、個人がその意味を引き出すものと説明している（Throsby, *op. cit.*）。文化的価値とは、文化資本に内在してこの文化の核心となる意味の領域に関わるものである。それでは、文化的価値は、活動の主体形成や方向づけに対してどのようなはたらきをするのであろうか。ここでいう文化的価値は経済学で論じられている固有価値に近い概念として捉えられるため、まず、この固有価値について見てみたい。

固有価値は経済学上の長い歴史をもっており、現在では、主に環境経済学等において、「金銭的基準や尺度では測れない価値で、それが存在すること自体に価値があるもの」（池上 2003: pp. 39-40）として用いられている。この概念が意味するところは、経済的価値と比較すると明瞭になる。経済的価値は、それ自体に価値があるのではなく、他の何らかの目的を実現する、あるいは必要を満たすための手段的な役割において位置づけられる価値である。それに対して、固有価値は、他の目的に資することではなく、それ自体に価値があることにおいて捉えられるものである。ここで、価値とは、前述したように意味の領域に関わるもので、主体あるいはその行為を方向づけることに関わり、それによってアクターの行為が動機づけられることが説明されるものということができる(12)。すると、経済的価値が経済的利得を目指した活動（経済活動）を動機づけるのに対して、固有価値は、その価値自体が意味をもつからこそ、その価値を守ったり、広めたり、現実化したりするような価値志向的な活動(13)を動機づけるものとして考えられる。このことは、自発性を基本的な行動原理とする市民活動などの非営利の活動が何らかの価値をめぐって形成・展開されていることを見れば明らかである。例えば、その持っている固有価値によって、ある地域の優れた景観や歴史的まちなみ、かけがえのない生態系を守ったり、日本の伝統文化を広めたりする活動などが動機づけられるのである。その意味で、固有価値は、その価値に対する共感、共鳴を創り出し、それによって行動を動機づける作用を持っているといえよう。固有価値は、人に意味を投げかけ、意味を問わせるはたらきかけをすることで、行動の主体形成や方向づけの契機になるのである。すなわち、このような固有価値における活動の動機づけこそが、その価値に関わる何らかの活動の主体形成を引き起こすことにつながるものと考えられるのである。

このような固有価値の概念に対して、本書では、文化的価値とは人の創造的活動を動機づける性質を強調した概念として捉えたい。言い換えれば、固有価値が人の創造性を刺激するとき、文化的価値として捉えるということである。(14)芸術や文化のもつ文化的価値は、人に感動や喜びを与えるだけではなく、人の創造性を刺激する、創造への動機を引き出すものであるところに意義がある。これは芸術や文化に限らず、何らかの価値を守り・育てるようなまちづくりや、経済的利益の獲得だけではなく創造することに喜びを見出しているような産業活動においても、そのような文化的価値がはたらいていると見ることができる。まちづくりに関して言えば、何らかの文化的価値が人の主体性にはたらきかけ、自分のまちを自分が価値を置いている方向に向かわせようとする創造的な活動、すなわち、まちづくりの活動を生み出すということになる。ここで創造性とは、能力ではなく（これは、次に述べる機能的側面に関わっているものであり、ここでは創造的能力と措く）、人が持っている、あるいは活動を通じて現れる特性・性向として、基本的には外的な目的のためではなく、自己完結的に、追求する活動それ自体のために発揮されるものと捉えられる。これは、自己の探求や自己表現の欲求に関わるものであり、すぐれて意味と結び付きの深いものであるということができる。言い換えると、創造性とは、新しい意味を探求することにその核心があり、その探求を通じて、それを具体化したり、現実化したりする行為を導くもの、ということができる。そして、そのような行為を通じて人のもつ潜在能力を引き出し、発揮させることになる。(15)創造的能力とはこのように潜在能力が創造的な方向に引き出されることによって構成されると考えられる。

ここで、活動の創発は第一義的には意味に関わると論じたが、新しい活動の形成を動機づけるような意味は文化的価値からそのまま発生するのであろうか。意味とは本来個人の精神活動の中で生まれるものである。したがって、文化的価値が何らかの意味を投げかけたとしても、それに反応、解釈して、新たな意味を生み出すのは個人である。その点において、文化的価値が活動を動機づけ、活動の創発を導くにしても、文化的価値に触発されるべき個人がそこからどう意味を生産するかが重要な鍵となることはいうまでもない。ただ、これを個人の資質に帰着させるのではなく、個人に意味を生産させる状況を創り出す文化的価値に着目することによって文化の持つ可能性を論じることが可能になるのであり、また、文化的価値がそのような契機を創り出すことを可能にするような環境を検討する意義があるのである。このような状況自体についての検討は、後述したい。

(2) 機能的側面――価値の創造

しかし、内在する文化的価値による動機づけということだけでは、文化資本による活動の創発は説明できない。序章でも論じたように、意味だけでは現実の社会を動かすことは困難である。意味を具体的に現実化する機能が必要なのである。

文化資本は、スロスビーが論じているように、内在する文化的価値を蓄積し、具体化し、供給するはたらきをすると捉えることができる。その意味で、文化資本は、文化的価値を核にした具体的な価値の創造[16]（文化的価値を具現化した財・サービスの生産、供給）のための資源及び仕組みということになる。文化資本による活動の創発とは、このような価値の創造があってこそ生じるのである。営利・非営利を問わず活動が存在するためには、社会に何らかの価値を供給することが必要であり、それによって活動の意義を獲得し、社会的ポジションを得ることができる。活動には、担い手の動機づけに関わる自己実現や共感の媒体という側面とともに、当然ながら社会的な機能を果たすという側面が必要なのである。また、このような価値の創造を通じて活動の担い手の自己実現も満たされるのである。人は労働の見返りとして金銭や地位だけではなく、しばしば労働行為の中に自己実現を求めようとするが、このような労働における自己実現は、経済活動（非営利的活動を含む）の中では価値の創造に関わる行為を通じて達成されるのである。それは、逆に見ると、価値の創造を支えている。自己実現は、個人の私的な意味の追求をそれに関わる自己の潜在的能力の実現を通じて図ることである。すなわち、自己実現の追求を通じて個人の潜在的能力が発揮され、意味を創造あるいは解釈し、表現するという形で価値の創造が行われているのである。

そのような価値の創造において文化資本の知的資本部分が重要なはたらきをするが、このとき関わってくるのが創造性である。文化資本の知的資本部分は、文化的価値が刺激する創造性によって引き出された人の潜在能力と結びつくことによって創造的能力を形成する。そして、これによって魅力的な、高い価値の創造が可能となるのである。このような文化資本による価値の生産を別の角度から説明すると、（文化資本を構成する）知的資本や資源が担う創造的能力は文化的価値を具現化する形で価値の創造を行い、具体的な社会的価値を生産、供給するということになる。この価値の創造においては経済資本が投入されるため、創造された価値は通常経済的価値としての性質を持ち、そこから経済的利益につながるのである。経済的利益は、営利・非営利を問わず活動の存立あるいは自立性を支えるとともに、営利活動にとっては、活動の非常に重要な動機づけとなることは言うまでもない。文化資本に内在する文化的価値が魅力的であり、また、知的資本や文化資源の価値創造能力が高ければ、創造される価値も魅力的なものになり、経済的価値、そして、それによって生み出される経済的利益も大きくなるため、営利活動が生まれ、発展する蓋然性も高くなるといえよう。

(3) 構造的側面——枠組部分

最後に文化資本の構造的側面について論じたい。既に見たように、ギデンズによると、構造は行為のあり方を規制するだけではなく、それを可能にする条件にもなっている。文化資本においては、構造的側面は、価値の創造という活動における機能のあり方を規定するとともに、現実化する・支えるという役割を果たしていると見ることができる[17]。

先述した文化資本の定義において、「文化的価値を具体化した、あるいは奉じる知的資本や文化的資源」と措定したが、これに加えて構造的側面として、知的資本や文化的資源が価値を生み出すための、知識・ノウハウあるいは他者との関係の仕方等の思考・行動もしくは関係の枠組[18]等を考えることができる。この部分がないと、知的資本や文化的資源は実際的な社会的文脈において有効に活用されず、価値の創造という機能を十分に発揮できないと考えられる。組織について考えると、あるアイディアや生産方法が別の組織に移植されたとしても、それに関わる思考・行動あるいは関係の枠組が伴わなければ有効に活用されないのである[19]。知的資本については、定義上においても、蓄積された知識や技術等の知的資源というだけでなく、例えば、知的資源や人的資本を活用するために、企業内に蓄積／形成された組織的工夫、関係、行動様式なども新しいアイディアの生産等、価値を創造するために不可欠であるため、その構成要素として含んでいると見ることができる[20]。

しかし、資本概念にはこのような枠組部分は含めるべきではないとする議論がある。同様に概念上枠組部分を抱える資本概念として社会的共通資本がある。この概念は、その提唱者である宇沢弘文によると、社会資本、自然資本、制度資本という三種の資本から構成される。このうち制度資本が枠組部分に当たる。これに対して、諸富徹は、資本概念はストックとして捉えられることから、制度はストックとして維持管理されるべき対象というよりも、社会的共通資本を支え、維持していくための手段として位置づけられるため、社会的共通資本の概念に含めない方が適切であると主張している（諸富 2003）。ただし、社会的共通資本にとって、それを維持管理していくための制度のあり方は不可欠な要素であるため、社会的共通資本は、「『社会資本』と『自然資本』だけでなく、これらの二種類の資本を維持管理する手段としての『制度』を一体的に規定する概念として再定義される」（*ibid*.: p. 56）としている。すなわち、枠組部分は資本概念には含めないものの、資本の機能を支えるものとして切り離すことができないものとして捉えている。文化資本においては、それ以上に、資源部分だけでは意味するところが空疎なものになり、価値創造のはたらきを説明し得ないので、枠組部分を切り離すことができない。ただ、枠組部分も、直接的に価値の創造に関わる部分と間接的にそのはたらきを支える部分に分けることができよう。前者については文化資本概念に含め、後者については、諸富の社会的共通資本の解釈にならって、文化資本がその作用を発揮し価値創造を行うのを支える手段として位置づけることも可能であろう。しかし、両者は必ずしも截然と区別できるものではなく、また、本書の文脈では厳密に区別する必要もないことから、ここでは、一体として文化資本として捉えることにする。

こうした知識・ノウハウあるいは他者との関係の仕方等の思考・行動もしくは関係の枠組は、知的資本や文化資源が価値を生み出すために実際の経験の中から形成・蓄積されてきたものであり、この部分を伴って、文化的価値を内在させた知的資本や文化的資源を現実の社会的な文脈に合わせて作用させ、その機能を発揮させることができるのである。文化資本が導入あるいは移転される場合には、そのような思考・行動もしくは関係の枠組を伴うことになり、これらは他の活動、ネットワークあるいは地域に持ち込まれることになる。その場合、導入・移転先の社会における行動様式や社会関係の仕方とは噛み合わないという、いわゆる文化移転の問題が生じる可能性もある。

ここで、枠組部分には他者との関係性も含まれているように、文化資本は現実的なはたらきにおいてネットワークとは密接不可分である。文化資本による価値の創造は一つの活動において完結するのではなく、他の活動との関係において、多くは社会的ネットワークといわれるような社会的諸関係の網の目を通じて行われるからである。活動は、文化資本の枠組部分を通して、ネットワーク関係を構築したり、維持したりしているのである。それでは、ネットワークとして示される社会関係に関わる資本概念であるソーシャル・キャピタルと文化資本との関係は、どう見ることができるのであろうか。

まず、このような文化資本とネットワークとの関係は、ソーシャル・キャピタルが文化資本による価値の創造を支える関係にあることを示している。活動を単位に捉えた場合は、ソーシャル・キャピタルは地域環境を構成しているためそのようになるが、文化資本を内在させた活動群がネットワークを形成して創造的環境のような一つの環境を形成した場合は、文化資本のもつ文化的価値が活動のネットワークに関わるソーシャル・キャピタルに影響することが考えられる[21]。ソーシャル・キャピタルは、第三章で詳しく見るが、現実の社会関係のネットワークという構造的要素と信頼、価値・規範のような文化的要素から構成されると理解される。文化的要素は、実体的な社会関係が織り成すネットワークを支え、方向づけている。信頼や互恵性の規範等がなければ、ネットワークという実体も維持されないであろう。また、ソーシャル・キャピタルといっても外に開かれたタイプや内部凝固型のタイプ等様々であるが、これは信頼や価値・規範等の文化的要素の違いによるものである。文化資本のもつ文化的価値は、文化資本が内在する活動のあり方や行動の仕方を規定あるいは方向づけているが、そのような活動群によって構成されるネットワークを支え、方向づけているソーシャル・キャピタルの文化的要素は、やはり活動のもつ文化的価値の影響を受ける、もしくは文化的価値と噛み合うようなものになると考えられるのである。すなわち、文化資本は、ネットワークに支えられる一方で、ソーシャル・キャピタルの文化的要素に影響を与えるという形で、ソーシャル・キャピタルとは相互作用的な関係にあるということができる。

4　活動の側からの考察

以上、文化資本が活動の創発を導く、あるいは活動を支え・方向づけるはたらきについて意味・機能・構造の三側面から理念的に考察を行ってきたが、ここでは、活動の側からその創発に焦点を当てて論じてみたい。創発が想定できる活動[22]は経済原理を中心とした活動（経済活動）とそうでない活動（非営利的活動）に大別できる。前者については活動の創発は経済的利益の獲得・最大化という経済原理によって説明されるところが大きく、また、前項で説明しているため、ここでは後者に絞って検討を行いたい。

非営利的活動は、一般にボランティア活動、市民活動などを含み、経済活動や行政及びその派生的な活動以外の活動を総称した概念である。ここでは、本書が対象としている活動が社会的価値の生産行為としての活動であるため、何らかの事業を行う非営利の活動であるNPOに焦点を置く。NPOについても目的や形態が様々にあり一括りに論じることは難しいが、リップナック＝スタンプスやサラモン等が論じてきたところを整理すると、その特徴としては、非営利性、自発性、自律性という基本的な行動原理ないしは特性を挙げることができる(Lipnack and Stamps 1984; Salamon 1992)。これらの特性が意味しているのは、NPOは、そのメンバー間で共有化された意味を実現することに大きな意義を認め、そのために他者に指示されたり、あるいは、その意味を経済的利益追求のために放棄もしくは従属させたりすることがないということである。そのため、経済原理では成り立たない、行政では柔軟に対応できないような領域で問題解決に関わったり、サービスを提供したりという社会的な役割を果たすことができるのである。これについて、後藤は、リップナックとスタンプスの議論に触発されて、「NPOの実験性・創造性がコミュニティや地域の潜在的な可能性を引き出し、それを再活性化あるいは再生するダイナミズム」（後藤 2005: p. 14）に期待する議論を行っている。これは、NPOに既存のシステムを動かす可能性を求めようとするものであり、本書が論ずる都市の自己革新の議論に通じるものである。

それでは、そのような性格を持つNPOの創発あるいは活動の形成はどう説明されるのであろうか。まず、活動の動機については、NPOの基本的特性から推論されるように、参加する人たちが社会に対して投じたい意味を実現するための手段として、あるいは自己実現の機会としてNPOを位置づけている。(23) 新しい社会運動論が論ずるように、NPOでは参加する人々が求め、表現しようとする意味が活動形成の本質にあるということができる。(24) しかし、NPOの活動も、そのような動機だけでは成り立たない。活動を現実に組み立てるための知識・ノウハウ、資源やネットワーク等の他者との関係がなければ活動は事業を行うことができない。価値を社会に向けて提供することができないのである。何らかの意味の探求が発火点となったとしても、それを具体的に実現させる機能と構造が必要なのである。これは、資源動員論が、機能的な視点から、合理的な計算に基づく現実的な運動推進のための資源の調達や戦略の策定の必要性に目を向けていることに照応する。

ここで問題となるのが、意味と機能との間の葛藤である。すなわち、参加する個人の持ち込む意味的要請とNPOという活動が存続・発展するための機能的要請との間の矛盾であり、ここにNPOのマネジメント上の根本的問題が存在する。NPOに参加する人たちは、その思いをNPOを通じて実現したいと考えるが、NPOという社会的な責任を担っている活動としては、当然のことながらその責任を果たすための機能を発揮しなければならない。社会的な責任を果たし、活動が成り立ち、存続するためには機能を優先しなければならないが、その場合、参加メンバーの意味的要請とはしばしば矛盾することが考えられる。NPOとしては、この矛盾を解決することが求められるのである。活動が誕生するときには意味が大きく先走りがちだが、その場合でも機能的要請をうまく処理すること、少なくとも機能的な必要を充足させる必要がある。

文化資本は、そのようなNPOの活動に対して、創造性を引き出し、創造的能力を与えることによって、活動を推進させるはたらきをする。文化資本は、意味が中心となって、それに機能と構造が肉付されることで具体的な価値を生み出す原動力となるものである。文化的価値は、繰り返しになるが、人に意味を投げかけ創造性を刺激し創造への動機を引き出すことで活動の主体形成の契機になる。このような創造性が人の潜在能力を引き出し文化資本の知的資本部分と結びつけることによって、活動が社会的な価値を生むための創造的能力を形成するのである。NPOには、後藤が論じるように、非営利であるがゆえに発揮できる実験性・創造性が社会的に期待されているため、この創造的能力（そしてその質）はNPOにとって特に重要である。枠組部分は、そのような活動が具体的に社会に根を下ろし、発進・展開するための条件を提供する。したがって、文化資本が先述したように理念的に構成されたものであれば、意味的要請に応えつつ、機能的必要性を充足させることで、活動が創発するための条件を提供することになる[25]。しかし、現実には、意味と機能をバランスよく両立させることができるとは限らない。その点では、文化資本は必ずしも意味と機能との葛藤を処理できるとまではいえないが、活動にとって特に重要な創造的能力をもたらし、両方の要請に応えるような形で活動の創発及び展開のための基礎を与えているということができる。

第三節　創造的環境と文化消費

第一節で見たように、創造的環境に関する議論の多くは、生産者側の状況を対象にして創造性の根拠を求めようとするものである。その中でも消費の重要性に目を向けた議論はあるが、多くは、R・フロリダのように、主に創造的人材を惹きつける環境としての消費的環境の重要性を主張するものである。実際に、アメリカの諸都市では、創造的な人材を惹きつけるための魅力的な都市空間の開発が行われているが、そこでは消費的要素が重視されている。しかし、これは消費者やその文化消費という行為それ自体の創造的側面を評価するものではなく、あくまで創造的人材を確保するという生産側の条件を満たす限りにおいて消費の役割を評価しようとするものである。だが、今日では、ポピュラー・カルチャー[26]などの文化産業において消費者の役割が注目されているように、消費者が都市の創造性に関与することも十分に考えられる。

この節では、これまでの都市の創造性の議論に対して消費的視点を持ち込み、新たな角度から議論を行おうとするものである。議論の対象としては、主にポピュラー・カルチャーを中心とした文化産業を想定する。すなわち、都市の創造性あるいは創造的環境の議論における消費的視点の重要性を主張し、創造的環境の形成における文化消費の持つ意味を論じるものである。そこでは、消費者の文化創造能力に着目し、それが都市における表現の場を通じて、都市の創造性にどのようにつながるのかという議論に焦点を当てるものとする。議論の展開において、都市における表現の場として文化空間という捉え方を導入し、そこでの活動を方向づけ、支える基盤として文化資本概念を導入する。

1　都市の創造性の議論と文化消費への注目

ここでは、都市の創造性を検討する上において文化消費の役割をどのように見ることができるか、あるいは、文化消費者をどのように位置づけることができるかについて検討し、都市の文化創造における消費者の役割について一つの仮説を提示したい。

(1) 創造的環境と都市の文化消費

都市の創造性についての議論が主に生産者間の関係に関して展開されている中で、消費への注目は、創造的な能力を持っている人々を惹きつける魅力的な環境の構成要素という点に向けられている。日本では、現在のところこのような議論に該当するような状況は現れていないが、この議論は、消費と都市の創造性の関係について考える上で一つの重要な問題を提起している[27]。先行するロイドとクラーク、グレイザーらの議論を継承して、フロリダは、現在のような創造的産業が経済を主導する時代において、都市の成長のためには、創造的人材（フロリダの言葉でいうと創造的階級）を惹きつける魅力ある環境が重要であることを主張する。そのような魅力的環境を構成する要素としては、一般的には優れた都市景観などの物理的空間や美術館などの文化施設により構成される文化環境が挙げられるが、フロリダはそれ以上にストリート・レベルのアメニティの重要性を強調し、活気のあるストリート・ライフや魅力的なナイト・ライフを楽しむことを可能にする消費的環境の重要性を強調する（Florida 2002）[28]。そのような環境要素としては、夜間営業のレストラン、カフェ、バー、ダンス・クラブ、音楽クラブや先進的なミュージック・シーン等を挙げている。

創造的人材が消費的要素を重視することは、そのエートスから説明することができる。プロテスタンティズムを継承している伝統的なビジネスのワーク・エシックと対照的に、創造的な仕事についている人たちにおいては芸術家的なボヘミア的色彩を帯びていることが指摘されている。そこでは、自己の探究と自己表現の追求が重視され、仕事の中にも自己を追求する、いいかえれば、仕事においても喜びを追求するため、しばしばレジャーと仕事の垣根が曖昧であるといわれる。そのため、ライフスタイルが重視されるが、審美的、快楽的とも形容されるそのようなライフスタイルに見合う生活環境として、文化性、審美性、エンターテインメント性を追求する。これは、現代の消費文化を構成する要素であり、文化生産者である創造的人材——それ自体が消費文化の先導者

（O'Connor 1998: 232）ともいわれている――のボヘミア的エートスの要求は、このような消費的環境によって充たされると解釈することができる。以上のように考えれば、創造的環境とは創造的人材の持つエートスを充たすような消費文化を持っている環境ということになる。

ここで考えてみたいのは、創造的な人々が求める都市の消費文化[29]とは、カフェやバー、小売店舗や文化的ヴェニューなどの消費的環境要素や、あるいは生産者側のイベントなどによるはたらきかけだけで成り立つものであろうかという問題である。ある都市に文化が根づいているとしたら、それはその都市における過去の文化活動の蓄積と現在の活動によって支えられている。しかし、消費文化については、「消費」と冠されていながらも、消費者は受動的な立場で享受するだけであり、生産者の誘導により形成されていると考えられがちである。先ほどのフロリダが提起した議論は、創造的人材を惹きつけるという点においてのみ消費を評価するだけであり、消費者の役割については目を向けていない。ポピュラー・カルチャーにおける文化消費の役割を考えると、都市の創造性あるいは都市の創造的環境の形成においては消費者の役割について異なる理解が必要であるように思われる。

(2) 都市の文化創造における消費者の役割――仮説の提示

消費者の役割については、文化産業の特性から論じることができる。都市の創造性の議論は、対象となる産業を特定せずに、創造やイノベーションに関するものであれば、産業間に横たわる基本的な違いにこだわらず、同一の土俵で扱ってしまう傾向が見える。都市の創造性の研究は、イタリア北部都市の中小企業製造業群に見られるイノベーションに関する研究を一つの源流としているが[30]、現在では、消費者に向けて文化商品を生産する文化産業のような産業におけるアイディアやコンテンツの創造、より高度な技術が使用される産業における技術革新などが対象として含まれている。しかし、当然のことながらそれぞれの産業独自の特性に応じた議論が必要であり、文化産業については、文化生産の特性に応じた議論が必要であると思われる。その一つの重要な点が、文化の創造における消費者の位置付けである。文化産業では、消費者が生産に近い位置にあり、消費者による文化創造、すなわち生産への貢献は無視できないのである。

後藤和子は、文化政策学や文化経済学、経済地理学を援用しつつ、都市の創造性についてその構造の理論的な解明を試みているが、その論文において池上惇の文化産業の三層構造や後述する植木浩の文化の社会的循環モデルについて論じる中で、文化創造における消費者の役割に注目している（後藤 2003）。また、この消費者の役割については、消費者研究を得意とする社会学から多く提示されている。英国マンチェスター市では、都心部において若い人たちや文化的媒介者（cultural intermediaries）といわれる文化やメディアに関係する人たちを中心にポピュラー・カルチャーを中核とした文化消費状況が活況を呈しているが、こうした状況が直接的に文化生産につながっていることが指摘されている（O'Connor 1998）。同様のことがリヴァプール市においても報告されている（Cohen 1999）。また、英国ではシェフィールド市などの文化産業地区政策における経験から、生産者が消費者と直接的に「出会い」を持つことが文化生産に必要な新しいアイディアを生むために重要視されている（Fleming 1999）。これらの議論や観察から看取されるのは、消費者にマス・マーケットを見るのではなく、文化創造に関わる何らかの役割を認めようとしているということである。

もちろん、文化産業においても、音楽や演劇、ゲームソフト、ビデオ製作等のサブセクター間で状況は大いに異なる。先に触れたマンチェスターの文化産業の研究では、ポピュラー音楽を主な対象としているが、この分野は、大学生などの若者が主要な消費者層を構成していること、パフォーマンス性が高いこと、生産者と消費者間の技術的・技能的垣根が小さいことなどの特徴から、文化消費者が都市という空間において重要な役割を担っていることが考えられる。なお、このサブセクター間の違いは、議論を一般化しようとする場合注意する必要がある。

この消費者の文化創造における役割に着目して、都市の創造性について一つの仮説を提示したい。すなわち、消費者がポピュラー・カルチャー等の文化消費を通じて発揮する文化創造能力が都市という場において展開されることによって都市の創造的環境の形成に貢献する、というものである。本節の以下の議論においては、この仮説を論証するために、消費者の文化創造能力と創造的環境の間をつなぐ媒介項として文化空間という捉え方と文化資本の概念を導入して考察を行う。なお、創造的環境について、ここでは、そこで育まれる活動等によってアイディアの創造、コンテンツのオリジナル生産のような文化創造をもたらすような環境と捉えたい。この消費者による文化創造は、必ずしも直接的に商業生産に至らなくても、何らかの刺激となって文化産業の発展に結びつくものであり[31]、そこから、都市の経済的活性化につながるものとする[32]。

この議論は、特定の社会に限定せず、日本や英国、アメリカ等の消費文化が高度に展開している先進国社会一般を対象とする。ポピュラー・カルチャーの消費をめぐって消費者が置かれている立場、状況、生産者との関係については、ポピュラー・カルチャーが各種メディアを通じて文化消費の主流となっている先進国において特に大きな違いは見られないからである。クラスやエスニシティによる文化消費上の「読み」の差異[33]といった、かつてカルチュラル・スタディーズで好んで取り上げられた問題については、置かれた社会によって事情は大きく異なるが、ここでの議論には影響しない[34]。本節で問題とする消費者がポピュラー・カルチャー等の文化消費を通じて「その文化創造能力を発揮すること」について消費者の置かれている環境は、日本、英国、アメリカ等で大きな違いは見られないため、先進国社会の文化消費状況においてある程度一般化して取り扱うことは可能であると思われる。

2　消費者の持つ文化創造能力と文化資本

ここでは、前項で設定した仮説に従って、その論拠を求め、それが成り立つための条件を検討したい。まず、消費者の持つ文化創造能力について検討し、それが都市という空間でどのように発揮されるのか、そして、それが都市の創造性にどのようにつながっていくのかについて考えたい。ポピュラー・カルチャーの中でも、とりわけポピュラー音楽を例にとって考察を進めるものとする。なお、本章において消費者の文化創造能力とは、文化の享受を通じて意味を生み出し、その表現等の活動を通じて文化に関する新しいアイディア、スタイルや文化的コンテンツ等を創造する（少なくともそのような創造に貢献する可能性を持つ）能力のことであり、後述する意味生産能力を含むものとする。

(1)　消費者の文化創造能力

消費者の文化創造能力について、まず、文化の創造過程において消費がどのように位置づけられるのかについて考えたい。そこで参考になるのが、植木浩の文化の社会的循環モデルである。それによると、文化の創造は、創造→伝達→享受→評価→蓄積→交流→学習→創造という循環構造を持つものとして捉えられる（植木 1998: pp. 217-9）。このモデルに示されたプロセスは、一つのパターンとして考えられるが、すべての文化創造に該当するとはいえない。実際の文化創造の過程は、このモデルが示すような単線的なものではなく、もっと複雑な過程を持っていると考えたほうが適切である。特に、現実の商品文化の創造・消費過程を考えると、享受より後のプロセスについてはそぐわない点も多い。しかし、本節の議論において問題となるのは、文化の創造過程において消費者の役割をどのように捉えるかという点にある。その意味では、このモデルを文化市場のプロセスに合わせて読み替えると、文化創造を循環構造として捉え、その循環過程の中で文化創造に果たす消費者＝享受者の役割を明確に位置づけている点において重要な示唆を含んでいる。したがって、このモデルを参考に、消費者に焦点を置いたポピュラー・カルチャーの創造過程を考えることが可能だと思われる。

以上のような点を踏まえて、文化創造過程の簡略化したモデルとして、創造→伝達→享受→交流→創造という過程を再構成する[35]。個々のプロセスについて、文化商品の生産、消費の過程と照らし合わせると、創造はアイディアの創造及び生産、伝達は流通、享受は消費に該当する。なお、ここでは、評価は、享受の過程に含まれるものとする。すると、文化創造の流れは、生産→流通→消費という一方向の流れではなく、消費→生産という方向の流れも含んだものと見ることができる[36]。ここでは、消費という営為が文化創造の流れの中にしっかりと位置づけられている。これは、消費が単なる受動的な〈消費〉ではなく、その享受を通して評価を行い、そうしたことが交流を経て、やがて文化の創造につながっていくものとして見ることができることを意味する。

それでは、この文化の享受に着目して消費者の文化創造能力を考えた場合、それはどのように解釈したらよいであろうか。一般に、現在では、主に消費財・サービスにおいて消費者の生産に与える影響は高く評価されるようになってきている。単にその嗜好が需要として生産の方向づけをするというだけではなく、消費者は、その商品やサービスに対する評価や創意・工夫を通じて付加価値を生み出しているのである。ここに、カルチュラル・スタディーズや文化社会学でしばしば用いられる「意味の生産」という概念を導入すると、消費者は、財やサービスの消費を通じて、物質的に必要を充たすというだけでなく、何らかの〈意味〉を獲得しようとしているということができる[37]。これは、生産者の送り出したメッセージをそのままの形では受け取らずに、消費者が主体として財やサービスを使用し、享受する中で自分なりに新たに意味を生み出す、あるいは加工することを指しており、その点において、まさに意味を生産しているのである[38]。ただし、ここでいう意味の生産はあくまで享受を通して自己に向けて行っているのであり、他者に向けたものではない。文化的財・サービスあるいは文化商品については、なおさら、消費を通じた意味の生産が行われているという側面が強い。現在では、消費者の意味生産能力は、現代の教育やメディアを中心とした文化環境によって、全体的に、深くかつ拡大している。しかも、ビデオやパソコンなどの制作手段が一般に広く普及したため、自己充足的な意味生産にとどまらず、表現をすることまで容易になってきている。

消費者の意味生産能力の深化・拡大は、現代の文化生産の特徴からも考えることができる。すなわち、現代の文化においては、基本的にポピュラー・カルチャーが日常の文化消費の大半を占めているが、ポピュラー・カルチャーには、生産者と消費者の垣根が低いという基本的な特徴がある。具体的には、生産のプロセスが短く生産者と消費者の距離が小さい、対象・題材が日常に求められており、そのためコンテンツには特殊に専門的な内容は多くない、あるいは消費者が専門的な知識を持っている場合が多く生産者との差異が小さい、生産技術が生産者に特権化されておらず消費者も共有している場合がある、等の理由が挙げられる[39]。このようなポピュラー・カルチャーの特性から、消費者が文化消費を通じて得た意味が、表現手段を得て具体化され、さらに、表現の場を得ることで、個人的な享受にとどまらず社会に向けた文化表現、場合によっては商業的な文化生産へとつながっていく可能性が生まれるのである。なお、文化消費者が享受を通じて生産する意味には、文化コンテンツに限らず、対象となる文化についての評価や見方・考え方、技術的知識等も含まれている。

(2) 都市の文化空間と創造的環境

既に触れたように、現在、表現手段は一般に普及しているため、個人的に生産した意味を文化表現にもっていくこと自体はそれほど困難なことではない。むしろ、問題は表現の場である。前章で提示した文化創造過程のモデルに戻ると、ポピュラー・カルチャーでは交流にあたる部分においては表現活動が中心となると思われる。表現を通してアイディアや意見の交換が行われるのである。この交流（表現）に焦点を当てて、享受から後の文化創造過程、すなわち、享受（意味の生産）→交流（表現）→創造、の流れについて考えてみたい。まず、享受とは、先述したように文化消費者それぞれにおける意味の生産過程であり、その中から文化生産につながるような新しいアイディアが生まれる可能性を持っている。そのような意味のうち大部分は死蔵していくが、意味の生産者＝消費者が他者にその生産した意味を伝える、すなわち交流をすること、とりわけ表現の場を得ることによって、意味は具体的な形となり、加工・修正され、社会的な表現となり、文化の方向に影響を与えたり、文化生産者に何らかの形で伝わったりすること等によって生産につながる可能性が開かれるのである。そして、その表現の場として都市空間を考えることができる(40)。

都市空間については、「都市は劇場である」という表現があるように、ストリートや広場におけるファッションや行動スタイルの表現空間というだけではなく、ポピュラー音楽や演劇、漫画などの分野において細分化したジャンルに応じた多数の表現空間が存在している。そして、そこでは、消費と生産の数々の出会いが用意されている。A・プラットは、ストリートのような公共空間を生産者と消費者の相互作用の場として捉え、そこに文化的イノベーションの可能性を見ている（Pratt 1999）。ファッションや音楽の実験の場としてのストリートでは、新しいアイディアが試され、新しい傾向が発見され、場合によってはそれらが新しい文化生産物へと転化されてゆくことになると論じている。そこでは、生産者だけでなく、消費者も実験の参加者として自らが生み出した意味の表現を行っているのである。

都市における消費者の表現を中心とした活動をめぐっては、以上のような開かれた空間における参加者間の非固定的、非限定的な関係とは異なる、閉じた傾向をもつ社会空間における固定的な参加者の間の関係についても見る必要がある。その一つとして、シーンと呼ばれるポピュラー音楽の文化空間について検討してみたい。ここで、文化空間という言葉は、ある特定の文化的活動を中心に、それに参加、関与している人たちの間に社会関係が営まれ、各種の活動が展開している社会空間という程の意味で用いている。シーンは、ある特定の地域において音楽家や音楽ファン、音楽ライター、音楽産業の従事者たちが、共通する音楽ジャンルの関心を通じて創り上げている状況を指すもので、W・ストローによると、「音楽の諸実践が共存し、その各々が相互に作用している文化空間」（粟谷 2003: p. 248; Straw 1997: p. 494）と定義される。

S・コーエンはリヴァプールのポピュラー音楽シーンの研究を通じて、その特徴を次のように指摘している（Cohen, *op. cit.*）。まず、シーンとは、特定の地理的範囲の中で行われている活動を指しており、公式／非公式の音楽活動の間や、オーディエンス、生産者、演奏者の活動や役割の間の境界が曖昧になっているという特徴を持っている。これらの人々はお互いに親密な関係を創り上げ、音楽のジャンルや好み、スタイルに応じたグループを形成する一方で、他のグループとはゆるいネットワーク関係をつくっている。シーンは、その内部で情報交換、技術的サポート、ジャーナルの作成、レコーディング活動などを行っており、また、それぞれ自らの示差的な特徴、伝統、アイデンティティを持ち、他のシーンやその他外部との間に境界を形成しているが、境界は固定的なものではなく、状況や時間によって変わっていく性格のものである。また、彼らの活動においては、特定のライブ・パフォーマンス空間（live performance venues）がシーンのハブ的機能を担っている。シーンは、ローカルに閉じているわけではなくグローバルな音楽シーンとは様々な形で交流を行い、外部の音楽から多大な影響を受けながらも、コミュニティ、地域の遺産、地域の歴史的特殊性、地域的アイデンティティやその音楽活動の歴史的な経緯に結びついている。リヴァプールにおいて、シーンは、そのロック音楽生産にとって固有のコンテクストを構成してリヴァプールのロック音楽活動を支えており、その中からインディーと呼ばれる独立系（大手の音楽産業には属していない）のミュージシャンたちが多く誕生している。

シーンにおいては、消費者すなわちオーディエンスは単なる音楽ファンや観客を超えて、シーンに外の新しい情報をもたらしたり、ライブ・イベントの開催やレコーディングに関わったり、シーンの音楽活動の企画や方向づけに関わったりもしている。また、自ら演奏者として演奏を行う場合もある。シーンの中からは、対象となる音楽についての様々なアイディアや新しいスタイルも生まれている。シーンは、生産者側が一方的に提供した音楽活動の空間ではなく、オーディエンスが主体的な参加者として創り上げている音楽文化空間であり、その中でオーディエンスは自らの文化創造能力を発揮させていると見ることができる(41)。オーディエンスは、文化消費を行いながら何らかの意味を生産するが、これは、先述したように、対象となるポピュラー音楽についての評価や見方・考え方、技術的知識を含むものである。シーンは、このような意味を表現する場になっているのである。

このように、シーンのような消費者が参加する創造的な文化空間は、消費者が生産者や他の消費者と出会い、相互作用を行い、文化の享受を通じて生み出した意味を表現し、その文化創造能力を発揮させる場を提供しているのである。それは、必ずしも直接的に商品化に結びつかないまでも、創造的な活動を育み、支え、方向づけている。そのような活動の中から対象となる音楽やその活動に関する新しいアイディアやスタイルが生まれ、時には音楽コンテンツの生産につながるときもある。すなわち、文化創造過程における「創造」である。仮説で提示した定義に従うと、都市の創造的環境とは、このような文化創造をもたらす活動を育む環境であるから、シーンのような文化空間は、創造的環境を構成していると考えることができる。

しかし、そのような個々の文化空間の存在だけでは、創造的環境の一構成要素となっているとしても、「環境」全体を創り上げているといえるものにはならない。個々の空間の間にある種の結びつきがあり、相互作用を持つ、あるいは連動性を持ち、お互いが響きあうことによって個々の空間を超えた全体的な環境と呼べるものが構成されるのではないだろうか。ただ、文化空間は孤立して存在していると考えることは現実的ではなく、同じ都市であれば、その中で分野を超えて結びついていると考えていいであろう(42)。この点について、コーエンは、リヴァプールのロック・ミュージックの個々のシーンの間にゆるいネットワーク関係があることを見ているが、それらは、また、ダンス・シーン等と施設や資源、オーディエンス、イデオロギーにおいて重なり合いながら展開していると指摘している（*ibid.*）(43)。また、オコナーは、マンチェスターについて、ポピュラー音楽が先導するような形でマンチェスターのポピュラー・カルチャー全体のシーンとでも呼べる状況を創り上げていると論じている（O'Connor 2004）。個々の文化空間がつながりを持つことで、アイディアや考え方、スタイルが相互の文化空間の間に波及し合い、全体として創造的環境を構成しているのである。

(3)　文化資本の蓄積・更新

ここで、あらためて消費者の文化消費という行為が都市の創造的環境を構成する条件を考えてみたい。これは二つに分けることができる。一つは、消費者が参加する、シーンのような創造的な活動を育み、支えている文化空間が存在すること、すなわち、都市の文化空間が創造的であることであり、もう一つは、個々の文化空間が有機的に結びついて、全体として創造的「環境」を構成していることである。

まず、文化空間が創造的であるとはどういうことかを考えてみたい。やはり、シーンを例に取ると、文化空間が創造的活動を育み、支えており、その結果として、音楽に関するアイディアやスタイル、時には音楽そのもの（音楽コンテンツ）など、広い意味での知の生産を導いていること、ということができる。シーンのような文化空間は、そこで育まれたアイデンティティ、その文化的活動への取り組みスタイル・考え方、活動の仕方等の、活動を方向づけ、支える固有の枠組、知恵・ノウハウを持っているが、これらがその空間での創造的活動を育み、支えていると考えられる。消費者＝オーディエンスは、享受を通じて生産した意味や外から得た情報の解釈などをシーンに持ち込み、他のオーディエンスや生産者等と交わり、音楽活動の評価や企画、方向づけ、新しいスタイルの提案、自ら創作した作品の提示などを行うが、このような行動は、必ずしもすべての文化空間に見られるものではなく、そのような行動を支える固有の枠組や知恵・ノウハウを有する文化空間に特有のものである。そして、こうした活動の積み重ねの中から、音楽に関するアイディアやスタイルなどの知が生まれると考えられる。(44)

このような行動を支え、方向づける枠組等を考えるために、文化資本の概念を導入してみたい。第二節では、文化資本の作用として活動を創発させる可能性に焦点を置いて論じたが、基本的には、活動を支え、方向づけるはたらきにその本質がある。第二節で論じた文化資本概念では基本的にスロスビーによる定義を下敷きとしていたが、そこでは、無形の文化資本を、「集団によって共有されている観念や慣習、信念や価値といった形式をとる知的資本として成立」（Throsby, *op cit*.: 訳書 pp. 81–2）していると論じる。このような議論から、前述の文化空間が持っている、その文化的活動を方向づけ・支える固有の枠組、知恵・ノウハウは、一種の文化資本と考えることができる。すると、文化空間において、その文化的活動は固有の文化資本によって支えられているということになる。

しかし、すべての文化空間が創造的活動を支え、知の生産に結びつくわけではない。ここで、類似の概念としてコンヴァンシオンについての議論が参考になる。長尾・立見によると、コンヴァンシオンとは、「アクター間の相互作用を通じて形成される、自明視された慣行もしくは暗黙のルールのことであり、経済活動を調整する装置としての役割を果たしている」（長尾・立見 2003: 256）ものである。都市には、様々な経済活動等の蓄積があることから、それに応じて様々なコンヴァンシオンが複合的に存在しているとされる。同様に、文化資本も文化の諸活動に応じて、あるいは文化空間に応じてそれぞれ存在しており、都市には様々な文化資本が存在していると考えることができる。その中には、継承されたスタイルを守り伝えるように文化的活動を規定するような文化資本や、従来の観念やスタイルにとらわれずに新しいアイディアやスタイルを生み出そうとする創造的な文化資本[45]というものを考えることができる。すなわち、そのような知を生産するような創造的活動を方向づけ、支える枠組や知恵・ノウハウである。シーンのように消費者が文化創造能力を発揮できるような文化空間には、創造的な文化資本が存在しているということになる。

以上から、文化空間が創造的であるとは、その空間が創造的な活動を支え、新しい知を生み出すような文化資本を備えていることを意味する。言い換えると、そのような文化資本を備えていることが、創造的環境の構成要素となる創造的な文化空間であるための一つの条件になる。

次に、個々の文化空間が結びついて全体として創造的環境を形成していることについては、個々の活動や空間を超えた環境に対して消費者の文化消費という行為が与える影響は当然小さいものであると考えられる。しかし、先にも論じたように、文化空間が結びついていること自体は珍しいことではない[46]。ここで指摘しておきたいのは、環境全体に関わる精神や志向性、関係のあり方等が個々の文化空間やその活動に作用しており、これもまた一つの文化資本とみなすことができる、ということである[47]。都市には、個々の文化空間それぞれに特有の文化資本と並んで、個々の文化空間の活動に作用し、それらの文化空間の間の関係を枠づけるような、環境全体に関わる文化資本を考えることができるのである。

以上の考察から、都市の創造的環境が成り立つ上で文化資本が鍵を握っていること、創造的な文化資本の存在が必要であることが確認された。それでは、消費者は、その文化消費を通じて文化創造能力を発揮することによって創造的な文化資本の形成に対してどのような貢献ができるのであろうか。ここで、文化創造過程のモデルに戻って、植木の提示した社会的循環モデルで取り上げている「蓄積」（本節で提示した簡略化した文化創造過程のモデルでは省略）について考えてみたい。これまでの議論から、文化消費は、消費者が文化商品を享受する中で生産した意味を文化空間で表現する行為を通じて、創造へとつながる可能性が開かれる。すると、本節の文脈において蓄積とは、消費者が生産した意味を蓄積することであり、それは表現を中心とした社会的活動の場である文化空間において行われると考えられる。こうして蓄積された意味が文化資本を形成していくのである。[48]（1）で論じたように、文化消費者が生産する意味とは、文化コンテンツに限らず、対象となる文化についての評価や見方・考え方、技術的知識も含まれている。消費者の意味生産および表現活動が活発なものであれば、これらが文化空間での活動を通じて絶えずその文化資本に加わり、対象となる文化やその活動を陳腐化させず、文化のあり方や質に変化を加えたり、さらには、新しい文化を創造したりするなど、文化資本を常に創造的なものとして維持・更新していると考えられる。その意味では、文化消費による創造的な文化資本への貢献は、文化資本の「蓄積」ということだけではなく、更新・活性化という側面が強い。なお、植木の社会的循環モデルでは、蓄積は、享受から交流へと向かう過程の中に位置づけられているが、本節の議論では、蓄積（ここでは、蓄積・更新とした方が適切である）は文化空間で行われるため、交流（表現）→創造に強く関わるものと捉えている。また、植木のモデルのように一方向的・単線的には位置づけられないと考えられる。[49]

文化消費による創造的環境の形成への貢献は、その構成要素である個々の文化空間に対するものであるが、間接的にそれぞれの文化空間を通じて全体的な環境に多少なりとも影響を与えると見ることができる。しかも、文化空間の間に十分なつながりがあり、連動性が強ければ、文化消費が関与してある文化空間で生み出されたアイディアやスタイルが他の文化空間に波及し、環境全体に大きな影響を与えることが考えられる。[50]ただし、文化消費という消費者の行為が個々の空間を超えた全体的な環境の創造性にはたす貢献については、環境全体に関わる文化資本の問題も含めて多くの検討内容が関わってくるため、議論の論点から外れることもあり、ここではこれ以上追究できない。

以上を整理すると、消費者の文化消費という行為が創造的環境の構成に寄与するためには、その文化創造能力が創造的環境の構成要素である文化空間を創造的なものにすることに寄与するとともに、このような文化空間が他の文化空間と結びつき全体として環境を構成していることが必要である。消費者が享受の過程で生み出す意味は、都市の文化空間に参加し、何らかの形で表現されることを通じて、創造的な文化空間の形成に寄与することができる。すなわち、消費者の表現等の活動は、参加する文化空間に固有の文化資本の作用を受けるため、その文化資本が創造的なものであれば、創造的な活動が育み、支えられ、知の生産につながるが、逆に、消費者の活動は、絶えず新しい意味を突きつけることによって文化資本を創造的なものとして維持し更新する。このようにして、文化消費は創造的な文化空間の形成に貢献する。要するに、消費者の文化創造能力が創造的環境の構成に文化空間を通じて結びつくためには、消費者の生産した意味を文化空間における創造的活動にもっていく創造的な文化資本が必要であり、逆に、消費者の生産した意味がそのような創造的な文化資本の維持・更新に寄与することになる。

なお、以上の議論において留意すべき点は、本節では、全体を通じてポピュラー・カルチャー、とりわけポピュラー音楽についての考察を中心としていることである。特に、議論の中核となっている「表現の場」の分析は、英国のポピュラー音楽の研究に基づいている。ポピュラー音楽はパフォーマンス性が高く、都市空間の議論と結びつきやすいが、ここから導かれた議論が必ずしも文化産業の他のサブセクターにも適用できるとは限らないため、他の分野においても同様の視点から考察を行って議論を広げる必要がある。

第四節　サブシステムにおける文化の創造

本章では、地域内のサブシステムとそこに内在する文化の関係について創造的環境を取り上げ、作用する力としての文化のはたらきについては文化資本概念によって検討してきた。この節では、文化政策やまちづくりのイニシアティブ等が展開されることによって、それらに内在する文化資本が新しい活動を創発させることを通じてネットワークを形成することで地域内に一つのサブシステムを創出する可能性を検討し、その意義について考察を行う。さらに、そのようなサブシステムにおいて形成された局所的な新しい文化が都市全体に波及する可能性について論じたい。

1　都市の自己革新とサブシステム

それでは、地域内に現れた新しい文化としての文化資本は地域にどのような変化をもたらすのであろうか。まず、考慮に入れなければならないのは、都市には既存の地域の文化が根付いており、これが都市のアクターの行為を規定するわけだが、容易には変化しにくいと考えられることである。第一章第二節でも論じたように、都市システムの構造を構成している地域の文化はサクセニアンが主張するように社会的な相互作用を通じて絶えず変化していくとしても、大きな変化が短い年月で急に現れるとは考え難い。パットナムがソーシャル・キャピタルについて論じる通りである。「制度的厚み」の議論が挙げるような、その都市で活躍し、支えてきた企業、産業団体、教育機関、医療機関、政府機関等の制度的存在やそれら都市のアクター間の行動や相互作用によって育まれてきたルール・慣習、知識、共同意識等としての地域の文化が簡単には変化するとは考え難いのである。

このことを考慮に入れて、新しい文化が地域社会に出現、あるいは導入された場合、地域の文化とどのような関係になるかについて改めて考えてみたい。ある文化的試み（イニシアティブ）が地域社会の中で成功する、あるいは発展していくためには、その試みに内包された文化（資本）とその試みが関わることになるその地域の既存の行動様式や態度、制度等、すなわち地域の文化とが噛み合うか、そうでなければ両者が相互に排除しないような共存関係に立つ必要がある。そのとき考えられるのは、その文化が、A、既存の地域の文化、あるいは地域社会にそのまま適合する、B、適合せずに拒否される、あるいは適合すべく変化する、C、既存の文化を変容させる、の三ケースである。まず、Aについては、都市に新しく入ってくる文化について見ると、文化資本の構造的側面として捉えた思考・行動あるいは関係の枠組を伴うため、都市の既存の地域の文化との間で葛藤が生じずに適合するとは考えにくい。また、本書では都市の革新を論じているのでBのケースは除外されるため、検討の対象となるのはCのケースに絞られる。

これはさらに全体的な変化あるいは部分的な変化の二つに分けることができる。すなわち、C-1、既存の地域の文化に従っていた人たちが新しい文化を受容するという形で地域の文化を直接変容させる（その過程で受容される文化が変化することも考えられる）、C-2、新しい文化に基づいた活動が拡大・発展し、地域内において一つのサブシステムを構成する、という二つのケースである。C-1については、文化及びそれを伴う現象の衝撃が非常に大きい場合や新しい文化が関わる社会的局面がかなり限定的な場合[51]、あるいは、変化の契機が生じるという意味での変化を指す場合[52]以外は、現実には考えにくい[53]。右に述べたように、制度的存在やそれらの間の相互作用とそれによって育まれ蓄積されてきた関係や思考・行動の枠組としての地域の文化が全体として変化するのには相当な時間がかかると考えるべきであろう。現実に起こり得るのはC－2である。これは、それ自体が地域内に異なる文化を持つサブシステムを創出するという点で、都市という社会システムに変化をもたらすものであるが、それが拡大、あるいは影響力を増大させることによって都市の全体システムに、この場合、都市全体における地域の文化に影響を与えることも考えられる。[54]

以下においては、このC－2のケースを取り上げて検討を行う。

2　活動のネットワークによるサブシステムの形成

では、地域内に現れた新しい文化としての文化資本に基づいた活動が拡大・発展し、地域内において新たな一つのサブシステムを構成するということは、どのようなことであろうか。

まず、米国テキサス州・オースティンの経験を取り上げて、この問題を考えてみたい。オースティンでは、シリコンバレーと比べて都市の既存の産業蓄積や社会文化的背景の影響をあまり受けずに、一つの重要な初発的な事業から連鎖的にスピンオフが展開され、ソフトウェア生産の産業クラスターが形成されている。オースティンは、かつて行政と大学に依存する中規模の都市であり特筆すべき産業基盤もなかった。しかし、八〇年代前半、連邦政府が主導する大型の産学官研究プロジェクトである新世代コンピュータ開発コンソーシアム（MCC）の本部誘致によるR＆D拠点の形成を機に、ソフトウェア生産が展開されるようになる。そのソフトウェア産業では、オースティンの既存の慣習や行動スタイルにはあまり左右されずに、スピンオフの連鎖によって出来上がった事業のネットワークにおける独自の論理が優越しているのである。[55] これは、オースティンという都市における、重要な成長産業において、新しい行動の枠組が形成されたということである。これについては、既存のシステムや制度・文化の影響がなかったというわけではなく、オースティンでは衰退した重工業都市のような分厚い「制度的厚み」がない分だけ、誘致した技術基盤のプレゼンスが相対的に大きく、新しい産業の創造において独自の行動の枠組を形成することが容易であったと解釈することができる。

オースティンの事例から引き出せるのは、初発の事業すなわちイニシアティブが起点となってそこから生み出された事業間で形成されたネットワークは、都市というシステムにおけるサブシステムを意味し、その中では都市の既存の制度や文化とは距離を置いてその産業に必要な行動の枠組が形成される可能性があるということである。文化資本概念を使うと、文化資本が契機となって創発した活動、あるいは影響を受けた活動がそれらの間で、さらに、目的等を共有する活動と連携することを通じて形成したネットワークという地域内のサブシステムにおいて、その活動に適した新しい行動枠組、すなわち文化を創り出す可能性があるということができる。そして、公文が社会システムの要件として挙げているように[56]、その活動間に特有の文化を持つことによって、全体システムとは識別されるサブシステムが形成されるということができるのである[57]。

ここで、改めてネットワーク概念について検討すると、ここでいうネットワークとは社会的ネットワークを指すもので、「アクターと呼ばれる行為者としての社会的単位が、その意図的・非意図的な相互行為の中で取り結ぶ社会的諸関係の集合」（金光 2003: p. 1）と定義することができる。このように定義されるネットワークが、それぞれ他のネットワークと異なるまとまりを持つためにはアクター間の諸関係を支えるものが必要だが、それには、血縁、目的、利益、価値、連帯、友情、経験、制度など様々なものが挙げられる。本書のように、まちづくりや産業創造を論じる場合には、価値、目的、利益によりその諸関係が支えられるネットワークが主な対象となる。文化資本によって創発した活動等文化資本を契機にして展開している活動は、文化資本の持つ文化的価値を共有価値として関係を結ぶことがまず考えられるが、文化資本は同時に経済的利益を生み出すため、利益によって結ばれることも考えられる。アクターそして活動がネットワークを形成することのメリットについては、機能の観点から資源動員論によって説明される。例えば共通する価値によって結ばれた活動のネットワークの場合、ネットワークによってつながることにより目指す価値の実現に向けた力が大きくなるからであり、また、活動のための情報や人材等の資源へのアクセスが容易になるからである。この場合、ロジックは活動の創発と同様で、共有する意味あるいは価値が中心となって、それを実現するための機能を高めるためにネットワークを形成するのである。利益によって結ばれた同業種の経済活動の場合は、主に共通する資源へのアクセス性によって説明されるが、その中で創造産業ではネットワーク内の密接な関係の中でアイディアやイノベーションを生むことがネットワーク形成の主な理由となっている。以上のような理由で、文化資本を契機にして展開している活動は、それぞれネットワークを形成すると考えられるのである（オースティンのケースのようにスピンオフの連鎖という形でイニシアティブの活動から派生した活動群がネットワークを形成する場合もあれば、既存のネットワークに参加する場合もある）[58]。なお、活動、特に非営利の活動がネットワークを形成することについては他にも議論があるが、ここではこれ以上追究できないため今後の課題としたい[59]。

ネットワークは、既に触れたように、大別してヒエラルキー的なタテ型の関係が支配的なネットワークや自律的な活動単位間のヨコ型の関係が支配的なネットワークに分類される。後者は、狭義のネットワークを意味しており、市民活動やＮＰＯが連携する理念的な関係を表している。その中核的な性格として自律性、目的・価値の共有・共感、分権性を有している（朴 2004）。文化資本を契機にして展開している活動は、営利的な動機を伴っていようとも基本的に文化的価値に動機づけられて自発的に行うものであるため、ヨコ型のネットワークを形成する可能性が高いと考えられる[60]。そして、文化的価値を基本的な要因として形成されたネットワークにおいては、文化資本の持つ、あるいは関わる価値や思考・行動の枠組（エートス、認識の枠組、ルール等）が持ち込まれ、ネットワーク内の相互作用の中で共有化されるようになり[61]、それをもとにネットワーク独自の文化が形成されると考えられる。

3　サブシステムにおける新しい文化の創造

それでは、創発した活動等のネットワークにおいて独自の関係や行動の枠組、すなわち文化はどのように形成されるのであろうか。価値や思考・行動の枠組としての文化は活動にとって構造を意味するが、これは、一般に活動の実践や活動間の相互作用の積み重ねを通じて形成されるものと解釈される。それに対して、ここでは、文化資本を契機にして展開している活動間で形成されたネットワークという関係の形態において、具体的にどのようなメカニズムで文化が形成されるかについて考察する。

ここで論じているまちづくり等の活動のネットワークは、前述したように基本的にはヨコ型のネットワークと考えられるが、これは目的や価値を共有し個々のアクター相互の自律性を損なわない柔軟な結びつきを意味している。そこでは、そのような特徴から、自律的・自発的なアクターがそれぞれの考えをぶつけ合う中で新たな情報や意味が生まれやすいと論じられている。今井と金子はネットワーク組織について、「様々な価値観やコンテクストが並存し、ときにはそれらが対立しあうという状態が存在する」ような「カオス的状況」（今井・金子 1988: p. 203）を特徴としてあげ、その中から秩序が読み取られ、選び取られることでネットワークのマクロ的秩序が形成されることを論じている。このようなヨコ型のネットワークでは、ある意味では「ゆるやかな」結びつきが一つの特徴として論じられる。しかし、結びつきがゆるやかなため、お互いを縛らず、そのため相互の自律性が確保されるとしても、アクター間で散漫なやり取りしか見られない状況であれば、新しい意味や秩序を生成するようなダイナミクスが形成されるとは考えられない。意味や秩序を生み出すためには、ネットワークの中にある一定の状況――相互作用の密度の高い状況――が生じる必要があると考えられる。このような状況について〈場〉という概念を導入して考えてみたい。

〈場〉とは、経営学で組織の構造重視の経営に対してプロセスの重要性を説明する用具として近年用いられるようになった概念である。〈場〉の理論の主要な提唱者の一人である伊丹敬之によると、「人々が参加し、意識・無意識のうちに相互に観察をし、コミュニケーションを行い、相互に理解をし、相互に働きかけあい、共通の体験をする、その状況の枠組のことである。そこでは、人々が様々な様式で情報を交換し合い、その結果人々の認識〈情報集合〉が変化する。このプロセス全体が情報的相互作用で、場とはいわばその相互作用の『容れもの』のことである」（伊丹 1999: pp. 4–5）、と定義される。伊丹は、『容れもの』という言葉に、ある種の境界の存在を込めている。すなわち、〈場〉では、市場のように無制限の出入りがあるのではなく、参加するメンバーはある程度固定化されているのである。そして、その相互作用の中から、マクロの情報秩序や心理的エネルギーが湧いて来るというのである。

このように、〈場〉とは組織の構造ではなく、活動のプロセスの中に見られる関係性を指しており、その中に見られるダイナミズムを論じた概念である。伊丹によると、この概念は、単に企業組織等の経営上のマネジメントにとどまらず、情報的相互作用が行われる状況であるならばどこでも適用可能であるという。実際、地域における産業集積が〈場〉の概念を用いて分析されている。(62) 本節の議論において〈場〉の概念に注目するのは、〈場〉という共有された枠組を伴う状況における密度の高い相互作用の中から、新しい秩序や心理的共振というエネルギーが生まれてくるというところにある。〈場〉の概念では、その成立要件として、そこに参加するメンバーが「共有するもの」を持っていることを指摘している。そして、その要件として、アジェンダ〈情報は何に関するものか）、解釈コード（情報はどう解釈すべきか）、情報のキャリアー（情報を伝えている媒体）、連帯欲求、の四つを挙げている。最後の連帯欲求を除く三者は、メンバー間の情報的相互作用が行われるための最低条件であり、そのような共有性がなければマクロの情報秩序は形成されないという。このような状況に連帯欲求が加わることで、メンバー間で「心理的共振を起こし、それが場の集団の心理的エネルギーを高め、よりすばやいマクロ秩序の形成への努力傾注が促進される」（伊丹 1993: p. 80）のである。

言い換えると、そのような要件をみたす〈場〉では、コンテクストの共有度が高く、メンバー間を結びつける枠組が明快で、連帯感情を伴う相互作用が密に展開されるために、また、その一方で、経営組織のような強連結による縛りも強くなくアクターたちの自律性も確保されるために、新しい秩序やエネルギーが生まれやすいと論じられるのである。〈場〉の理論の特徴は、メンバー間の関係が弱連結でありながら相互作用が密に行われることを重視していることにあるが、これは、ピオリとセーブルがイタリア北部の産業集積のネットワークの中に発見した創造的能力を成り立たせる構造と近似している（Piore and Sabel 1984）。〈場〉の議論で興味深いのは、連帯欲求により発生する心理的共振が秩序形成に果たす役割に目を向けていることである。伊丹は、連帯欲求がどのように生じるかについては論じていないが、その要件としては、目的の共有や関係の枠組の存在（連帯欲求を除く三つの要件により構成）、そのような状況の必要性の認識、そして、それらの基礎となるものとしてメンバー間のアイデンティティの共有を挙げることができる。

ネットワークにおける情報創造とは、主にネットワーク内のこのような〈場〉において行われると考えられる。しかし、〈場〉という状況は、ネットワーク内の隅々において遍く展開しているわけではなく、あくまで相互作用が盛んに展開されているネットワークのコアの部分において現れるということに留意すべきである。その成立要件と、相互作用の濃密さを考えると、〈場〉という状況はネットワーク内の中核的な枠組において現れると考えられるのである。具体的には、まちづくりや産業創造活動等が展開しているネットワーク的関係のコアの部分においては、関係する多様な主体をコーディネートする組織やフォーラム等が存在しており、ネットワークを支え、推進する役割を果たしているが、そのような組織が中心となって中核的な枠組を形成しネットワーク内における〈場〉という状況を担っているのである。例えば、ベルギー・アントワープ市のファッション産業の再生を例に取ると、フランダース・ファッション・インスティテュートという組織が、政府、民間営利、民間非営利の三つのセクターにまたがるコーディネート機能を発揮しており、ファッション産業の展開を推進しているが（後藤 2005）、このような組織が中核的存在となって〈場〉を形成し、アントワープ市のファッション産業活動のネットワークを支えているのである。

以上の議論を本書に適用すると、まちづくりや産業創造等の活動が創り出すネットワークにおいては、その中核的な枠組を中心にしてネットワーク内の活動間の密度の高い相互作用が行われることで〈場〉という状況が形成され、〈場〉を中心にしてネットワーク内にその都市の従来の文化的枠組とは異なる、当該ネットワークにふさわしい行動枠組、すなわち新しい文化が生まれ(63)、あるいは育まれるのである。そして、この文化は中核的枠組から徐々にネットワーク内の周辺的な状況に向かって浸透していくと考えられる(64)。ここで、文化資本を媒介に形成されたネットワークにおいては、文化資本の文化的価値や創造的能力、思考・行動の枠組（認識の枠組、ルール等）が持ち込まれるが、まちづくり等のイニシアティブが中心になって形成された〈場〉が有効に機能していくと、そのような文化がネットワーク内のアクターたちにしっかりと共有されるようになると考えられる。この文化は、当初は、文化資本がもたらしたものであっても、〈場〉が持続的に展開し、その中でアクター間の相互作用が営まれることによって少しずつ変化し、そのネットワークに相応しいものとして形作られ、それをもとに文化の蓄積・更新が行われる(65)。文化はアクターの行動を支えると同時にその行動によって変化するからである。

このように、まちづくり等のイニシアティブにかかる文化資本は、活動を創発させ、そのネットワークを創り出すことによって、その状況に関する限りの価値や新しい行動の枠組、すなわち、地域内のサブシステムに対応する局所的な地域の文化・制度を形成すると考えられるのである。なお、ここではネットワーク内での文化創造について〈場〉の理論を援用したが、他の理論による説明も考えられる。〈場〉の理論は、文化の創造がどのように説明されるかを示すあくまで一つの議論に過ぎない。

このネットワーク、すなわち都市のサブシステム内において形成される文化は、創造的環境における社会文化的要因がその環境内の創造産業の活動に影響を与えているように、思考・行動の枠組としてサブシステム内の活動を支え・方向づけるものであり、そのようなはたらきにおいて文化資本として機能しているということができる。

4 新しい文化の波及

以上の考察では、文化政策やまちづくりのイニシアティブ等が内包する文化資本の力を媒介に都市内にサブシステムが形成され、その中で新しい文化が創造される可能性を論じたが、ここでは、それが都市システム全体に影響を与える可能性について考えてみたい。

文化資本によって形成されたネットワークが独自の文化を形成したとしても、それが都市システム全体に変化をもたらすためには、文化資本が都市内の他のネットワークに影響することが必要である。ランドリーらの創造都市論の主張においても、創造的な力がネットワークを通じて連鎖反応を起こすことで既存のシステムを変革すること、あるいは、何かを契機に一部の人たちの創造性に火がつき、それが地域の固有性や地域アイデンティティを媒介に地域内に次第に広がってゆく可能性を論じている。しかし、その連鎖反応というプロセスがどう展開するのかについては、ネットワーキングというアクター間の連携の努力に求めることで片づけられている。また、地域アイデンティティの役割に目を向けているもののそれがどう機能するかについての説明がない。この問題に対しては、ネットワーク間関係についてローズ＝マーシュのイッシュー・ネットワークの議論（Rhodes and Marsh 1992）のように分類・類型化を通じて検討を行う方法がある。しかし、ここではネットワークのあり方・関係の仕方自体を論じているわけではなく、あくまで文化の影響力の波及の仕方を問題にしているため、そのような分類は行わず一般的なネットワークの概念を用いて、その波及の類型及びメカニズムについて検討を行う。

その影響の波及の仕方としては、A、文化資本の生み出した事業あるいは活動が発展し、そのネットワークが拡大することで都市内の他のネットワークに影響力を持つ、あるいは、B、そのネットワークが他のネットワークと交差し、つながりを持ち、ネットワークの複合的な状況が出現することで、文化資本の影響力が他のネットワークに伝わる、という二つのプロセスが考えられる。すなわち、右の定義に従えば、ある文化資本が生み出したネットワークという都市のサブシステムがネットワークの集合体である都市の全体システムを揺り動かすためには、当該ネットワークの拡大、あるいはネットワーク間の交差を通じて文化資本の影響力が他のネットワークにも及ばなければならないのである。ここで、Bについては、文化資本によって形成されたネットワークのアクターが、同時に、他のネットワークのメンバーでもあることによって、あるいは、他のネットワークの有力なアクターと接点を持つことによって、相互作用を通じて文化が波及していくことが一般的に考えられる。この場合、一つの有力な展開の仕方としては、文化資本により形成されたネットワークが地域内で優勢になり、かつ、地域内横断的なネットワークが構築されることで、それを通じて当該ネットワークの文化が他のネットワークに波及するという展開が考えられる。なお、A、Bと影響の仕方を分類したが、実際には、この二つのプロセスは同時並行的に相互に作用しながら展開することになると考えられる。このネットワークを通じた文化の波及のプロセスについては、次節で具体的な事例を取り上げて検討を行いたい。

ところで、このような他のサブシステム、そして都市システム全体への影響については、ネットワークの交差を通じたとしても、結局は当該サブシステムを構成する活動に対する認知や評価が基礎になっているということができる。そのような活動が認知され、評価されていなければ、ネットワークの交差を通じて情報が伝わっても、影響を与えることはできないからである。評価自体は、当然のことながら活動の経済的パフォーマンスに大きく左右されるが、ここで都市という地域的な枠組の認知に対して目を向けたい。もし活動の存在や展開が都市のアクターに対して「地域」に対する認知枠組を活性化させる場合、要するに、「地域」をイッシューとして認識させる場合、地域内における影響力は大きくなるのではないだろうか。すなわち、活動が地域に対する問題提起を含んでいる場合、都市のアクターに地域のメンバーとしての自覚、地域に対する関心、地域の再認識が生まれることが考えられるが、そのとき活動の影響力は大きくなり、その活動に関わるサブシステムの文化が波及する可能性が高くなると考えられるのである。この問題についいもう少し検討を加えてみたい。

ここで、この問題を、「ある集団の中で文化が共有化されていくメカニズム」についての問題として設定すると、異なる組織間における組織文化の影響関係について論じている新制度派組織論の議論が参考になる。新制度派組織論は、解釈主義的社会学[66]の強い影響を受けており、組織の形成における認知的側面を重視する立場に立脚して、組織成員のものの見方、あるいは現実認識の枠組といった認知的なレベルの文化の形成における社会的文脈の役割を強調する。その主張のエッセンスは、組織はその組み込まれた社会的文脈においてものの見方ないしは現実認識の枠組が形成されるというもので、社会的文脈として組織を取り巻く文化的な枠組を組織フィールドと概念化してその中で組織の文化――とりわけ現実認識の枠組としての組織の文化――が波及していくと論じている[67](佐藤・山田 2004)。もう少し説明を加えると、個々の組織は、特定の組織間に相互作用とそれに伴う高い密度の情報のやり取りに加えて、共通認識が備わったとき、個々の組織を括る共通の文化的枠組、すなわち組織フィールドを認識し、お互いをその中の共通メンバーとして認め合うことで、組織フィールドが一種の準拠集団のはたらきをしてある組織の持っている文化が模倣等を通じて他の組織に波及し、共有されていくのである(DiMaggio and Powell 1983)。

これは、社会に夥しい数の組織がある中で、特定のカテゴリーの組織間において業界団体等のある種の共通の文化的枠組が形成されることで、その枠組にかかる組織間で文化が波及することを説明するものであり、そこで対象としている組織間の関係をめぐる状況は本節で対象としている地域内のアクター間の関係をめぐる状況に類似している。したがって、この議論を地域のアクター間の文化の波及・共有化の問題に適用した場合、まず、地域内において組織フィールドのような共通の文化的枠組が形成されることが必要であり、そのためには、アクター間の一定の相互作用等に加えて共通認識が形成されていることが必要になると考えることができる。すなわち、地域内において地域のメンバーとしての自己認識、裏返せば地域に対して自分が住み生活している、あるいは活動している場としての地域であるという共通認識が広く現れる場合には、地域社会において共通の文化的枠組が形成され、その中でサブシステムの文化が波及する可能性も高くなると考えることができる。なお、組織文化の波及・共有化は強制的・模倣的・規範的という三つのタイプの同型性の圧力を通じて展開されると論じている。このうち、模倣的同型性は成功している組織のやり方を模倣することで、規範的同型性は専門職業者間のネットワーク等において規範的な認識や現実認識に関してメンバー間で同じような見方・考え方が広まることを指している。

しかし、組織フィールドの議論は、同種／同業の組織間や専門職業者間のネットワークについて論じているものであり、都市という相互に異質なアクターが同居している社会において、それらのアクター間に、業種やセクターの違いを乗り越えて地域のメンバーとして強く自覚させるような共通認識はどうやって生まれるのであろうか。これについては、地域においてはこの共通認識の形成に大きく関わるのが「地域」に対する認知枠組であり、地域アイデンティティであると考えてみたい。すなわち、これらは住み生活する、あるいは活動する地域を共有するという認識とその地域のメンバーとしての自覚を促し、支えるのである。ここで、「地域」に対する認知枠組や地域アイデンティティが問題となるのは、通常、人々は自分たちの住み生活している地域に対して特別意識することもなく、地域としてのアイデンティティも希薄だからである。エーベルトらの創造都市論において地域アイデンティティが変革の力を媒介する可能性について触れているが、これは地域アイデンティティが組織フィールドのいう共通認識の形成に大きく関わっていることを意味していると考えることができるのではないだろうか。

このような理解から、次のような仮説を提示したい。すなわち、何らかの活動やイベント等が地域についての問題提起を含んでいる場合、都市のアクター間に地域に対する認識や地域アイデンティティの活性化をもたらす場合があるが、こうした状況がアクター間の一定の相互作用等を伴うことで地域の中に集団としての共通認識が形成されることによってアクター間に共有された文化的枠組が形成され、新しい文化がこの文化的枠組内で波及・共有されていく。地域アイデンティティをベースにして形成された共通認識により、同型性の圧力とまではいえないとしても模倣的あるいは規範的影響力がはたらくと考えられるのである。しかし、地域アイデンティティは活性化されることによって、現実に組織フィールドのいう共通認識を形成して文化の媒介に関与するのであろうか。共通認識が形成されたとしても、地域に対してどれだけ文化の波及・共有化が展開するための基盤を提供できるのであろうか。事業領域が共通しているため行動様式等が基本的に同じ土俵に立つ同業種の場合と比べて、都市などの地域は地理的な近接性を除くと組織フィールドのような文化的枠組を構成するだけの、地域の多様なアクターを括る共通性に乏しい。地域というだけでは共通認識の基盤としては大きすぎるし、また、漠然としている。地域が一種の組織フィールドとして機能するためには、何らかの限定が必要であると考えられる。この問題については、次節において具体的な事例の分析を通して検討を行いたい。

第五節　事例の分析

この節では、本章の第一節から四節までの議論に対して、具体的な事例を分析・解釈することで議論の妥当性に検討を加えるとともに、その拡充を図りたい。

1　英国シェフィールド市とマンチェスター市の文化政策

ここでは、英国シェフィールド市とマンチェスター市の文化政策の事例を取り上げる。二つの対照的な事例の比較分析を通じて、第一節と三節で論じた、創造的環境の形成と文化資本の役割について、文化消費との関連に留意しながら検討したい。シェフィールド市は、行政の強いイニシアティブにより文化産業の支援・育成を行ってきたのに対し、マンチェスター市は、対照的に行政の関与が比較的に小さいことを特徴としている。ここでも、第三節の考察と同様に文化産業のうちポピュラー音楽産業に焦点を当てる。なお、以下の分析は二〇〇四年時点の調査や資料に基づくものであり、現在では、ポピュラー音楽産業における情報メディア技術の更なる進展と社会的浸透等によって異なる状況が生じていることも考えられるが、創造的環境の形成についての一つの分析結果を示すものであるということができる。

(1) シェフィールド市の文化産業地区政策

シェフィールドの文化産業地区（Cultural Industries Quarter: CIQ）は、英国で最初に生まれた文化産業地区であり、その後の英国やヨーロッパにおける同様の試みのモデルとなっている。後述するマンチェスターのノーザン・クウォーターが自然発生的に形成されたのに対し、シェフィールドのＣＩＱは、行政のイニシアティブにより生まれ、政策的関与が強いことを特徴としている。文化産業地区は、文化産業のための創造的環境を政策的に形成する試みということができる。

文化産業地区政策の概要

❶文化産業地区の始まりと展開

シェフィールドはイングランド中北部、ヨークシャー&ハンバー地方（Yorkshire and the Humber Region）においてリーズ（Leeds）と並ぶ中心都市であり、人口約五一万人（二〇〇二年）を擁するイングランドで四番目に大きい都市である。シェフィールドは、鉄鋼産業を中心に、金属加工業、エンジニアリング工業など重工業都市として発展してきたが、一九七〇年代の激しい脱工業化の波によって産業が深刻な打撃を受け、八〇年代初頭には就業人口の二〇%近い構造的な失業を抱えるようになっていた。こうした深刻な状況に対して、シェフィールド市庁は都市再生を試みるべく動き出すが、当初八〇年代前半は鉄鋼業という既存の産業を保護しようとする後ろ向きのものであった。しかし、八〇年代半ばになって方針は転換され、都市再生の新しいアプローチが登場する。すなわち、新しく設立されたシェフィールド経済再生委員会（Sheffield Economic Regeneration Committee: SERC）によって、プロジェクト志向の戦略と当時サッチャー政権において既に衰退地域において実施されていた都市開発公社方式(68)が採用され、都市再生が推進されていくようになる。そのような中から、新しい産業基盤として文化産業が着目され、文化産業地区を中心とする政策が展開されていった(69)。

ＣＩＱは、シェフィールド中心部の中では縁辺部、鉄道の中心駅のすぐ近くに位置しており、面積は、約一・九平方キロに及ぶ。この地区は、かつて金属加工業が集積していたが、第二次大戦後衰退し始め、一九八〇年頃には、遊休化かつ老朽化した工場や倉庫が建ち並ぶ荒廃した状態になっていた。一九八二年、ヨークシャー・アートスペース協会（Yorkshire ArtSpace Society）が、この地区のアクセス性の良さと安い賃料に目をつけ、地元の芸術家にスタジオ・スペースの提供を始めるが、その後ミュージシャンや映像制作者がこの動きに加わっていく。シェフィールド市庁では、一九八一年に設立された雇用・経済開発課(70)が当初の鉄鋼産業救済の試みが失敗したあと新しい方策を模索していたが、他方でその頃図書館課は文化政策におけるコミュニケーション技術の役割を検討していた。この両者の考えが出会うことによって、全国の自治体としては最初の映像制作、音響のリハーサル、レコーディング、研修の施設であるレッドテープ・スタジオが開発される（一九八六年にオープン）。このような動きの中で、文化産業の地域経済に与える影響力のポテンシャルに目が向けられるようになり、政策としての文化産業地区という概念が登場してくる。

一九八八年、シェフィールド市庁によって「文化産業地区の使命に関する声明」（Cultural Industries Quarter Mission Statement）が発行され、この地区は正式にシェフィールド文化産業地区ＣＩＱとして認知されることになる。この声明では、文化産業地区の使命として次のような項目が掲げられた。

・シェフィールドの産業を刺激し、文化産業の雇用を拡大すること
・市民に対する文化供給を向上させ、レジャー機会を高めること
・ツーリストに対するシェフィールドの都心の魅力形成に寄与すること
・新しいコミュニケーション技術とメディア技術を用いて近傍のサイエンス・パークの機能を補完すること

シェフィールド文化産業地区のワークステーション

これらの狙いはその後のＣＩＱの展開を通じて貫かれ、ＣＩＱの開発の仕方や政策的支援の準拠となる枠組をなしている。同じく八八年には、地元の文化産業を収容するスペースとしてオーディオ・ヴィジュアル事業センター（Audio and Visual Enterprise Centre: AVEC）がオープンする。その後、ケニングズ・ショウルーム（The Kennings Showroom）、文化産業事業者のためのオフィスや展示スペースを提供するワークステーション（The Workstation）へと開発が進む。

❷主要な施策

ＣＩＱの主要な取り組みとして第一に挙げられるのは、創造産業事業者の活動のための土地・施設の整備・提供である。ワークステーションは、約五万平方メートルの床面積を持つ文化産業事業者のためのオフィスや展示スペースを提供する施設である。このような事業スペースの提供等を通じて創造産業の事業者や活動を集積させることで、この産業の持続的

な発展が可能となるための産業集積のクリティカル・マスの形成を目指すとともに、事業者たちが物理的に近接しＣＩＱとしてのアイデンティティを共有することで、クラスターが形成されその中で創造的な相互作用が生まれることを狙った。低廉な家賃に加え、公共から民間にわたる補助金の支援や外部からの投資もあり、次第に文化関係の組織や事業者が集まるようになり、ワークステーションやその周辺の建物は、レコーディングスタジオ、シェフィールド・インディペンデント・フィルム会社、ヨークシャー・アートスペース協会、ＩＴ・ソフトウェア関係企業、ニューメディア関係企業、デザイン会社、映像・ビデオ制作会社、ＴＶ会社、写真・印刷会社、シェフィールド・ハーラム大学北欧メディア・スクール（Sheffield Hallam University's Northern School of Media）などで埋まっていった。二〇〇一年には、ＢＢＣラジオ・シェフィールドがオープンしている。

第二に、ネットワーク支援と教育・研修支援のシステム形成を行っている。ＣＩＱでは地区内における創造産業のクラスター形成及び発展を支えるための重要な方策として、オンライン・ネットワーク支援、教育・研修支援及び事業一般の支援のシステムを形成していった。教育・研修は文化生産の能力を強化するため特に重点がおかれ、シェフィールド・ハーラム大学北部メディア・スクールの存在に加えて、レッドテープ・スタジオによる広範囲にわたる研修、ワークステーションや国立ポピュラー音楽センター（The National Centre for Popular Music: NCPM）やショウルーム・シネマ（Showroom Cinema）、サイト・ギャラリー（The Site Gallery）によるセミナーが展開されている。現在、教育・研修はＣＩＱのオンライン・ネットワークや市の研修ネットワークを通じてネットワーク化が進んできている。

ＣＩＱでは、一九八八年の「文化産業地区の使命に関する声明」において、シェフィールド都心の魅力形成に寄与することがＣＩＱの目的の一つとして掲げられている。このような方向に沿って、既に触れたショウルーム・シネマ、サイト・ギャラリー、ＮＣＰＭという主要な施設が整備された。これは、文化消費を文化産業地区に持ち込み、CIQをシェフィールド都心地区における一つの消費空間とすることで、都心部にツーリズムの魅力を加えることにより、シェフィールド市の文化的環境を向上させることを狙ったものである。それだけではなく、文化生産と文化消費の接点を創ることで、文化生産の創造的な活動を刺激することも意図している。文化生産は、文化消費者の支持を得るために開発され、促進されるものであり、消費から離れて展開しているものではないからである。CIQにビジターを呼び込むことによって文化消費者との多様な接点を創出し、創造的な環境を形成することが目論まれたのである。しかし、CIQの消費志向政策にとって最も大きな問題は、幹線道路が市の都心地区との間に横たわっていることもあってCIQが賑わいのある地区から隔てられていることである。そのため、NCPMは当初期待したほどのビジターを得ていない。しかし、NCPMなどの文化消費施設の開発は、その周辺に店舗やバーなどの出店を促進しているのも事実である。現在では、これらの施設に加えてその近くにバー、商業、パフォーマンス・スペースからなる複合施設の開発や若い専門家向けの住宅開発も計画されている。

CIQは現在では、デジタル技術の応用や技術のイノベーション、それに結びつけた新産業開発という側面を発展させ、創造産業にとどまらず、環境技術産業、バイオ技術産業、医療産業も守備範囲に入れ支援を行うようになってきている。現在では、技術的支援の側面を強く打ち出して創造産業をさらに発展させようとするEキャンパス(E-Campus)というプロジェクトが展開している。デジタル技術やeコマースをテコにして活動する産業に対して、高度な情報インフラの提供やシェフィールドハーラム大学等の研究機関との連携と技術支援、快適な職場環境の提供等を行うものである。開発は三段階に分かれ、建築総面積六万平方メートルを予定している。

❸支援組織

ここまでのCIQの開発/発展は、主にシェフィールド市庁のイニシアティブによるものであったが、実際の開発プロジェクトの推進及び運営は、シェフィールド・メディア&展示センター、シェフィールド・インディペンデント・フィルム、ヨークシャー・アートスペースのような非営利の団体によって行われている。シェフィールド市庁の役割の多くは、現在では、NPO組織のカルチュラル・インダストリーズ・クウォーター・エイジェンシー（Cultural Industries Quarter Agency: CIQA）によって引き継がれている。

CIQAは、二〇〇〇年にシェフィールド市庁の音頭によってヨーロッパ地域開発基金（European Regional Development Fund: ERDF）、SRB（Single Regeneration Budget）、シェフィールド市庁及び民間から出資された資金をもとに設立されたもので、CIQのポテンシャルを最大化させ、シェフィールドの創造産業の成長を助けることを目的としている。その活動内容は、CIQ全体の計画・運営を始めとして、主なところでは、CIQの物理的開発とインフラ整備、ネットワーク支援、広報・マーケティング、創造産業のビジネス・サポート、教育・研修支援等がある。また、後述するマンチェスターのCIDSと同様に、行政や各種の支援組織、民間企業とのパートナーシップ構築及び運営において主導的役割を果たしている。文化産業のビジネス・サポートについては、姉妹的組織であるインスパイラル（Inspiral）と協同で行っている。

シェフィールドの文化産業、創造産業の現状

一九九七年に公表されたシェフィールド市庁の報告書によると、CIQには一九九七年までに、三五〇〇万ポンドの投資が行われたが、そのうち六一〇万ポンドがシェフィールド市等の公的資金、二九〇〇万ポンドが民間資金によるものである。公的資金のうち、シェフィールド市庁が提供したのは四〇万ポンドに過ぎず、大部分は、中央政府の補助金（Urban Programme; City Challenge）及びヨーロッパ地域開発基金から来ている。

CIQには、一九九七年時点で一五〇の事業があり、総年間売上高は二〇〇〇万ポンドに達している。また、

約一三〇〇の雇用を生み出しており、一五〇〇人ほどのメディア関係の職業訓練が行われている（EDAW/Urban Cultures 1997）。市により一九九五年に行われた別の調査では、雇用の内訳として、四五％正規雇用、五五％がパートタイマーである。企業の規模については、六九社に対して行った調査では、年間総売上高は、一六社が二・五万ポンド以下、一七社が五万～一〇万ポンド、二〇社が一〇万～二五万ポンド、六社が五〇万ポンド以上となっている。雇用で見ると、七四％が従業員一〇人以下の小規模企業であり、六％のみが二五人以上の雇用を抱えている。サブセクターとしては、映像制作、音楽制作、放送、デジタルメディア開発、その他芸術等から構成されている[71]。

また、リーズ大学は、文化産業を含み、それより広いカテゴリーである創造産業[72]について調査を行っているが、それによると、シェフィールドは、ヨークシャー&ハンバー地方の創造産業の七〇％以上を占め、そのうちの五分の一以上がＣＩＱ及びその周辺に集まっている。シェフィールドの雇用に占める割合については、創造産業はその七・二％を占めており、英国平均の四・二％をはるかに上回っている（Breton Hall, College of the University of Leeds 2001）。ヨークシャー&ハンバー地方には約二万三千人の創造産業従事者がいるが、そのうち一万七千人以上がシェフィールド市で活動している。ＣＩＱには、三〇〇を超える創造産業の組織が集まっており、約三千人の雇用を抱えている。

以上の数値データから、ＣＩＱがシェフィールドの文化産業、あるいは創造産業の発展に一定の役割を果たしていることを見ることができる。また、かつて鉄鋼業を中心に、金属加工やエンジニアリング産業などの重工業のまちとして栄え、文化生産の素地がなかったシェフィールドにメディア、映像制作を中心とした創造産業をもたらしたことは十分に評価に値する[73]。

シェフィールドのポピュラー音楽産業の状況

ここでは、音楽産業、とりわけポピュラー音楽産業に絞って、シェフィールド市の文化政策との関連において、その産業の状況について見てみたい。

ＣＩＱの戦略は文化産業全体をターゲットとしているが、初期の段階ではとりわけ映像と音楽に焦点を置いていた。しかし、一九九七年時点では、映像と音楽産業は併せてＣＩＱの産業の三〇％ほどしか占めておらず、ＣＩＱが整備した文化事業者のための主要施設であるワークステーションには、音楽産業はほんの一握りしか入居してない（EDAW/Urban Cultures *op. cit.*）。ポピュラー音楽の活動にとって重要な音楽シーンについては、シェフィールドは全体的にマンチェスターと比べると大きく見劣りするが、問題なのは、その中でもシェフィールドにおける主要な音楽シーン（例えば、テクノ・シーン）の発展が過去十数年の間にＣＩＱの外で起きていることである（Brown et al. 2001）。また、文化産業地区という地区設定によって支援施設を地理的に限定することによって、それ以外の地域で起こってきた萌芽的な事業の発展を阻害する可能性、あるいは、少なくともその芽を育てられない可能性も指摘されている（*ibid.*）。個々の企業についても、例えば、シェフィールドで最大かつ最も成功している音楽産業であるワープ・レコード（Warp Records）は、設立当初こそＣＩＱのワークステーション内で低賃料のオフィスを活用していたが、その後事業の発展とともにシェフィールド市中心部の大規模なオフィスに移転している。低廉で機能性の高い施設を提供しているにもかかわらずＣＩＱがポピュラー音楽産業にとって魅力に欠けるのは、ＣＩＱでは、行政が提供していることもあり、数々の規制が敷かれているところに原因があることが指摘されている（*ibid.*）。

なお、ＣＩＱでは、ポピュラー音楽産業については期待したほどの成果が上がっていないとしても、同様に力を注いできた放送や映像、デジタル・コンテンツ制作、デザイン等の産業においては、機能的なワークスペースの確保や市の政策との密接なリンクによって一定の成果を収めている（*ibid.*）。「反抗的なセクター」といわれるポピュラー音楽産業では、そのようなメリットが効かないのである。

規制については、シェフィールド市ではCIQに限らず、事業のライセンス許可の問題が音楽産業の発展にとって障害となっていることも指摘されている（Institute of Popular Music, Liverpool University and Manchester Institute for Popular Culture, Manchester Metropolitan University 1998）。ディスコやナイトクラブ、ライブハウス等のヴェニュー（演奏及び社交空間）に対するライセンス許可取得が容易でないため、ポピュラー音楽の消費環境や音楽シーンがそれ以上に発展することに制約がかかると考えられるのである。

CIQの主要な狙いとした創造事業者間の相互作用やネットワークの形成については、施設の共用あるいは近接性といった物理的環境や、シェフィールド市庁やCIQAの手厚い支援もあり、実現されているようである（*ibid.*）。しかし、狙いの一つである消費環境の地区内での形成については、NCPMを整備するなどの施策を行っているものの期待したような成果は上がっていない。視野を広げて、市内のより大きな音楽関係のネットワークやポピュラー音楽シーン、消費市場とのつながりを考えると、CIQのポピュラー音楽産業は、それらとの関係は弱く、シェフィールドの既存の文化生産や文化消費と十分なネットワークが形成されていないのである。音楽事業者間の関係や物理的なネットワークは、目に見えないより大きく複雑なネットワークの一部に過ぎず、その事実を見落としているため、その中に含まれるシェフィールドがこれまでに形成・蓄積してきた資産を十分に活用していないということができる。

(2) マンチェスターの文化政策

マンチェスターは、シェフィールドとは対照的に基本的に文化産業政策として明確なものはこれまで打ち出してこなかった。文化産業地区として位置づけられるノーザン・クウォーターは自然発生的に形成され、そのリーダーシップも民間の自発的な組織がとっており行政の関与ははるかに小さい。しかし、近年次第に、ポピュラー音楽産業を中心に政策的支援が拡大しつつある。

マンチェスターの都市再生

マンチェスターは、イングランド北西部ノース・ウェスト地方（North West Region）に位置し、四三万人の人口を抱え、都市圏人口約二六〇万人を擁する大マンチェスター地域（Greater Manchester Area）の中心都市である。前述のシェフィールドとは、広域的には同じ地域に属し、直線で約五〇キロ、鉄道で約一時間の距離にある。マンチェスターは産業革命が最初に始まった都市として世界的に知られている。一八世紀から一九世紀にかけて織物工業や紡績工業を主要な産業として英国工業の中心地として栄えてきた。しかし、一九六〇年代後半以降、激しい脱工業化の波に洗われる中でマンチェスター経済は急激に衰退し、八〇年代初頭には英国の他の産業都市と同様に、高い率の構造的な失業に悩まされるようになっていた。こうした経済の衰退とともに、都市環境も大きく悪化していった。とりわけ都心部は、マンチェスターの近代工業化が展開された中心的な場所であるため、多くの工場、倉庫、古いオフィス、運河、その他産業基盤施設などが存在していたが、遊休化し、老朽化したこれらの施設の存在は都市環境、景観を大きく荒廃させることになった。

マンチェスターの都市再生は、一九八〇年代半ばまでは主に大マンチェスター市庁（Greater Manchester Council）によって進められていたが、一九八八年以降は都市開発公社の一つであるセントラル・マンチェスター開発公社（Central Manchester Development Corporation）[74]によって大きく推進されることになった。マンチェスター都心部の都市再生は、過去の製造業中心の産業基盤を転換し、商業、レジャー産業をはじめとするサービス産業を中心にして都市の活性化を図ろうとするものであった。一九九六年には、ＩＲＡ[75]による都心部の大爆破事件が起き、広範囲にわたってダメージを受けたが、これは、結果的には都心部の再開発につながり、ショッピング街やビジネス街を一新するとともに、新たに文化施設の創出をもたらすことにもなった。都心の一連の再開発は、荒廃した環境を整備しただけではなく、文化的に価値のある建築物を生み出し、歴史的に重要な建築物とともにすぐれた建築環境を形成することになった。もともとマンチェスターにはその経済的繁栄時代に蓄積された富によって形成された文化資産や商業活動、それらに加えて、七〇年代以降に発展してきた音楽を中心とする若者文化があったために、都心部の環境整備によって、さらに九〇年代半ば以降復活してくる英国経済全体の後押しもあって、都市再生の狙いは十分に達成されたと考えられている。

マンチェスターの中心市街地

ノーザン・クウォーター地区の概要

マンチェスターでは創造産業に対する行政の関わりは小さく、ノーザン・クウォーター地区（Northern Quarter）は自生的に文化産業地区として発展してきたといえる。[76]ノーザン・クウォーター地区はマンチェスターの中心部の北部地区に位置している。この地区は、八〇年代には、マンチェスター都心部における中心商業地区とインナー・シティの住宅開発地区の間にあって相対的に衰退しており、老朽化した、あるいは遊休化した建物が目立っていた。八〇年代後半の不動産ブームに、市内の不動産の高騰のために低廉な家賃や柔軟な賃貸スタイルと多くの空き家・空き部屋に魅かれて、小規模の文化事業者がこの地区に集まってきた。現在では、ショッピングや音楽、飲食、エンターテインメント、ファッションという文化、消費要素に加えてオフィスや住宅も混在する地区となっている。現在、ノーザン・クウォーター地区は文化産業の多くのサブセクターにわたってその先端性を象徴しているといわれ、五五〇を越える文化関係の事業者や団体が存在している。とりわけ音楽やデザイン関係の事業者が集中している。

マンチェスターでは、文化産業地区に特有の政策的取り組みは行われてこなかったため、ノーザン・クウォーターを明確に文化産業地区として位置づけてきたのは、一九九三年に住民や地元企業家が結成したノーザン・クウォーター協会（Northern Quarter Association: NQA）というボランタリー団体の存在である[77]。NQAは、この地区の特徴である古いパブや店舗、織物倉庫、創造的な事業やその他の活動が低い家賃のもとで濃密なネットワークを形成している状態を維持しながら、マンチェスター経済の創造的な地区として創造的な活動やイノベーションの温床となるように発展させることを目的として活動を行ってきた。具体的には、物理的な再生事業への補助金の導入、専門的ビジネスサポートや訓練プログラムの斡旋、プロモーション活動の推進、地元事業者のコミュニティ・ネットワークの形成・推進などを行ってきた。しかし、NQAは、二〇〇四年にその役割を果たしたとして解散している。

マンチェスターの文化政策と文化産業への対応

一九九〇年代の初めぐらいまでは、マンチェスターは都市再生のための文化政策というほどのものは明確に打ち出してはいなかった。しかし、一九九二年に、マンチェスター市庁はコンサルタントの調査報告をもとに、芸術文化戦略を策定する。そこでは、マンチェスターの文化遺産を開発しより広い目的に使用すること、文化の都市再生への貢献を認識し文化政策と都市再生政策を統合すること、文化生産と文化消費のバランスをこころがけながら文化産業を発展させていくことなどが盛り込まれた。その後文化政策が展開していく中で、若者を中心に展開されているポップカルチャーやクラブなどのナイトタイム経済の重要性にも目が向けられていく。マンチェスター市庁は、一九九七年に今後の市の構想を描いたシティプライド・ヴィジョン（City Pride）を発表する。そこでは、「際立った商業的、文化的、創造的ポテンシャルを有する国際的な都市」を目指すことが高らかに宣言されている。

こうした一連の物理的都市再生及び文化政策の展開はマンチェスターの都市経済にどのような影響を与えたのであろうか。まず、ツーリズム産業が九〇年代に大きく発展した。一九八〇年に都心のホテルは七つ（九八二室）であったが、一九九〇年に一三（二〇〇二室）、二〇〇一年には二五（五一九七室）にまで増加している。今では、ツーリズムの目的地としては、英国内でロンドン、エディンバラについで三番目に位置づけられ、年間三五〇万人ほどの旅行者が訪れている。現在マンチェスターは音楽を中心としたポップカルチャーと活気に満ちた社交活動やエンターテインメントで有名であるが、ナイトタイム経済では五千人の雇用を支え、年間のエンターテインメントへの支出は二億五千万ポンドにも達している。九〇年代以降に大きく開花した都市再生及び文化政策は、このように都市型ツーリズムやエンターテインメントといった文化消費の増大に大きく貢献したといえる。

マンチェスターは、前述したように文化産業の既存集積があり、しかも芸術文化戦略やシティプライド・ヴィジョンで文化産業を戦略的に位置づけているものの、市としては、この産業に対して組織的、戦略的な支援策はとってこなかった。基本的なスタンスは、レッセフェールであり、市場原理に任せている。しかし、最近になって音楽産業ネットワーク（Music Industry Network）や創造産業開発支援サービス（Creative Industry Development Service: CIDS）等の支援組織が設立され、市が直接ではなく、それらのインターミディアリーを通じて創業支援やネットワーク支援等が行われるようになってきている。[78] また、ノース・ウェスト地方開発機構（North West Development Agency: NWDA）[79] という、マンチェスターを含むノース・ウェスト地方の経済開発を戦略的に推進する役割を負っている政府機関が、創造産業の発展に必要な組織（インターミディアリー等）やプロジェクトに対して支援を行うようになってきている。

マンチェスターにおいて、現在、文化産業にとって問題となっているのは、シェフィールドと同様にライセンスの問題と、マンチェスター経済の再生とともに事業スペースを確保することが非常に困難になってきていることである。ライセンスについては、マンチェスターを代表する音楽ヴェニューのハシェンダ（Hacienda）が治安面での取り締まり強化に伴って警察によってライセンスを奪われそうになったときマンチェスター市庁がハシエンダに対して支援を行ったように、この面については市は協力的な態度をとっている。[80] 後者については、特に文化産業事業者に好まれるノーザン・クウォーター等の都心周辺地区において、一〇年前に比べてはるかに不動産の賃料や価格が上昇していることが挙げられる。このことは、小規模事業者、とりわけ起業段階の事業者が多い文化産業にとっては大きな痛手であり、しかも、文化産業の拠点として発展してきたノーザン・クウォーターにとっては大きな危機に直面していることになる。しかし、これについても、市としては今のところレッセフェールを貫き、特別な支援を行っていない。[81]

マンチェスターの文化産業の現状

産業構造について簡単に触れると、マンチェスター経済は七〇年代以降大きく変貌し、六〇年代には雇用の半分が製造業で占められていたが、一九九五年には約二一％にまで低下している。それ以外の七九％がサービス業であるが、その中で流通・小売り・ホテル・飲食等が二〇％、金融・保険が二一％、公共部門・教育・健康が二七％を占めている。(82)

マンチェスターは、従来からポピュラー音楽やデザインの分野において有名であったが、市の委託により行われた近年の調査『マンチェスターの文化生産セクター』（O'Connor, 2000）によって、マンチェスターが英国の中では有数の文化産業が集中している都市であることが明らかになった。雇用者は市全体の雇用の三・六％を占め、一万八千を超える人たちと約四千の事業者が活動している。文化産業より広義の創造産業では、市全体の雇用の六・四％にもなる（マンチェスター広域圏では四・九％）。サブセクターの構成（創造産業）は、図表2-1のとおりであるが、その中では著作権ビジネスを除くと、デザイン、音楽、建築設計、メディアが目立っている。企業の規模については、図表2-2に見るように全体的に小規模であるが、とりわけ個人事業者が約三〇％と多いことが特徴的である。

マンチェスターのポピュラー音楽産業の状況

マンチェスターは、ポピュラー音楽に関しては、豊富な蓄積と顕著な実績に支えられた歴史を持っており、数多くのロックやポップスのバンドが生まれ、演奏活動を行ってきた。その中からは、英国内、あるいは国際的に有名になったバンドも数多く輩出されている。(83) 早い時期に現れたバンドの成功が、マンチェスターのポピュラー音楽シーンや音楽ビジネスの発展につながり、それを背景として新しいバンドが登場する、という好循環が見られる。マンチェスターは、国際的なメディアや音楽産業の注目を浴びることになり、そうしたことも背景となって、クラブ・カルチャーが爆発的に発展してきた。こうした中からレコーディング・スタジオのストローベリー

（Strawberry）、レコード・レーベルのファクトリー・レコード（Factory Records）、音楽ヴェニューのハシエンダが生まれ、いずれもマンチェスターのポピュラー音楽の隆盛を支える重要なはたらきをしてきた。なかでもハシエンダは、クラブ・カルチャーの拠点として、一九八〇年代後半の「マッドチェスター」といわれたマンチェスターのポピュラー・カルチャーがポピュラー音楽を中心に隆盛を極めた時代において中心的な役割を果たしていた。産業的には、マンチェスターには、ミュージシャン、ヴェニュー、レコーディング・スタジオ、レコード・レーベル以外にも、音楽プロモーション、音楽関係のプレス・出版社等がたくさん集まっているが、他方で、音楽に関する製造業や流通業はあまり発展しておらず、マンチェスターはポピュラー音楽にとっては、主に演奏と創造の場になっているということができる（Redhead 1999）。

図表 2-1　マンチェスター創造産業のサブセクターの構成

サブセクター	雇用者（%）	事業者（%）
工芸／デザイン	12.8	25.7
音楽	8.8	25.7
著作権ビジネス	16.0	8.8
パフォーマンス芸術	5.1	8.5
ヴィジュアル・アート	3.5	8.3
映像／メディア	19.7	6.9
広告	2.8	5.1
建築設計	12.8	4.7
写真	2.0	3.3
マルチメディア	4.7	1.8
文化・歴史的遺産	5.8	0.8
教育	6.0	N/A
その他	N/A	0.4
合計	100.0	100.0

出典：Manchester City Council, 2001, *Manchester's Creative Industries*.

図表 2-2　マンチェスター創造産業の事業規模の構成

事業者の規模	全体に占める割合（%）
個人事業者	29.7
極小事業者	14.8
中小事業者	21.5
大企業	21.5
その他	12.5

事業者の規模についての各カテゴリーについては，個人事業者が個人（一人）で事業を行っていること以外は明らかではない．
出典：Manchester City Council, 2001, *Manchester's Creative Industries*.

また、マンチェスターは、右に述べたように、社交活動やエンターテインメント等からなるナイトタイム経済がポピュラー・カルチャーと相乗的に隆盛しており、これもポピュラー音楽を支えている。マンチェスターには、四つの大学があり、学生数はフルタイム七万人、パートタイムで一〇万人を超えており、地域的なポピュラー音楽のマーケットを支えるとともに、自らも音楽ビジネスの起業者を生み出すなど、生産面でも貢献している。

マンチェスターには、このような状況に支えられて多数のポピュラー音楽のシーンが存在するが、ノーザン・クウォーターは、先端的な演奏スペース、クラブやポピュラー音楽志向のバー、著名な店舗が集まっており、マンチェスターの数多くのポピュラー音楽シーンの重要な拠点となっている。音楽シーンやヴェニュー等の空間的な拠点、音楽事業者、ミュージシャンが、ノーザン・クウォーター等を足がかりにしながらも、地区を超えて結びついて、マンチェスターのポピュラー音楽の複雑なネットワークを形成している。このようなポピュラー音楽の活動や情報等の交換・交流のネットワークは、マンチェスターの音楽産業の重要なコンテクストを形成し、その中で新たな活動やミュージシャン、音楽シーンを育んでいるのである（Brown et al., *op. cit.*）。

(3) 創造的環境の形成に関する考察

ここでは、A・ブラウン等によるシェフィールドやマンチェスター等を対象とした英国における地域音楽産業政策に関する研究[84]及び研究者へのヒアリング[85]を参考にしながら、シェフィールドの文化産業地区政策をどう評価すべきかについて、マンチェスターとの比較により、そして創造的環境の形成との関わりという観点から考察を行いたい。なお、マンチェスターの文化産業への政策スタンスには、NWDAの関与も含めて、近年積極的な支援の方向へと変化が見られるが、ここでの評価の対象となる政策は変化以前のものであり、そのための考察の材料となるマンチェスターの音楽産業やその活動の状況も変化以前の政策スタンスと関わるものである[86]。

シェフィールド文化産業地区政策の評価

まず、ブラウン等の評価は、シェフィールド市の文化産業政策は、二〇〇〇年の評価時点において、すなわち、政策の開始から一〇年以上のときを経過しても、いまだ音楽産業を市内に十分な規模に創り出したとはいえないとしている。幾つかのバンドの成功やワープ・レコードの成長等の業績もあるが、シェフィールド全体の音楽産業の発展にまではつながっていないというのである（Brown et al., *op. cit.*）。シェフィールドのCIQは、第一に施設の整備・提供を中心とした政策である。これは、資金的に厳しい小規模事業者が多い音楽産業にとっては、とりわけ創業したての企業やプロを目指しているバンドにとっては、オフィスや録音スタジオ、練習の場等の作業スペースが低廉に確保できることであり、重要なサービスとなる。また、現代の文化産業にとっては欠かせぬコミュニケーション手段であるデジタル・ネットワークにおいて優れた機能を享受することができる。すなわち、機能面においては、音楽産業はCIQにより大きな支援を受けることができるといえよう。

しかし、CIQによる支援は、基本的にハードのインフラストラクチュアに関するものであり、ソフトのインフラについてのものではない。小規模ながら自分たちの創造性を発揮するために独立して活動している音楽産業の事業者あるいはバンドは、同業者や諸々の関係者とネットワークを結び音楽シーンと関係を持つことで複合的なネットワークを形成し、その中で各種の情報やアイディアを交換したり、スタイルを共有したり、技術を提供したり、刺激しあったり、協同で事業を行ったりする。そのようなネットワークには、活動や関係の蓄積から生まれた知識や関係の枠組が蓄えられており、それをもとに新しいアイディアやスタイル、さらには活動が生まれると考えられるのである。要するに、これらは総体としてポピュラー音楽の制度的厚みを構成しているのであり、それによって一種の創造的環境を形成していることになる。CIQでは、このようなソフトなインフラについては、地区内に物理的に近接した施設を提供し、事業者間の連携を斡旋することを通じて形成されていくものと捉えているように思われる。ここには、音楽事業者やバンドのネットワークの実態に踏み込んでいないという根本的な問題が潜んでいる。

また、CIQの枠組では、文化事業者は、CIQに用意された施設に入り、その提供するサービスを利用して、その中で他の事業者とネットワークを形成していくことになるが、これは、文化事業者の活動や事業者間の関係等が行政の政策的枠組の中に収められることを意味する。行政のお膳立ての下で、行政としても直接的な管理は行わないまでも、大きく見れば行政の計画・構想の下で文化事業者はその活動を営むことになる。ところが、ポピュラー音楽事業者やバンドは、「反抗的なセクター」といわれるように文化産業の中でもとりわけ行政の関与を好まないといわれている。独立志向が強く、権威を嫌い、自己の追求と自己呈示を何よりも重要視しているのである。行政がたとえいかにこのような行動特性を理解し、考慮に入れているとしても、CIQにおいては全体の枠組が行政の構築したものであり、自ずと限界がある。こうして構築された環境では、ポピュラー音楽産業の事業者のメンタリティやエートスまでは創り出すことが難しく、創造的な活動あるいは事業者やバンド間の自由で創造的な関係の構築に支障をきたすのではないだろうか。フロリダが論ずるように、[87] 文化産業の事業環境には、文化産業に関わる事業者やクリエーター等の創造的な人たちを惹きつけるボヘミア的、カウンターカルチャー的雰囲気が必要だと考えられるが、行政が人為的・計画的に設定したCIQでは、現在までのところそこまでは創り出してはいないように思われる。

一方、マンチェスター市では、基本的に文化産業に対して放任主義（hands-off policy）の姿勢を持っており、ノーザン・クウォーターでは、自生的に形成された文化産業事業者の集積とその活動のネットワークが一種の創造的環境を形成しており、事業者はその中で自立かつ自律的に活動を行っているということができる。マンチェスターのポピュラー音楽産業は、行政の手厚い支援を受けなくても、順調に展開しているのである。[88]

ター市の政策が文化産業に対して貢献したのは、行政の直接的な支援ではなく、むしろ間接的な環境整備の点にある。八〇年代半ば以降進められた都市再開発は、それまでの荒廃した環境を一新し新たに文化的魅力も加えることによって消費的環境を整備し、都心の活性化を導くことに成功した。また、ナイトタイム経済を支えるクラブやディスコ、ライブハウス、その他エンターテインメントのライセンスの問題でも行政は支援を行っている。マンチェスターの消費文化はそのような状況に多くを負っており、市の物理的環境を中心とした環境整備は、音楽を中心とするポピュラー・カルチャーの現在に見る隆盛を支えることになったということができる。[89]これについては、マンチェスターにおいてインターミディアリーとして文化産業事業者に対する間接的な支援に徹しているCIDSの所長、L・バーバラ氏の次の言葉が見事に説明している。「音楽産業は、行政のどのような介入も望まない。彼らが望んでいるのは、より効果的に活動できる都市であることだ。彼らは、交通が整備され、ライセンス許可等において強い管理がないことを望んでいるのであり、事業自体を支援してくれることに関心があるのではない。彼らは、行政には現在見られるような事業上の障害が取り除かれるように都市づくりを行っていくことを望んでいる。それゆえ、我々としては、ポピュラー音楽産業に対しては介入となるような取り組みは何も考えていない[90]」。

消費環境の形成という点においてもCIQは問題を残している。シェフィールド市としても消費の重要性は十分に認識しており、そのために、NCPMを整備するなどの施策を行っているが、十分には成果が上がっていない。ロケーションの問題があって、都心の消費を呼び込めないのである。対照的に、都心部にありロケーションに恵まれているデヴォンシャー地区（Devonshire district）が商業やナイトタイム経済で賑わっており、それに関連した文化産業が特別な政策の関与もなく集積しつつあることを見ると、消費環境の重要性が再認識される。

ポピュラー音楽に関しては、消費環境がとりわけ重要なのは、オーディエンスという文化消費者が演奏者や生産者と接点を持ち、密接な関係を創り上げて、ポピュラー音楽シーンという文化空間を形成する土壌を用意しているからである。第三節で見たように、このようなシーンのネットワークがポピュラー音楽の創造的環境の重要な構成要素となっているのである。ポピュラー音楽シーンが創り上げている環境の中で文化事業者や演奏者は活動を行っているのであり、その中で知識や経験が蓄積され、センスが磨かれ、そこから新しいアイディアやスタイル、活動が生まれるのである。ここで、シーンのような文化空間は、そこで育まれたアイデンティティ、その文化的活動への取り組みスタイル・考え方、活動の仕方等の、活動を方向づけ・支える固有の枠組、知恵・ノウハウを持っているが、これらがその空間での創造的活動を育み、支えていると考えられる。このような行動を支え・方向づける枠組等は、一種の文化資本と考えることができる。すると、シーンのような文化空間においては、その文化的活動は固有の文化資本によって支えられているということになる。マンチェスターのノーザン・クウォーターでは地区の自生的な形成過程の中でこのようなシーンが育まれ、また逆に、シーンは、ノーザン・クウォーターのポピュラー音楽環境を形成していったのである。それに比べて、CIQでは、ロケーションにより消費環境が形成しにくいという問題がある。ただし、もしその問題がクリアされたとしても、ノーザン・クウォーターに形成されているような数々の音楽シーンを「計画的」に形成できるかどうかは疑問である。

創造的環境の政策的形成の可能性への展望——一つの結論として

シェフィールドのCIQは、狙いとしては創造産業のクラスターという一種の創造的環境を形成するところにあった。しかし、CIQの政策及びその成果をマンチェスターのノーザン・クウォーターと比較検討した結果により明らかなように、その狙いは二〇〇四年の調査時点においては実現されていない。CIQでは、施設整備を中心とした物理的環境の形成と施設及びその関連サービスの提供という機能面の支援により創造的環境の形成を図ろうとした。この事例分析の対象とするポピュラー音楽産業の創造的環境の形成には、消費者が中心になって構成する文化空間が重要な役割を果たしている。マンチェスターでは、既存の自生的に形成された文化産業地区であるノーザン・クウォーターにおいて、音楽産業事業者、ミュージシャン、その他音楽関係者や音楽シーンが音楽ヴェニュー等の空間的拠点を交えて複合的ネットワークを形成し、その中で活動や関係の蓄積から生まれた知識や関係／行動の枠組、すなわち文化資本が蓄積・形成され、一種の創造的環境を形成している。しかし、CIQのロジックでは、機能面の支援に目が向けられても、そのような社会文化的側面への考慮は乏しく、むしろ、社会的環境は物理的環境の整備と行政サービスの提供によって生まれてくると捉えていたようにさえ思われる。

それに比べて、マンチェスターでは、ノーザン・クウォーターに対して直接的な行政的支援を行っていない。しかし、都市再開発による都心の物理的環境の整備やライセンスの問題における支援が、ここでは、ノーザン・クウォーターにおいて成立している創造的環境を支えることになったのである。すなわち、マンチェスターでは、音楽産業そのものに対しては直接的な介入あるいは支援は行わず、音楽産業を取り巻く環境づくり、したがって、創造的環境を支える環境づくりに徹したということができる。そこには、都心の物理的・制度的環境の整備→消費的環境の向上→消費文化の活性化→ポピュラー音楽シーン等の活況→創造的環境をサポート、という因果関係の連鎖が見られるのである。

このシェフィールドとマンチェスターの違いは、根本的には、ポピュラー音楽産業に関してシェフィールドにはそれを育むための創造的環境を支える文化的要因、ここでは文化資本が欠けていることにある。両市ともに、八〇年代後半以降環境整備に力を注いできたが、マンチェスターの物理的環境の整備が従来から備わっていたマンチェスターの文化資本が活躍するための環境整備として貢献――そのような見通し、ロジックは持っていなかったと思われるが――することになったのに対して、そのような文化資本を持たないシェフィールドの場合は環境整備が功を奏さなかったということができる。両市は、同規模の人口を抱える中部イングランドを代表する大都市で、ともに長い産業の伝統と蓄積をもっており、制度的厚みについては、「制度」の内容は異なるものの、「厚み」については同様のものを持っていると考えられる。しかし、その「制度」の内容が問題なのである。マンチェスターには、ポピュラー・カルチャーを支えるような文化資本が備わっており、消費環境が整備されたことでその文化資本の活躍の場が整い、ポピュラー・カルチャー産業の発展がもたらされたのである。ポピュラー・カルチャーの中でもポピュラー音楽は、オーディエンスという文化消費者が中心となって構成する文化空間が重要であり、そこにポピュラー音楽を支える文化資本が蓄積されているのであるが、マンチェスターには、そのような文化空間が歴史的に形成されてきたのである。そして、そのような文化空間を含み、かつ育む制度的厚みが形成されているのである。

この場合、制度的厚みとは、ポピュラー音楽を支える、オーディエンスやミュージシャンを含めた様々なアクターの存在、音楽シーンのような文化空間、音楽の生産及び流通業者の集積、演奏拠点、それらのネットワークが複合されたもの、及びそれらの間に形成された知識や関係／行動の枠組としての文化資本である。シェフィールドの場合、特に焦点となるＣＩＱの場合は、そのような制度的厚みが形成されておらず、そのためポピュラー音楽の文化空間も弱く、文化資本も蓄積されてこなかったのである[91]。ただし、シェフィールドにおいても、映像やテレビ制作などの分野においては一定の成功を収めており、現在では高度なデジタル技術を用いたコンテンツ制作に今後の発展の可能性を見出しているが、これは、ポピュラー・カルチャーを支えるような文化資本を持たないシェフィールドにおいても、文化産業の中でも技術の果たす役割が大きい分野において成功の可能性があることを意味している。その背景としては、シェフィールドの持つ技術的伝統や産業蓄積、職人の存在といった、いわゆる制度的厚みの存在がそのような事業を支えていると考えられる。なお、マンチェスターにおいても、近年音楽産業への支援に乗り出したように、情報メディア技術の進展によりポピュラー音楽を支える構造が大きく変わる可能性があり、従来の文化資本や制度的厚みだけでは対応できなくなっていくことも考えられる。以上より、文化産業を支援するために政策を行う場合、その都市が歴史的に蓄積してきた文化資本や制度的厚みについて検討することが必要であるということができる。

この事例分析では、創造的環境の構成要素として、社会文化的要因に目を向けて論じたが、取り上げたポピュラー音楽産業については、一つには消費者の活動と密接に関わりながら蓄積される文化資本が重要な役割を果たしていることが確認された。このような文化資本が文化空間に根づくことで構成される創造的環境は、少なくともポピュラー音楽産業については、短期間に政策的・人為的に創出することは難しいと推論される。ただし、創造的環境の政策的形成については、他にもソフト産業のクラスター形成の試み等もあり、それらについては異なる議論が成り立つことも考えられる。本節において得られた洞察は、その点では、あくまでポピュラー音楽産業に関するものであるといえるが、創造的環境の研究や文化資本の議論について一つの視点を提示できるものと思われる。

2　長浜市の黒壁によるまちづくり

ここでは、長浜市の黒壁を中心としたまちづくりの事例を通して、第二節と四節で論じた、文化資本による活動の創発とネットワークの形成、及びそのネットワークの拡大または他のネットワークとの交差・複合化を通じて導かれる都市の変容について見ていきたい(92)。

(1) 長浜市の黒壁によるまちづくりの展開

まちづくりの背景

長浜市は、滋賀県の北東部に位置する、人口約八万五千人（二〇〇七年）の小規模な都市である。産業的には、歴史的に交通の要衝としての位置を利用して商業の町として、また、浜縮緬の生産地として発展してきたが、現在ではヤンマーや三菱樹脂、キャノンなどの大企業の生産施設に大きく支えられている。歴史的には、豊臣秀吉が城下町として築いたことに由来しており、それに関連する伝統が、江戸時代に入って城が取り壊された後も綿々と受け継がれ、現在の黒壁のまちづくりにもつながっている。

黒壁のまちづくり活動が行われたのはまちなかといわれる市の中心部の商業地域で、活動が始まる一九八〇年代末頃には、地方都市の中心市街地の例に漏れず、衰退がひどく、空き店舗が目立ち、いわゆるシャッター通りといわれるような状況になっていた。それに対して、市としても何も手を打たなかったわけではない。八〇年代には、長浜城歴史博物館及び旧長浜駅舎鉄道資料館の整備、長浜市博物館都市構想の策定、風格ある建物を表彰する制度の発足、中心市街地の主要な通りの石畳化等の街区整備事業など、ハード、ソフトの事業を行っていったが、まちなかの活性化にはつながらなかった。一九八八年、大型郊外店（楽市楽座）のオープンによって、中心商業地はさらに苦境に陥るようになった。このような状況の中で、商店街の有力店の中には、中心市街地よりも郊外に出店する道を選ぶものが出てきた。

黒壁の登場と活動の展開

そのような頃、黒壁が登場する。黒壁は、正式には株式会社黒壁と称し、中心市街地の元銀行で当時キリスト教の幼稚園であった歴史的建造物、通称「黒壁銀行」の活用を目的として、長浜市四〇〇〇万円、地元民間企業八社の九〇〇〇万円の出資により設立された第三セクターである（以下、株式会社黒壁及びその関係する事業を黒壁と呼ぶ）。黒壁の中心となったのは、笹原司朗氏と伊藤光男氏で、ともに中心市街地の商店主ではなく、市の郊外地域で非商業の事業を営んでいる企業家であり、また、長浜青年会議所のＯＢでもある(93)。両氏は、まちのひとつのシンボルであった黒壁が売却され、取り壊しの危機に直面したのを機に、買い戻した上で保存・活用し、それを核にまちを活性化させようと、青年会議所のＯＢを中心に声をかけ出資者を集めた。笹原氏たちのまちの活性化に寄せる思いは、長浜の伝統行事である、「曳山まつり」を維持したいという意思に強く関わっている。長浜が長浜であるためには、この町に何百年も継承されてきた、この曳山文化を守らなければならないという思いが強くはたらいたのである。大掛かりな山車が登場するこの伝統行事は、多額の費用を要し、町衆といわれるまちの中心部の商店の人たちが支えてきたのであった。しかし、まちが衰退し、それを支える商店が抜けていっては、伝統行事は成り立たなくなってしまう。曳山文化を守り、長浜の固有の価値を守っていくために、まちは以前のように元気を取り戻さなくてはいけなかったのである。

黒壁は、その事業内容として長浜の地場産業ではなかったガラス事業を選択した。アイディアは、最初の出資者の一人でもあり、黒壁事業の数年前に実現を見た長浜城再建のきっかけを作った長谷定雄氏が提案した。ガラスには、歴史、文化、芸術性があり、世界に発信できる国際性があるというのが理由である。これは、長浜はお金の力でやられてしまったのだからお金ではできないことをやろう、大資本には真似のできないことをやらなければこのまちの再生はない、という考え方に基づいていた。しかし、黒壁は、決して、理念先行型ではなく、アイディアとそれを実行する戦略に基づく事業計算によりしっかりと支えられていたことに留意したい。一九八九年、黒壁銀行はガラス館としてよみがえった。三店舗からなるガラス館では、ガラスの製作、展示、販売という一連の過程すべてを行うようにした。

その後、一九九一年に四店舗開店をはじめとして、積極的に事業を進めていく。事業は、伝統的な建築物の黒壁の店舗としての再利用を通じての町並みの保存・整備、さらには新しい魅力の付与という側面を伴っていた。さらに、市内の別の場所で事業を行っている活力のある企業を中心商業地に招致したり、市外の企業と連携を行ったりして、事業を拡大していく。黒壁の考え方や理念・価値観に賛同する事業者を引き入れていったのである。

長浜の中心市街地と黒壁

二〇〇六年現在では、黒壁とそのグループ店は三四店舗に及び、黒壁グループ協議会という組織が設けられている。黒壁本体とグループ店との関係は、黒壁本体のイニシアティブはあるものの、強制がなされるのではなく、基本的にはグループ店の自律性は確保されている（中川 2001）。黒壁協議会では、定期的に会合が設けられ、その中では、情報の交換、経営戦略の検討、理念の確認、研究会の開催などが行われ、自由な討議の場になっている。黒壁では、笹原氏や伊藤氏をはじめとして、地元企業家の事業参画者はしばらくの間無給ではたらいていた。短期的な私的利益よりもまちの活性化を優先して考えていたのである。また、黒壁の事業グループに加入してきた事業者は、基本的には事業利益の見込みに基づいて行動したのであるが、それだけでなく長浜の持つ文化や黒壁のまちづくりの考え方への共鳴も与っている[94]。他方で、従来の商店主たちの黒壁に対する反発は強く、しばらくは挨拶もしてもらえなかったという[95]。

まちづくり活動と秀吉博の開催

このような黒壁の事業の展開によって、また、開業直後からメディアが大きく取り上げてきたこともあって、長浜への来街者数、黒壁の収益も順調に上昇する[96]。他の商店も黒壁の活動に影響を受け、店舗を再開店したり、積極的な経営に乗り出したりするところも増えてきたこともあって、中心市街地の空き家・空き店舗は減少し、現在までの一五年間の間にまち全体で五〇〇近い店舗のうち、半数近くがオープンまたはリニューアルをしている。黒壁の活動は、商店などの事業者に影響を与えただけではなく、多くの市民活動組織も黒壁に触発されて誕生している。黒壁は、まちを活性化するという目的を、まちなかでの事業を拡大し、空き家・空き店舗を埋めていくことだけではなく、長浜のまちづくり推進のネットワークの核として活動することでも果たしてきた。まちなかでの事業展開の支援やアイディアや情報提供等の活動を行い、一種のまちづくり会社的機能を担っていたのである。まちづくりのネットワークは、黒壁の事業のネットワーク、長浜青年会議所やそのOB等の笹原氏らの個人的なネットワーク、市や商工会議所等との組織的なネットワークを通じて拡大し、さらには、創発した市民活動組織ともネットワークを形成し、総体として長浜のまちづくり活動を推進してきたといえる[97]。

しかし、他方で、商店の組織等のネットワークなど市内には他にもネットワークが存在し、次に見る北近江秀吉博覧会の開催までは、並立している状況であった。以上のように、九〇年代半ば頃には、このような市民活動組織の叢生、黒壁を中心としたまちづくりのネットワークの拡大・複合化、そしてこれらの動きを受けた行政や商工会議所等のまちづくりへの関与の増大等、長浜のまちづくり活動は全体的に活況を帯びるようになっていった。

このようなとき、一九九六年に、市を挙げて、当時のNHK大河ドラマ「太閤秀吉」にあやかった「北近江秀吉博覧会」が開催される。この秀吉博は、「フィナーレからプロローグへ」というコンセプト[98]のもとで、長浜のこれまでの歴史や伝統、秀吉から始まるまちづくりを改めて見直し、長浜市の今後の歴史に新たな道を開こうとするものであった。運営については、行政は大枠を示すだけで交通・駐車場対策を行う等の黒子に徹し、全体的には市民に任された。特徴的なのは、一千人ものボランティアが活動する等多くの市民の参加が見られたことである。このイベントでは、市民有志からなる実行委員会と運営委員会[99]を中心に博覧会のあり方と運営について検討が重ねられたが、黒壁、青年会議所メンバー、商店街の人々、市役所、数々の市民活動団体、高齢者など、それまではあまり相互に接触することがなかった様々な人たちが参加し、協働するという経験が得られた（矢部 2001, p. 8）。とりわけ重要なのは、黒壁と商店街の人々やその団体がそれまでの対立的関係から交流する関係に変わったことである。このイベントを通じて形成されたネットワークの中から、プラチナプラザ[100]、出島まちづくり塾[101]、まちづくり役場[102]が生まれ、いずれも、その後の長浜のまちづくりの重要なアクターとして活動することになる。現在では、黒壁を中心に形成されてきたネットワークと秀吉博を契機に形成されたネットワークが複合化して、長浜の中心商業地のまちづくりが多面的に展開されている。

活動の発生とネットワークの形成

活動組織の発生とそのネットワーク形成については、野嶋・松元（2001）及び野嶋（2001）の研究を参照したい。野嶋・松元は、研究対象時期を一九八三年以前、八四～九〇年、九一～二〇〇〇年の三期に分け、それぞれの期間における中心市街地活性化に寄与する市民組織（非営利の活動を行っている諸個人、諸集団）の発足とそのネットワークの形成について調査している。この調査結果によると、八四～九〇年と九一～二〇〇〇年の二つの期間に多くの市民組織が発足している。九一年以降特筆すべきなのは、長浜のまちの変化に影響を受けて発足した組織が多いことであり、理由としては、「まちの観光化」と「まちづくりの機運」に分類されている。また、この期間には「イベント」による発足も見られるが、多くは黒壁のコーディネートが関与している。八八年は黒壁が設立された年であり、八四～九〇年に市民組織が発足していることとの関係については判断できないが、九一年以降の市民組織の発足が、多くは「まちの観光化」と「まちづくりの機運」を理由としていることから、黒壁の影響があったことは容易に推測できる。また、「イベント」による発足とは、この時期からすると秀吉博を契機にしたものではないかと考えられる。ネットワークの形成については、八三年以前は市民組織が少なかったこともあり、既存組織とその派生組織の間に見られた程度であったが、八四年以降ネットワーク化が進んでいく。八四～九〇年の期間は、幾つかのネットワークがそれぞれ形成され、並立している状況であったが、九一年以降これらのネットワーク群がつながり大きなネットワークに拡大しており、その中で黒壁とまちづくり役場が連結役となっている。これについては、上述したような秀吉博を契機としたネットワークの複合化と符合している。

商店の変化

まちがだんだん経済的に活気を取り戻してくると、黒壁の事業やまちの外からの投資だけではなく、既存の商店主の間からも事業を再開する人、積極的に行おうとする人たちが増えていった。若い人が戻ってくるようになり、その中には、個性を高めたり、イベントや商品開発を手がけたり、積極的にリスクを負って新しい事業を試みたりする人たちも出てきた。笹原氏らが黒壁を始めた当初は、商店街の外から来た人たちの行為として白眼視していた商店の人たちも、次第に、黒壁の取り組みを認めるようになっていったという。商店主たちの間にも黒壁に負けずに、長浜のために頑張ろうという精神が現れるようになってきているということができる。(103) かつて、まちなかの商店主たちには、町衆の精神といわれる、町を守るためには身銭を切ってでも行うという精神があったといわれるが、まちの活性化を行政の事業や補助金に頼ったり、郊外大型店舗の登場でまちが危機に見舞われると郊外に逃げていったりするような行動に見られるように、まちの衰退とともに失われていったといわれている。[104]それが復活したといえるかどうかは別として、先ほどのまちづくりのネットワークに参加しているように、個店の利益を超えてまち全体のことを考え行動する人たちが増えてきているのである。

(2) 文化資本による活動の創発とネットワークによる都市の変容

ここでは、以上の長浜の経験を本章の議論に照らして解釈を行い、その解釈から得られる知見を整理したい。

文化資本の形成及び蓄積・更新

まず、まちづくりや産業創造活動の出発点においては、何らかの文化的価値に対する強い思いを抱いている活動がイニシアティブとして牽引車の役割を果たすと考えられる。長浜の経験で特徴的なのは、長浜の伝統を守ろう、そのために長浜の中心部を活性化させようという思いが非常に強かったことであり、これが黒壁の事業やまちづくりに関わる活動の展開及び拡大を支えてきたところが大きかったことである。本章で検討した概念を用いると、長浜のまちとしての伝統・固有性やアイデンティティが文化的価値の基本的部分を構成しており、この文化的価値を中心に長浜を活性化させ伝統を守り伝えていこうとする主体形成がおこり、黒壁の活動というイニシアティブが開始されたと解釈することができる。しかし、このような文化的価値の存在だけで主体形成が起こるのであれば、それまでにも数多くのまちづくり活動等の主体形成が見られたはずである。したがって、文化的価値の役割を認めるとしても、それが効力を発揮するための条件、あるいは、主体形成のそれ以外の条件というものを考える必要がある。この事例においては、長浜の中心市街地の置かれた危機的状況が重要な契機（条件）になっているが、やはり、黒壁の事業を起こし、推進していった笹原氏という人物の存在を抜きにしては語れないように、人的要素の存在がイニシアティブ的な活動の形成においては不可欠の条件となっているということができよう。

そして、黒壁は、この文化的価値を実現すべくガラス事業を中心にした店舗の展開及び併せて行う伝統的建築物の保存・再活用によるまちづくり活動を行っていくが、この文化的価値を中心にして、まちづくりへの考え方・取り組み方及びそのための知識、それを支える起業家精神、そして試行錯誤の中から身につけていく事業展開の具体的なノウハウ等が全体として黒壁の文化資本を構成していると解釈される。このような文化資本が、黒壁のまちづくり活動を推進させていくが、そうした展開の中で、特に外部の資本の導入、事業ネットワークの拡大、秀吉博の開催に伴う新たなまちづくりの動きなどの展開を受けて、新たな知識・ノウハウを模索し獲得することで、文化資本も蓄積・更新されていったということができる。

活動の創発とネットワーク、〈場〉の形成

黒壁は、その事業を拡大し協力店舗を増やしていくとともに、市内外から長浜の中心商業地での事業展開への参入を招いている。また、黒壁の活動とその成功に触発されて、非営利のまちづくり的活動が数多く誕生するとともに、既存の商店の中からも積極的な事業展開をするものが現れるようになった。これは、黒壁の文化資本により活動が創発したと解釈することができる。すなわち、非営利の活動については、黒壁の文化資本を構成する文化的価値が活動を動機づけ、活動の実質を構成するまちづくり活動の知識を与え、ネットワークを含めた行動や関係の枠組が具体的に活動を行うための枠組を提供したと考えられる。ただし、これらの活動が身につけた文化資本は、必ずしも黒壁の持つ文化資本の複製ではなく、それ以外の価値や知識の影響をも受けて形成されたものであり、黒壁の影響下にあるものの、それとは別個のものであると考えるべきであろう。営利活動については、

黒壁の文化資本が生み出す経済的利益が活動を誘発したと考えられる。黒壁は、これらの事業と連携するとともに、まちづくり活動を進める中で様々な事業や団体とネットワークを形成していった。

黒壁の事業のネットワークやまちづくりのネットワークにおいて、株式会社黒壁を中心とする状況は、必ずしも〈場〉の全ての成立要件を充たしているとはいえないかもしれないが、少なくとも〈場〉に準じた状況を形成していたと考えられる。そして、その状況における相互作用の中から黒壁のまちづくりの文化がネットワーク内に共有されるようになっていったのではないか。他方で、秀吉博の計画・準備と運営のために多くの団体や個人が集まって創り上げた状況は、典型的な〈場〉を形成していたということができる。そこでは、アジェンダに相当するものとして、直接的には秀吉博を成功させるという目的、間接的には秀吉博を通じた長浜の文化的価値を実現するためのまちづくり、まちの活性化という目的を共有しており、その目的を中心に参加者の間で共有された枠組が形成され、さらには、目的の実現を目指した連帯欲求が加わったものと考えられる。このような〈場〉を中心に複合化されたネットワークの多様なアクター間の相互作用を通じて、プラチナプラザのようなコミュニティ・ビジネスに見られる長浜のまちづくり文化が生まれてきたと推論される。

ネットワークの形成においては、株式会社黒壁、そして後にはまちづくり役場という中核的組織が重要な役割を果たした。コーディネート機能や情報の媒介役等をつとめることで、まちづくりの活動を推進させ、そのネットワークを形成、拡大・発展させる役割を果たしたということができる。このような中核的組織の役割は、第四節で見た議論を裏づけている。ここで注目したいのがその非営利的側面である。株式会社黒壁では主要な役員は当初無給ではたらいていたこと、また、まちづくり役場は民間の非営利事業として行政から補助金も受けずに活動していることに見られるように、〈場〉の中核的存在においては、非営利的側面が重要な役割を果たしていることが確認できる。これはどう説明されるのであろうか。黒壁では、事業を立ち上げるそもそもの動機が曳山祭りという長浜の伝統を守り、長浜の固有性を維持するということにあり、そのために事業の短期的利益よりもまちの活性化を優先して考えていたというように、非営利的活動を動機づけるものとして文化的価値の存在を見ることができる。第二節で見たように、NPOでは、参加する人々が求め表現しようとする意味が活動形成の本質にある。文化的価値は、このような意味的動機を基礎づけるものであるため、黒壁のような〈場〉の中核的組織においてその非営利的な側面を支えることになるものと考えることができる。

活動の発展とネットワークの拡大・複合化

文化資本により創発された活動のネットワークの文化が、都市の全体システムに影響するためには、ネットワークが拡大、あるいは他のネットワークと複合化する必要がある。まず、ネットワークが拡大するためには、それを支える活動が発展しなければならないが、そのためには、やはり経済的利益を生み出すことが重要である。創造産業などの新しい産業の創造においては、その産業において一つの中心的な役割を果たす企業からスピンオフの連鎖という形で事業が増殖することが産業拡大の主要な原因になっている(105)が、長浜のまちづくりにおいてそれに当たるのは、一つは、黒壁という中心となる事業が戦略的に関連事業を増やしていったことであろう。そして、そこでは、黒壁事業が初期の段階から利益をあげ、それがその後の事業展開を支えていくという形で好展開し、文化資本を支えていったことが指摘できる。しかし、そのような利益を生み出したのは、黒壁のまちづくりという文化資本が生み出す黒壁のガラスを中心とした事業の文化的魅力やまちの固有性といった文化的価値である。これは、活動が軌道に乗り、文化資本と経済資本の間の相互循環関係が成立する、すなわち、持続的発展のメカニズムが成立することで、ネットワークを構成する活動群が経済的自立性を獲得し、発展していったと解釈できる。

ネットワークの複合化については、秀吉博が大きな契機となって、様々なネットワークが長浜の活性化という共通する目的に基づいて、交差し、複合化されるようになった。ここでは、長浜のまちとしての固有性、伝統という文化的価値が生み出す長浜市民の長浜に対する想いが秀吉博というイベントを通じて様々なネットワークをつなぐために貢献したといえる。しかし、ここで論じている文化的価値は長浜の固有性に基づくものであり以前から長浜に存在していたはずであるため、文化的価値のみによってネットワークの交差・複合化は説明できない。ここには、まちづくりの機運[106]というものが関わっていたと考えられる。すなわち、長浜の活性化を目指した黒壁の活動の展開とその成功が長浜の文化的価値に市民の目を向けさせるとともにまちづくりの機運を創りだし[107]、この機運に乗って計画された秀吉博において、長浜の文化的価値に大きく関わるこのイベントの目的がそれまでばらばらだった市内の多様なネットワークをつなぐことになったと解釈することができる。なお、このようなネットワーク間の実際のつなぎ役としては、ここでも黒壁が中核的な役割を果たしている。

黒壁の文化の長浜全体への影響

以上見るように、黒壁のまちづくりという文化資本によって創発した活動はネットワークを形成し、さらに、そのネットワークが拡大するとともに他のネットワークと複合化するようになっている。それでは、文化資本はそれらを通じて都市全体への影響をもたらすようになったといえるのであろうか。まず、ネットワークからネットワークへの影響については、秀吉博以降長浜における様々なネットワークが交差し複合化されるようになったが、そこで中核的な役割を果たしたのは黒壁である。そして複合化されたネットワークの中からプラチナプラザのようなコミュニティ・ビジネスが誕生しているが、これ自体は前述したように、複合化されたネットワークにおける相互作用の中から生まれたものの、その原型となったのは黒壁が育んできたまちづくり文化が生み出したものである。その点で、ネットワーク間を通じて波及した文化資本の影響を確認することができる。

もう一つ、ネットワークにはまちづくりのイニシアティブを推進する文化資本が持つ、あるいは関わる価値や活動の枠組が持ち込まれると論じたが、黒壁の中心となった笹原氏らの起業家精神と個別的利益を超えてまちへの貢献を行うという利他的精神に焦点を当てて、文化資本の影響の問題を考えてみたい。これらは、本章の議論に基づくと、黒壁の文化資本を通じて黒壁を中核としたネットワークに持ち込まれ、アクターたちの活動の展開による経験とアクター間の相互作用を通じて、ネットワークの関係／行動枠組として確立されていったということになる。秀吉博では、これらの精神がイベントを支え、さらに、秀吉博における市内の様々なネットワークの交差を通じて他のアクターに影響を与えていったと推測できる。長浜では、黒壁に関連する活動や事業が拡大・発展して一定の評価が得られた頃から、中心商業地の商店主たちの間にも黒壁に負けずに、長浜のために頑張ろうという精神が見られるようになってきている。また、新しい試みやリスクを取ることに積極的な人たちが増えてきているといわれている(108)。

しかし、これだけでは、黒壁の文化資本に関わる起業家精神とまちへの貢献という利他的精神が、長浜の中心市街地というより大きなシステムにおける既存のアクターの行動に影響を与えるようになったと判断することはできない。だが、それまでの後ろ向きの考え方、まちへの貢献を顧みない姿勢からの変化を考えると、何らかの影響があったことも否めない。ここで、もし黒壁のまちづくりの文化資本が長浜の中心市街地全体に影響を与えたと仮定すると、それは、長浜のまちの人たちの認識上の変化を伴うものであると考えられる。黒壁の活動が軌道に乗り、持続的発展のメカニズムが成立し、さらに拡大・発展していくことによって、黒壁の文化資本の提示する行動スタイルは、長浜において事業を成功させ、まちを活性化させる一つの成功モデルとして認められるようになったと説明することができる。さらに、黒壁の活動は、早い段階からメディアによって取り上げられ、しかも、中心市街地活性化の成功事例として評価されていたが[109]、これらのことも長浜のまちの人たちによる認知を促したと考えられる。このような認知によって、黒壁の行動スタイルが一部の人たちにおいて選択的に学び取られたことは十分推測できるところである。そして、そのような行動スタイルを支える起業家精神や利他的精神が長浜のまちにおいて、徐々に浸透しつつあるのではないだろうか[110]。

もう一つ付け加えたいのは、黒壁のまちづくりは長浜を再生させたいという思いに基づいて行っている活動であり、その点において地域について問題提起を行っているということができる。長浜の中心商業地の衰退は隠れようもなく、長浜のほとんどの人たちにとって地域の問題は自明であった。しかし、自明であるがゆえに、地域はどうあるべきか等について問うこともなく、見過ごしてきたのである。そうした中で黒壁の活動が長浜を変えていくのを目の当たりにすることで、一部の人たちかもしれないが、長浜という地域に対する関心、長浜の市民としての自覚が次第に喚起されるようになったと考えられる。秀吉博は、このような地域という枠組を市内のアクターにさらに再認識させる契機になり、同じ集団の一員としての自覚を促したということができる。このような解釈は、前節の4で措定した仮説に沿うものである。すなわち、黒壁の活動や秀吉博は、長浜市民の地域アイデンティティを活性化し、それによって長浜の地域としての共通認識を醸成したのである。

この仮説によれば、長浜の中心市街地において地域としての共通認識をベースにして共有された文化的枠組——一種の組織フィールド——が形成され、その枠組内で新しい文化の波及・共有化が展開することになる。黒壁の行動スタイルは、このような共通認識に基づいて、「長浜の一員としては、黒壁のように行動しなくてはならない」という規範的同型性の圧力あるいは影響力がはたらいて他のアクターに波及していったと考えることができる。しかも、前述したようなまちづくりの機運が、地域としての共通認識のそのような役割を、短期間かもしれないが支えたということができる。前述したように黒壁が成功モデルとして認知されたことについても、文化的枠組の中で模倣的同型性あるいは影響力がはたらいたと説明することができる。この点において、黒壁は、事業的成功と地域への取り組みという二つの意味で地域内のアクターに影響力を発揮したということになる。

第四節では、本来企業等の組織間関係を対象とする組織フィールドの議論を地域内のアクターの関係に適用することに一定の留保をつけていたが、長浜のケースでは、中心市街地を中心とした比較的コンパクトなエリアを舞台とした、商業事業者やまちづくり関係者という目的や関心に共通性を持つ限定されたアクターが対象となるため、集団としてのある種の共通認識が生まれ、一種の組織フィールドといえるような文化的枠組が形成された可能性は十分にあると思われる。ただし、これについてはあくまで一つの解釈に過ぎない[11]。

(3) 解釈の整理及び考察

以上の解釈から論じられるところを整理したい。まず、本章で主張している「文化資本が活動を創発させ、その活動のネットワークの中で形成された文化がネットワークの交差・複合化等を通じて都市全体に波及し、それによって地域の文化を変容させる」という議論については、長浜の事例においては概ね妥当すると確認することができる。しかし、これらの解釈には多くの推論を伴うため、別途より細かい事例研究による実証が必要である。事例の解釈からは次のような知見が得られたが、これらは、文化資本が都市の変容をもたらすための基礎的な条件を構成していると考えられる。

まず、文化資本による都市の変容という本章の議論において文化的価値が果たす役割が大きいことである。文化的価値は、活動を動機づけるとともに、経済的利益を生み出すことで活動の持続的発展のメカニズムを支え、活動の拡大・発展をもたらしている。また、文化的価値は、長浜の場合では都市的な規模のイベントを通じて都市内の多様なネットワークをつなぐ役割をも果たしている。長浜の場合は、文化的価値の基本的部分を構成するまちとしての伝統・固有性が強固で、市民の意識の中にしっかり根づいていたことを指摘することができる。しかし、当然のことながら、文化的価値は単独でこれらの効力を発揮したわけではなく、他の条件が加わって初めてその役割を果たすことができたということができる。イニシアティブ的な活動の形成においては地域の置かれた状況や人的要素、ネットワークの交差・複合化については地域に関わる明確な目的を持ったイベントの開催やまちづくりの機運が重要な条件を構成している。まちづくりの機運についても、ここでは黒壁というイニシアティブ的な活動によるところが大きいが、長浜市という行政が市の活性化のためにそれまで行ってきた事業の積み重ねも機運の醸成を支えていると考えられる。また、ネットワークの交差・複合化やその中での〈場〉の形成については、長浜の場合株式会社黒壁というイニシアティブ的組織や後にはまちづくり役場が中核的組織として中心的な機能を担っている。この中核的組織の活動においても文化的価値は大きく関与している。すなわち、ネットワーク内の活動を推進し、コーディネートする中核的組織は、株式会社黒壁においても、まちづくり役場においても非営利的行為がその活動を支えているが、そのような非営利的行為においても、それを動機づける文化的価値が大きな意味を持っているのである。

文化資本、そしてその活動のネットワークで育まれた文化が、ネットワークを超えて都市全体に及ぼす影響については、文化資本はその経済的成功を得ることでまちを活性化させる一つの行動スタイルとして市内の人々の認知を獲得することによりその文化が選び取られるという展開の仕方が考えられる。まちの人々の現実認識上の変化をもたらすのである。この現実認識の問題は、先に論じた文化的価値の持つ重要な機能が発揮できるかどうかに関わってくる。すなわち、文化的価値は潜在的に活動を動機づけたり、ネットワークを推進したり、つないだりする機能を持っているが、その機能が発揮され、人々がその価値の実現を目指して行動に踏み出すためには、言い換えれば、文化的価値がその影響力を発揮するためには、人々の実現可能性についての肯定的な認識が必要である。黒壁のまちづくり活動の成功と、それによるまちの活性化された状況は、そのような認識をもたらしたと考えられる。そして、そのような状況を支え、実現可能性の認識に関わるのが経済的利益である。理念を実現するための、現実的手段が必要なのである。しかし、その経済的利益は文化的価値及びそれを実現化する創造的能力、すなわち文化資本があってはじめて生まれるものである。その点において、文化資本の作用する力が都市を変容させるためには、文化的価値を具現化した価値を創造する文化資本と、経済的利益を生み出す経済資本が相互循環的に支え合うことが根本的に必要である。すなわち、文化資本が創造する価値が経済資本と結びついて経済的価値を生み出し、それが経済的利益につながり、その経済的利益が文化資本へと回ることによって、価値の創造が支えられる――という自立的な循環メカニズムが成立することが重要であると考えられる。

3　補足

本章では、文化政策等によって都市内に新たなサブシステムを形成する可能性について文化資本という概念を用いて論じてきた。考察の一つの焦点として文化政策による創造的環境の形成について論じたが、本節での事例分析によって、都市内に創造的環境を設けて文化産業を育成しようとする場合、その産業に必要な文化資本や制度的厚みをその都市が備えているかどうかが重要であるという洞察を得た。このような見解は、一見すると本章全体を通して追究してきた文化資本による都市の変容という議論とかみ合わないように思われる。第四節では、新しく導入された文化資本が活動の創発を通じて都市に定着し、創発した活動群が形成するネットワークという都市のサブシステムを通じてその都市の地域の文化を変容させる可能性を主張し、本節前項で長浜の事例の分析と解釈により、その妥当性を確認した。それでは、この違いはどのように説明できるのであろうか。

これは、文化または文化資本が都市のまちづくりや新しい産業創造等の文脈においてその作用する力が発揮できる条件、あるいは、その都市の一つの文化として定着するための条件というものを、どのような文化を対象としているのかという問題と関連づけて改めて問う必要があることを示唆しているように思われる。例えば、シェフィールドと長浜の二つのケースについては、長浜のケースが、長浜という商業のまちに観光的要素を備えた商業活動とまちづくり活動を支えるようなまちづくり文化または文化資本が入ってきたのに対して、シェフィールドの場合は、ハードな産業のモノカルチャーの都市にはほとんどなじみの薄いポピュラー音楽を導入しようとしたという違いが大きかったように思われる。さらに、制度的な厚みの必要なポピュラー音楽と商業に関わるまちづくり文化の違いという側面が大きいことも否めない。ポピュラー音楽が都市に定着するためにはオーディエンスが中心となった文化空間やミュージシャン、その他音楽関係者が結びついた地域のネットワーク、そしてそれらを含む制度的厚みが必要だが、これは政策やイニシアティブ的な活動によって形成するのは難しい、少なくとも長い年月を要するものと思われる。それに比べて、まちづくり文化は基本的にはＮＰＯ等の活動家や事業者の活動に関わるものであるから、制度的厚みというほどのものがなくても、それが内在する活動が発展してネットワークを創ることにより、そのまちづくり文化を擁するサブシステムを形成しやすいのである。いずれにせよ、文化政策やまちづくり活動に内在する文化資本がサブシステムを構成し新たな文化を形成する可能性、あるいは、政策的に創造的環境のようなサブシステムを形成する可能性は、対象とする活動やその活動の対象となる都市の状況——都市の規模や制度的厚みの「厚み」や内容等——との関係に大きく左右されるものであるということができる。[112] 長浜についていえば、長浜の伝統的な商人文化、町衆文化の蓄積が黒壁のまちづくり文化を比較的スムーズに受容する土壌を形成していたという解釈もあるが、[113] 資料からは確認できない。

注

（1）「都市の創造性」とは、主に産業におけるアイディアやコンテンツ、新製品の創造や技術革新に関するものである。芸術やその他文化については、産業との関わりにおいて（例えば文化産業として）論じられている。

（2）文化産業や創造産業の定義については、第一章の注1を参照。

（3）「埋め込み」の概念は、もともとは、K・ポランニーが産業化の進展以前の時代において経済が社会に埋め込まれていたことを論じたことに始まる。それに対して、グラノヴェッターが現在でも同様に経済は社会に埋め込まれていると主張したことから注目されるようになり（Granovetter 1985）、クラスター論などの地域の産業集積の議論に持ち込まれるようになった。

（4）これらは、都市で形成されるアクター間の社会的関係の質に注目しているため、総称して関係性資産といわれている（Amin 2000）

（5）ある個人の市民起業家が始めた行為でも、それが模倣され、異なる個人・団体によって行われることを説明するのに文化資本は便利である。また、そのような試みを模倣して、別の文脈におかれた地域に移植しようとするとき、うまくいかないケースがあることを説明する上でも、文化資本の文化概念が説明力を持つ。

（6）その意味で、市民起業家の役割は、文化資本の創発性を発動させる一つの条件になっていると考えることができる。

（7）文化資本に関する以上の説明は、主に『新社会学辞典』（森岡他 1993）の「文化資本」項目の説明（p. 1297）に基づく。

（8）一例として次のようなものを挙げている。美学的価値、精神的価値、社会的価値、歴史的価値、象徴的価値、本物の価値（Throsby 2001: 訳書 pp. 56–7）。

（9）山本は、ブルデューの挙げる文化資本の三つの様態に対応させて、企業の価値創造能力を構成する文化資本として、1、社員の文化的力能、2、組織としての文化的力能、3、企業体それ自体としての文化的力能を挙げている。さらに、社員の個人的な文化的力能については、(1)プロデューシング能力／力能、(2)マネジメント能力／力能、(3)エディティング能力／力能、(4)アドミニストレーション能力／力能、(5)個別創造能力を挙げ、論じている（山本 1999: pp. 51–7）。

（10）間接的には、文化資本が経済的価値を生み出すと述べているように、経済活動を推進することを論じている。

（11）拡張された資本概念についての議論に関しては、諸富を参照（諸富 2003: pp. 41–54）。

（12）スロスビーは、「根本的な意味において、『価値』の概念はすべての経済行為の根源であり、そして動機である」（2001：訳書 p. 42）と論じている。他に、『社会学小事典新版』（濱島朗他 1997）の「価値」の項目（p. 78）を参照している。

(13) ウェーバーのいう価値合理的行為に近いものである。

(14) 固有価値としてもいいのだが、ここでは、文化資本の定義をスロスビーの定義にならっていることと、「文化」を強調した議論であることから、表現としては文化的価値を用いる。

(15) 自己実現とは、このように意味の追求を通じてその個人の潜在能力を引き出し、発揮することであると考えられる。その点で、自己実現には、意味の追求に機能の実現が伴うことが必要なのである。

(16) 序章でも説明したように、本書においては、価値という言葉を二つの意味で使っている。ここでいう価値とは、経済学的な有用性、効用性を表す概念で、文化的価値が行為を方向づける、指示することに関わる概念として用いられているのとは異なる。

(17) 本書では、全体的には意味・機能・構造の関係については相補性という視点に立って分析・考察を進めているが、議論のあり方としては当然のことながらそのうちのどれかを軸にして論じることになる。本書では全体として意味を中心に議論を行っているが、ここでの考察においては、構造的側面は主に価値の創造という点において考察されているため、機能の視点から論じられることになる。

(18) 思考・行動もしくは関係の枠組としては、行動を直接的に規定するルール・慣習、経験的に獲得された行動規範や活動の実際上の運営に対する状況判断や見通しにかかわる現実認識の枠組等が考えられる。

(19) このような思考・行動の枠組は文脈の異なるところに移植する場合は困難が伴う。ODAにおける技術移転において技術がその社会に適合できず、定着できないという問題の背景には、この思考・行動の枠組の移転の問題がある。

(20) L・エドヴィンソンによると、知的資本は、人的資本と構造的資本に大別され、後者の構造的資本は関係、組織、革新と開発から構成される。これに対して、欧米及び我が国の経営学者の間では、知的資本の構成要素についての共通理解としては、①研究開発を通じて得られたノウハウの蓄積、②顧客との長期的な関係、③企業特有の行動様式、の三つを認めており（青木・保見2004）、エドヴィントンの構造的資本に近似している。ここでは、人的資本は構造的資本とはその性格が大きく異なるものであり、一つのものとして括ることの意義を認めることができないため、知的資本からは排除し、エドヴィンソンの構造的資本の理解に基づいて知的資本の概念を捉えている。

(21) 文化資本を内在させた活動群がネットワークを形成してその中で局所的な独自の文化を形成することについては、本章第四節において論じる。

(22) 行政活動の派生的な活動は、創発という言葉では語れないため除外する。

(23) 玄田有史によると、NPOに集う理由として、①社会を変えたい、②困っている人のために何かをしたい、③社会貢献しながらはたらきたい、④失業・転職がきっかけ、⑤第二の人生を見つけたい、⑥生きがいを持ちたい、などが見出されている（玄田 2003）。桜井政成は、ボランティアの参加動機について行った調査結果の分析から、次のような七種類の動機モデルを析出している。すなわち、①自分探し動機、②利他心動機、③理念の実現動機、④自己成長と技術修得・発揮動機、⑤レクリエーション動機、⑥社会適応動機、⑦テーマや対象への共感動機、である（桜井 2004, 2007）。

(24) 活動の創発についての参考となる議論として、社会運動論として総称される議論について概観したい。主要な流れとして、資源動員論、新しい社会運動論を取り上げる。

資源動員論は、一九六〇年代の市民権運動、学生運動、反戦運動、ウーマンリブ、対抗文化運動等の経験を背景に、一九七〇年代のアメリカに生まれている。これは、矢澤修次郎の言葉を借りると、「社会的コンフリクトの中で目標を達成するためには様々な資源が不可欠であり、資源の効率的な集積のためには組織が不可欠であるという基本的な発想に基づいて、組織レベルに焦点を当てて、運動の動員から目標達成ないしは停滞にいたる過程を、運動の内的条件・外的条件を変数として、包括的に説明しようとするものである」（矢澤 2003: p. 11）と説明される。資源動員論は、それまでの社会学的社会運動論の主流を占めていた集合行動論の社会心理学的傾向に対する批判的立場として登場したといわれている。その主張の特徴は、集合行動論と比較すると明確になる。資源動員論は、集合行動論において社会運動の発生要因とされてきた社会的不安や不満を重視しない。集合行動論では、非合理的な感情に基づく信念を参加動機として重視するのに対して、資源動員論では運動に参加する人間の合理的な計算を重視する。社会運動を合理的な運動として捉えるという見方に基づき、その発生要因よりも展開過程を重視し、運動にとって必要となる資源の動員及びその際に運動組織が採用する戦略を分析の中心に据えるのである。

新しい社会運動論は、資源動員論とほぼ同じ頃一九八〇年代に、ヨーロッパの社会学を中心に形成されている。その基本的な問題意識は、七〇年代以降の先進資本主義社会の根底的な構造変動に対応した社会運動の論拠を探求するというものであった。そのため、新しい社会運動の「新しさ」とは、現代の産業社会を批判し、その機能重視、効率重視の考え方に対して、人々が生きることの〈意味〉の視点を取り戻し、人間のあり方を根源的に問うところにある（佐藤 1989: p. 514）。新しい社会運動は、意味を問題にする、優れて文化的な問題関心に基づく運動であるということができる。現代の社会では、産業社会の支配的コードが人々の生活における意味を支配しており、人々は出来事に意味を付与し、定義する作業から疎外されているのである。新しい社会運動は、こうした疎外状況の打破ないしは克服を目指して人々が意味を共有しネットワーク化することによって発生し、展開するのである。意味を共有しネットワーク化するこの運動過程とは、自己実現的、自己表現的であり、参加する人々が自らの存在を確認する作業なのである。この理論の代表的な論者であるA・メルッチによると、「いまや運動組織は、目的実現のための手段とは考えられてはおらず、それゆえに運動の効果という道具的合理性の述語のみによって評価することはできなくなってきている。組織は自己再帰的性格を帯びており、その形態は行為自体の意味を表現する」ものとして捉えられるのである。

以上、二つの社会運動論を見てきたが、その主要な議論を本章の視点から整理すると、次のようになる。運動の形成において、資源動員論では参加動機における主体的な計算を重視し、参加する人々の主体性が行為形成を行い、運動を推進することを主張するのに対して、新しい社会運動論においては、合理的な計算よりも参加する人々が求め、表現しようとする意味が運動形成の本質にあることを強調する。集合行動論では、状況が運動を形成すると見ることで、主体の役割には目を向けられていないが、資源動員論や新しい社会運動論では、人々の主体性が運動を形成することを前提として、前者においては運動の機能的側面を重視し、後者においては意味的側面を重視しているのである。

(25) もちろん、意味と機能の矛盾が全然発生しないということではない。時間がたてば、意味と機能の齟齬が生じ、大きくなることは十分に考えられる。ここで論じているのは、文化資本は、少なくとも、活動の創発当初においては、活動に必要な要件として意味だけでなく機能や構造（の一部）を提供することで活動創発のための条件を提供することができるということである。

(26) 各種メディアを通じて一般的に大衆的な消費の主流となっている文化というほどの意味で使っている。英語をそのまま使っているのは、その和訳である「民衆文化」を使うと、「大衆文化」や「高級文化」と対照されて、異なる意味合いを含むからである。「大衆文化」も同様な趣旨で使用していない。また、この後登場する「ポピュラー音楽」という言葉も、同様な趣旨に基づいて使用している。

(27) 有能な人材を魅力的な環境によってひきつけるという議論は、英国やアメリカでは一般的に見られるところであるが、国土構造や就業の仕方等の違いにより、日本では現在のところあまり見られない問題である。しかし、日本でもコンテンツの制作者においては、渋谷等のエンターテインメントが十分に備わった環境を好む傾向が見られるようになってきていることが報告されている。

(28) フロリダ自身は消費的環境という言葉は使っていないが、先行する議論として参考にしているグレイザーらが「消費者都市」という言葉で都市の消費的要素の重要性を主張しているため、ここでは本節の文脈に合わせてこの言葉を用いた。

(29) ここでいう「都市の消費文化」とは、社会学等で用いられる、現代の消費社会に特有な社会的生活様式としての消費文化という概念とはやや異なり、個々の都市においてそれぞれの消費状況やそれまでの消費活動の蓄積による特有性が加味されている、という程の意味を含んでいるものである。

(30) 第一章（一九頁）でも触れたように、C・セーブルの研究に基づくJ・ジェイコブスの研究が創造都市論の流れにおいて源流として位置づけられている。

(31) コンテンツの生産はともかく、アイディアやスタイルの創造は必ずしも直接的に商業生産に至るとは限らないが、関心を呼び生産への刺激となって当該文化産業の発展に結びつくことは十分に考えられる。

(32) 必ずしも都市の一部地域においてこのような環境が出現したからといって、それがすぐにその都市の経済的活性化に結びつくものではないことはいうまでもない。その都市の経済的状況や都市内のその他の産業とのリンケージの問題、その都市の産業的雰囲気等が大きく関わってくる。ただ、その都市の経済の活性化に向けて刺激となるということはできると思われる。

(33) 文化消費者、すなわちオーディエンスがマス・メディアから送られたテキストをどのように解釈しているか、そのとき、同じテキストでも階級やジェンダー、エスニシティの違いによってどのような解釈の違いが生まれるのか等についての問題。八〇年代の英国のカルチュラル・スタディーズにおいて最大のテーマとされていた。

(34) 文化創造した内容がどのようなものであるかについては、消費者の階級あるいは階層、エスニシティなどが関わってくるが、ここで問題にしているのは、あくまで、消費者が対生産者においてどのような位置づけにあり、その創造的な能力を発揮できるのかということである。

(35) 繰り返しになるが、植木のモデルは、文化の社会的循環を単線的に描いているが、現実には多くの文化創造過程はそのような単純なものではないと思われる。学習については、植木のモデルのように交流と創造の間に介在する過程として片付けることができず、消費者が関わる享受、交流、蓄積のそれぞれの過程に関係するものと思われ、ここではプロセスから除いた。蓄積についても同様なことがいえるが、これについては八三頁で取り上げる。

(36) 後藤和子の前掲論文を参考にしている。

(37) 消費者の意味の追求や表現の追求については、現代社会における個人の置かれた状況からもっと深い分析が可能だが、ここでは、これ以上は問わない。そのような追求が意味生産能力を潜在的に構成していることの認識が重要なのである。

(38) 一般的には、生産者側が送り出すメッセージの解釈を通じて、意味の組み換えや付加を行うことを指しているが、生産者の作り出した意味はそれとして受けとめ、そこから自分たちで新たな意味を作り出す場合もある。

(39) これには、現代のポピュラー・カルチャーが基本的に複製文化であることから消費者が繰り返し視聴すること等によって模倣や学習が容易であること、さらに今日ではデジタル化が進展しているため、複製を簡単に入手できるだけでなく、消費者が編集、アレンジすることも可能であることも関わっている。

(40) 現在においては、消費者の文化創造能力がインターネット上で発揮され、自己表現されることも、インターネットを通じて直接的に文化生産者にアピールすることも可能になっている。このようなインターネットが消費者の文化創造能力に対してもたらす可能性は決して軽視できるものではないが、ここでは、都市という空間に形成される創造的環境に対して消費者の持つ文化創造能力がいかに関わっているかを論じているため、議論の煩雑さを避ける意味でも検討は省略している。しかし、インターネットのこのような可能性が都市における表現の場や後述する文化空間に影響していることも考えられるため、この問題も含めて論ずる必要がある。

(41) 粟谷佳司が日本のネオアコ／ギター・ポップ・シーンについて論じるように、オーディエンスが参加して創り上げ支えているシーンは、日本にも見られる。粟谷前掲論文を参照。

(42) 文化的活動においては、同じ志向性を持った人たちが分野を超えて関係、交流を持っていることは普通に見られ、さらに、そもそも、同じ人が、異なる分野の活動にまたがって関わっていることも珍しくない。この傾向は、ポピュラー・カルチャーにおいては特に強く、六〇年代のヒッピー文化、七〇年代のパンク・ムーブメントにおいては、音楽を中心に、ファッション、ポップ・アート等が密接につながっていたことはよく知られている。

(43) これとは異なり直接的な相互関係ではないが、S・パービスは、マンチェスターのデザインにおいては、デザイナーたちがクラブ・シーンから多大なインスピレーションを得ていることを指摘している（Purvis 1996）。

(44) シーンのようなローカルな空間における活動において知が生み出されることについては、暗黙知という概念を用いると説明しやすい。暗黙知とは、形式知あるいはコード化された知識の反対概念で、生産組織に典型的な組織化された活動や関係と対立する非公式な活動や関係の中で生み出されやすい知であり、場所に根づいていると考えられる。現在では、新しいアイディアやイノベーションを生み出す重要な要素とみなされている。シーンは、その固有の枠組、知恵・ノウハウによって支えられた、ローカルで非公式な活動を通じて暗黙知を生み出す場としても見ることができると考えられる。

(45) 第二節では、文化資本の構成要素である文化的価値は人の創造的活動を動機づける部分を強調した概念であるとしたため、創造的な文化資本という表現は、文化資本の定義に矛盾する、すなわち、創造的でない文化資本というものを認めることになるのではないかという誤解を招く恐れがある。そうではなく、文化的価値の動機づける創造的活動とは、必ずしもここで論じている「新しいアイディアやスタイルを生み出そうとする」活動に限定されるものではない。異なる例として挙げた「継承されたスタイルを守り伝える」ような活動においても創造性は必要であり、創造的活動としての側面をもっていると考えられるのである。

(46) 文化活動や文化空間のつながりについては、先述したA・プラットが指摘する公共空間の役割を見ることもできる。

(47) K・マイルストーンは、個別のジャンルや活動を超えたマンチェスターのポピュラー・カルチャー全体にとって、芸術家的企業家精神がインフラストラクチャーともいえるはたらきをしていると見ている（Milestone 1996）。また、オコナーは、グローバルな経済の再編成による経済的衰退に対するマンチェスターとシェフィールドの対応の違いに、二つの市民の行動を動かしている環境の違いを見ようとする議論を援用して、文化的キャパシティ（cultural capacity）という表現で、同様の議論を展開している（O'Connor 2004）。このような精神を含めて、個々の空間や活動を超えた一定の地理的範囲において、その活動の仕方や関係のあり方を方向づける、慣習ともいえるものの存在を考えることができる。現在では、制度的厚みやコンヴァンシオンやなどの概念が論じられているが、文化的な活動については、文化資本として見ることができると思われる。このような環境全体に関わる文化資本は、次節で論じる都市のサブシステムに関わる文化資本につながるものである。

(48) 後藤は、創造活動の成果が、消費者に享受され評価されて、文化資源あるいは文化資本として蓄積されるとした上で、そこには、「暗黙知として地域や場に共有される雰囲気や伝統もある」（後藤 2003: p. 9）と述べている。享受や表現などの文化的な活動の成果や枠組が文化の循環過程の中で蓄積されていくことを論じているものである。

(49) 文化資本の蓄積は、交流、創造の両過程において行われるが、また、逆に、文化資本から交流、創造の両過程に作用が働いている。

(50) 七〇年代後半の英国のパンク・ムーブメントにこのような動きを見ることができる。なお、この文化の波及の問題については、サブシステム間の波及に関して次節において論ずる。

(51) 例えば、本書が対象とする社会的に価値を提供する活動の例ではないが、あまり歴史的蓄積のないアニメのコスプレ文化などは、新しい表現スタイルの登場によって大きく変化すると考えられる。

(52) 第三章で取り上げる意味作用による文化の変容はこのケースである。

(53) ただし、Aのケースにも関連するが、新しい文化が地域社会に適合する過程で新しい文化自身が変化する一方で、地域の文化も新しい文化に合わせて変化するということも十分に考えられる。

(54) これに関して、地域の経済活動を支える社会文化的要因について説明するコンヴァンシオンという概念を使って考えてみたい。コンヴァンシオンとは、前節第二項（八二頁）で見たように、アクター間の相互作用を通じて形成される、自明視された慣行もしくは暗黙のルールのことであり、経済活動を調整する装置としての役割を果たしているものである。コンヴァンシオンは、アクターが行動する上での価値基準、すなわちアクターの行動枠組をなすものである。都市の特徴として、大量かつ多様なアクターの存在、アクター間の空間的近接性、それらの間の相互作用があり、これらがコンヴァンシオンの発生を可能にしていると考えられる。長尾・立見は、都市は、様々なコンヴァンシオンが複合的に存在する空間であり、そのうちの一つに縛られることがない。そのため、その一つが有効性を失っても、他のコンヴァンシオンが次なる発展を模索することが可能であると論じている（長尾・立見2003）。

長尾・立見の議論は、一つの都市を対象にしてコンヴァンシオンの存在を論じているが、サブシステムを単位に考えると、それぞれのサブシステムには、それに応じたコンヴァンシオンが存在すると考えることができる。そう捉えると、都市は、それぞれコンヴァンシオンを抱えたサブシステムから複合的に成り立つシステムであるということになる。コンヴァンシオンは活動間の関係に見られるものであり、その活動の関係性がある程度のまとまりを帯びて一つの集合的特性を見ることができるものがサブシステムということになるからである。すると、社会的キャパシティが大きく多様なサブシステムから成り立つ都市においては、都市の成長や発展は、競合するサブシステム間において優位性を獲得したサブシステムがその都市を主導することによってもたらされると考えられることから、そのような成長力のあるサブシステムのコンヴァンシオンが都市全体のシステムにおいて優位な立場に立つことになると考えることができる。

(55) 福嶋路（2005）を参照している。

(56) 第一章第二節2、二九頁を参照。

(57) 全体システム-サブシステム間の関係そのものではないが、第一章で論じたように、システムの形成については、認知的な空間が重要であると考えることができる。これに関連して、集団の形成については、文化よりも認知に関係する集団のカテゴリーの方が重要であると主張する議論がある。これについては、第三章第三節を参照されたい

(58) 創発した活動がネットワークを形成するための条件については、現在脚光を浴びているソーシャル・キャピタルの議論を含めて検討する必要があるが、本書ではそこまでは追究できない。

(59) 例えば、地域の政策形成における、ローズ等によるイッシュー・ネットワークの議論がある（Rose and Marsh 1992）。

(60) そのようなネットワークの中には、一部タテ型の構造を持つ関係が形成される場合も考えられるが、そうした関係のグループを一つのアクター（構成要素）と考えれば、やはり全体としてはヨコ型のネットワークとして捉えることができる。

(61) もちろん、価値・規範やルール等は、アクター間の相互作用があれば、それだけで共有化されるとは限らない。ネットワークにおいて個々のアクターに強い影響力がはたらく関係が形成されていなければならない。詳しくは後述する4項で論じるが、新制度派組織理論では、組織や機関が全体として構成する影響関係の場を「組織フィールド」と呼び、その構造化が進むことで組織フィールド内では文化的な同型性への圧力が強くなり、文化的枠組が共有されていくと論じている（DiMaggio and Powell 1983）。活動のネットワークは一種の組織フィールドに該当するが、この議論に基づけば、そこでの文化的共有度は組織フィールドの構造化如何に関るものとなる。なお、組織フィールドの議論は、次の3項で論ずる〈場〉の理論に近似しているが、組織フィールドの議論の方が、アクターが関係を結んでいるある程度恒常的な状況を対象とし、その中での文化の共有化を論じているのに対して、〈場〉の理論はより限定された状況を対象として、その中で新たな秩序が生成されてくることに焦点を置いている。

(62) 伊丹・松島・橘川（1998）、金井（2005）など。

(63) 〈場〉の中で新しく生まれる文化とは、伊丹が論じる「共通理解という秩序」という言葉から考えると、基底的な価値やエートス・精神というよりは、新制度派組織理論のいうように、その状況に対して直接的な現実認識の枠組のことであるように思われる（佐藤・山田 2004: p. 202）。しかし、都市のまちづくりの〈場〉においては、それだけにとどまらず、その都市の既存の地域の文化・制度とは異なる価値や精神・エートスが文化資本として持ち込まれ、それが〈場〉における秩序を形成し、〈場〉の生み出す心理的共振というエネルギーによって支えられていくと考えることができる。

(64) 組織フィールドの議論では、コアから周辺に向って文化の共有化が進むことについて論じている。

(65) 文化資本の蓄積・更新については、本章第三節を参照。

(66) 解釈主義的社会学についての説明は後述の第三章第一節を参照されたい。

(67) この組織フィールドの理論を含めて、新制度派組織理論の問題点として、既にできあがった制度が与える影響については説得力のある分析をするものの、制度それ自体の成立のプロセスについては十分に理論化されていないことが指摘されている（佐藤・山田 2004: pp. 239–40）。

(68) シェフィールド開発公社。中央政府によって設立運営される都市開発公社の一つで、一九八六年に設立され、一九九六年に解散している。

(69) 以下の記述は主に次のインタヴュー及び資料に基づく。文化産業地区機構（Cultural Industries Quarter Agency）主幹マーティン・マニング氏（Martin Manning）へのインタヴュー（二〇〇四年一二月八日）、シェフィールド市役所開発環境レジャー開発事業部都市開発部長ロナルド・リーズ氏（Ronald Rees）へのインタヴュー（二〇〇四年一二月九日）、Bianchini, F., Greenhalgh, L. and Landry, C. (1991)、Fleming (1999a, 1999b)、日本政策投資銀行（2000）、Lawless (1998)、Sheffield City Council (2004)、Cultural Industries Quarter Agency (2004)。

(70) 英国の地方自治体における最初の経済開発課である。このように、シェフィールドでは、経済再生のために新しい試みを続けており、このような姿勢が文化産業地区の開発につながったように思われる。

(71) 以上のデータは総括的な数値であり、具体的、詳細にＣＩＱがどれだけ貢献したかを見るためには創造産業の生産額や雇用者数、サブセクターの構成について過去にさかのぼってシェフィールド全体及びＣＩＱのデータを具体的に分析し検証する必要がある。また、ＣＩＱに集まってきた創造産業の規模や事業の内容等についても詳細に検討することが必要である。

(72) 文化産業と創造産業の違いについては、第一章の注1を参照。

(73) ただし、シェフィールドの創造産業は市の中心部あるいはシェフィールド市内に集中するようになってきており、シェフィールドの周辺地域ではむしろ減少していることに注意すべきである。これは、マンチェスターやニューカッスルでは、劇的な発展は中心部に現れているとしても、自身を含む広域的な地域全体においても創造産業を発展させているのとは対照的である。

(74) 中央政府によって設立運営される都市開発公社の一つで、一九八八年に設立され、一九九六年に解散している。先行するロンドンのドックランズ開発公社などが地方自治を無視すると批判され、自治体との関係が悪かったのに対し、セントラル・マンチェスター開発公社はマンチェスター市の働きかけにより設立されており、その開発内容もマンチェスター市の既存計画との調整が図られている。

(75) アイルランド共和国軍（Irish Republican Army）の略称。北アイルランドを英国から解放し、アイルランド共和国との統一を目指す活動団体で、英国国内でしばしばテロ活動を行ってきた。

(76) 以下の記述は主に次のインタヴュー及び資料に基づく。マンチェスター・メトロポリタン大学ポピュラー文化研究所（Manchester Institute for Popular Culture, Manchester Metropolitan University）研究主幹・シャスティン・オコナー氏（Justin O'Connor）へのインタヴュー（二〇〇四年一二月六日）、ノースウェスト地方開発機構（Northwest Regional Development Agency）創造産業担当部長・アンディ・ロバット氏（Andy Lovatt）へのインタヴュー（二〇〇四年一二月七日）、文化産業開発サービス（Creative Industries Development Services）リン・バーバラ氏（Lyn Barbour）へのインタヴュー（二〇〇四年一二月八日）、Fleming (1999a, 1999b)、Van den Berg, Braun and Van Winden (2001)、Williams (2003)、Manchester City Council (2004)、Cultural Industries Development Service (2004)。

(77) その後、マンチェスター市もこの地区を公式に文化産業地区として認定することになる。

(78) 市庁自体は、近年では、音楽フェスティバルの支援や演奏・作業スペースの提供、録音スタジオや練習への資金支援等を小規模ながら行うようになってきている。

(79) 地方開発機構（Regional Development Agencies: RDAs）とは、一九九八年の地方開発機構法（Regional Development Agencies Act 1998）に基づいて一九九九年に設立された、担当する一つの地方の地域的な経済開発の戦略的な推進者の役割を持つ独立行政法人を指す。このとき、イングランドを八つの地域に区分し、それぞれに対応するＲＤＡｓが設立されている（翌二〇〇〇年には九つ目のＲＤＡがロンドンに設立された）。ＲＤＡｓは、担当地方内における経済開発や都市再生、競争力強化、技能開発、雇用促進などをその役割としているが、国からの予算をその裁量によって担当地方内の様々なプロジェクトに配分しているため、地域的な文化産業の支援にとって非常に重要な役割を担っている。

(80) しかし、最終的に、警察による薬物の取り締まりのために一九九一年に休業となった。

(81) 二〇〇四年一二月六日にオコナー氏にインタヴューした内容（前掲）に基づく。

(82) マンチェスターＴＥＣ（Manchester TEC）地域についてのデータである。この地域は、Manchester, Salford, Trafford, Tameside から構成される。データは次の資料に基づく。AES (ONS) 1995, in Manchester TEC, 1998

(83) 一九六〇年代には、Herman's Hermits, The Hollies、一九七〇年代には、10CC, Buzzcocks, Joy Division、一九八〇年代には、The Smith, New Order, The Stone Roses, Happy Monday、一九九〇年代には、Simply Red, Take That, Oasis が登場している。

(84) ここでは、次の研究を参考としている。Brown, A., O'Connor, J. and Cohen, S. (2001) 及び Institute of Popular Music, Liverpool University and Manchester Institute for Popular Culture, Manchester Metropolitan University (1998)。

(85) 二〇〇四年一二月六日にオコナー氏にインタヴューした内容（前掲）に基づく。

(86) ここでの検討に使用した資料及び現地の調査によって把握されたマンチェスターのポピュラー音楽産業の隆盛及び具体

的状況については、資料や調査の時点から考えると市の政策の変化はほとんど影響していないものと考えられる。
(87) 本章第三節1（七一頁）参照。
(88) ただし、現在では、先述したCIDSやNWDA等による支援も次第に重要になってきている。
(89) 一連の再開発による都心部の環境整備が消費的環境を整え、そこから市の消費文化が活況を呈し、音楽を中心としたポピュラー・カルチャー産業の発展に結びついていったと評価されている（O'Connor 2004: pp. 13-4）。
(90) 文化産業開発サービス（CIDS）所長、L・バーバラ氏へのインタヴューに基づく（二〇〇四年一二月八日）。
(91) もちろん、都市の消費文化を支えるその他の要因、例えば、大学生の数などの作用も考慮する必要があり、文化資本にのみマンチェスターとシェフィールドの違いの原因を求めることはできない。なお、大学生については、文化空間を支える重要な要素と見ることができる。
(92) 以下の記述は、主に、二〇〇五年九月九日及び二〇〇六年三月二二日に行った、まちづくり役場理事長・山崎弘子氏へのインタヴュー及び次の資料に基づく。北近江秀吉博実行委員会（1997）、矢部拓也（2000, 2001）中川万喜子（2001）、野嶋慎二・松元清悟（2001）、野嶋慎二（2001）、山崎弘子（2002）、出島二郎（2003）。
(93) 黒壁の中心メンバーが企業家であることは、黒壁の事業に中心市街地の商店主とは異なる精神を注入することになった。
(94) 例えば、二〇〇五年九月に、フィギュア・コレクションのミュージアムとして「海洋堂フィギュアミュージアム黒壁」が長浜の中心市街地にオープンしたのは、フィギュア製作で有名な海洋堂が笹原氏のネットワークを通じて誘致されたからであるが、長浜での開館の一つの理由は、黒壁のまちづくりに興味を抱いていたことにあるという（二〇〇五年九月九日の山崎弘子氏へのインタヴューによる）。
(95) この背景には、主に、笹原氏らが同じ長浜市とはいえ、いわゆるまちなかの外から来た企業家であること、それが従来とは異なる方法で事業を進めようとしていることにあったと思われる（二〇〇六年三月二二日の山崎弘子氏へのインタヴューによる）。
(96) 来街者数は黒壁オープン直後の一九八九年には一〇万人未満だったのが、二〇〇一年には、二〇〇万人を超えている。黒壁の収益はオープン時の八九年には一億円に届かなかったが、その後順調に増大し、九八年には九億円を超えている。しかし、その後一九九九年から三年間赤字が続いている（以上のデータは山崎（2002）に基づく）。これについて、まちづくり役場・理事長の山崎弘子氏は、「デフレ経済の影響とともに、長浜のまちづくりが一定の成功を収め、黒壁グループ以外の店舗や事業が活性化してきたため、来街者（観光客）は増えても、他の店舗等に回遊するようになったからではないか」と語っている（二〇〇五年九月九日の山崎弘子氏へのインタヴュー（前掲）による）。

(97) 一九九八年にまちづくり役場がオープンして以降は、まちづくり役場が長浜のまちづくりの推進役を引き受けてきたが、依然として黒壁の果たす役割は大きい。

(98) トータル・コーディネーターとして出島二郎氏が迎えられ、出島氏よりこのコンセプトが打ち出されている。

(99) 運営委員長は黒壁の笹原氏が務めている。

(100) 秀吉博のシルバーコンパニオン（高齢者のコンパニオン）を務めた高齢者によるコミュニティ・ビジネス。おかず工房、野菜工房、リサイクル工房、喫茶井戸端道場から成る。

(101) 出島二郎を中心とするまちづくりの後継者を育成する学習会。行政の職員、企業経営者、会社員、大学院生などが参加しており、長浜のまちづくりの一つのネットワークの〈場〉を形成している。

(102) 秀吉博から生まれた非営利組織。中心市街地の活性化を目的に活動しており、現在では長浜のまちづくりの中心的役割を担っている。

(103) 山崎弘子氏へのインタヴュー（二〇〇五年九月九日）、矢部（2001）、出島（2004）に基づく。

(104) なお、長浜の中心市街地の再生については、橘川（2005: p. 208）や安村（2006: p. 34）のように町衆の文化（思考・行動のスタイルとしての）が支えていたのではないかという議論も見られるが、ここに論じているように長浜のまちづくりに関する資料やヒアリングからは確認できない。

(105) 金井（2005）及び福島（2005）を参照している。

(106) まちづくり活動の推進におけるまちづくりの機運の役割については、西村幸夫もその重要性を主張している（西村 2002: p. 24）。

(107) その後、さらに新・博物館都市構想の策定、映画「男はつらいよ」のロケ誘致等の動きも加わることで、まちづくりの機運は勢いを増していったということができる。

(108) 山崎弘子氏へのインタビュー（二〇〇六年三月二二日）に基づく。

(109) 主な表彰だけでも、国土庁「全国地域づくり表彰」（一九八九年）、「まちづくり功労賞」建設大臣賞（一九九二年）、日本建築協会「第三回日本建築協会賞」（一九九二年）、「都市景観大賞」（一九九三年）、まちづくり学会「全国まちづくり大賞アカデミー賞」（一九九五年）、自治省「地域づくり団体」自治大臣賞（一九九五年）等を受けている。他にも、まちづくり関係の多くの事例集等にモデル事例として紹介されている。

(110) 起業家精神や利他的精神のようなエートスは、選び取ったからといってすぐに身につくものではなく、一般に長い期間をかけないと形成されないと考えられる。そうであれば、長浜においてはその形成過程にあると見るべきであろう。しかし、例えば次に見る第三章でソーシャル・キャピタルについて論じているように、このような文化も考えられるより比較的短期間のうちに形成されるのかもしれない。さらには、長浜のまちが全体的に新しい動きがない中で、黒壁に影響されて起業家精神を比較的早く身につけた人たちが動き始めることで、文化資本の影響が強く表面に現れたと考えることもできる。これを一つの波とすれば、黒壁の文化資本の影響力が続く、あるいはそれに触発された動きが続く限り、この波に続いて、第二波、第三波と現れ、長浜のまちが全体として起業家精神が横溢するまちになるということもあるかもしれない。

(111) 長浜の人たちの声を聞く限りでは、地域の再認識という形で地域アイデンティティが活性化されたことは確認できる。また、それが地域の共通認識を創り出しているであろうことも、長浜の人たちが黒壁の行動スタイルに影響されたことも首肯できる。ここから、長浜の中心市街地を舞台とする限定されたアクター間において組織フィールドが形成され、集団としての共通認識に基づいて黒壁の行動スタイルが波及・共有化されたという推論を引き出すことに無理はないと思われるが、あくまで推測の域を出ない。

(112) ただし、その地域に新しい文化資本を受容れるだけの文化が存在する、あるいは、社会的状況が構成されていることは絶対的な条件ではない。文化資本を支えるコミットメントの総量や時間の経過が文化資本の受容あるいはその力の発揮を後押ししてくれるものと考えることができる。技術的な性格が強いが、第四節で取り上げたオースティンの事例が教えるのは、巨大な投資とMCC本部という制度的存在の出現、行政の全面的な支援があれば、それまでにはなかった文化資本が、オースティンの場合ではその具体的現れとしてのソフトウェア生産活動の発展に見るように短期間のうちに根づくことができる可能性があるということである。

(113) 注104を参照されたい。

第三章　地域イメージの変化と地域社会の変容

本章では、文化政策等が地域社会にもたらす作用として、文化の持つ意味作用を取り上げる。そこでは、都市再生を目指した文化政策等が地域についての新しい意味やイメージを地域社会に提示することによって、市民の自分たちの都市に対する認知や意味解釈に影響を与え、そこから地域社会の変容をもたらす可能性を論じる。

第一章で論じたように、都市再生を目指した文化政策等の中には、戦略的に都市の新しい地域イメージを再構築することを狙ったものがあるが、このようなイメージの提示のケースはもちろん、そうでなくても、文化政策等はその内包された意味を都市の外部だけでなく地域社会にも提示しているのである。通常の地域的なプロジェクトにおいても意味の問題は起こるが、文化とは意味に関わるものであるため、当然、文化政策等においては政策として打ち出された意味は地域社会においてより大きな問題となってくる。すなわち、地域に関する理念や将来像等、その地域とはどのようなものか、どうあるべきかという意味解釈を地域社会に提示するのである。このような意味を突きつけられたとき、地域社会はどのように反応するのであろうか。そのような意味をどう受け止めるのであろうか。本章では、このような問いを掲げて、文化政策等がイメージ構築等により提示した意味が地域社会にどのような影響を及ぼすかについて考察する。そこでは、地域についての意味やイメージが地域アイデンティティへの影響を伴いながら地域の文化に作用することについて検討を行うことになる。

まず、地域の文化の一つとしてソーシャル・キャピタル形成の問題を取り上げ、これに対して意味の視点を導入し、文化政策等が提示する地域についての意味が契機となって、地域における多様なアクター間の利他的な協働――ソーシャル・キャピタル形成の基礎となると考えられる――がどのようなプロセスで形成されるかについて考察する。次に、都市のイメージ戦略が、その都市の自己イメージの変化を通じて地域社会の変容を導く可能性について検討する。そこでは、地域イメージの変化が英国グラスゴー市の文化政策の経験に見られるような地域社会の変容をもたらすと仮定し、そのような作用を説明する論理、メカニズムを導き出すことを目指ことになる。そのために、解釈主義的社会学の知見を援用して、地域イメージが投げかける意味の解釈をめぐる問題として考察し、それに基づいてグラスゴー市のイメージ戦略による都市再生政策について分析を行うものである。

第一節　地域についての意味と地域の文化

1　文化政策の意味を通じた作用

ここでは、まず、都市再生を目指した文化政策等が意味を地域社会に提示するという側面を持っていることについて取上げ、そのような側面について論じるために解釈主義的社会学の議論を援用すること、そして、そうするにあたって本書はどのような立場に立つか、という問題について論じたい。

序章において本論文における意味という視点の重要性について論及したが、現実に、社会において意味は個人的な領域の問題にとどまらず、社会的な価値の生産・供給という経済的な領域においても、生産過程における自己実現や消費過程における消費を通じた意味の追求という形で経済構造の基礎的な部分に関わっている。地域という枠組で意味の問題を捉えた場合、問題になるのは地域についての市民による自己認知である。都市再生を目指した文化政策等は、個々の施策の細かい違いを超えてその内包された意味を都市の外部だけでなく地域社会にも提示しているのである。すなわち、地域に関する理念や将来像等、その地域とはどのようなものか、どうあるべきかという意味解釈を提示するのである。

それでは、このように提示された意味は、地域社会にどのような影響をもたらすと考えられるのであろうか。これについて、本章では解釈主義的社会学を援用して検討するものである。解釈学派といわれる社会学の流れは、意味の社会学とも称されるように、個人の行為や社会的関係の中に潜む主観的な意味を重視し、社会的世界が能動的な人間主体による意味づけによって構成されること、有意味な行為によって生産されることを強調する。これによると、現代社会に生きる意味を重視する個人という視点から、地域社会のメンバーである市民たちにおいて、提示された意味によって地域の意味についての覚醒が生じ、改めて意味を問う動きが現れると考えることができる。

このような動きは、一つは、地域についての自己カテゴリーの提示を通じて現れると考えられる。地域についての意味づけは、地域についての自己カテゴリー、すなわち、市民にとって自分たちが住み・活動する地域である都市についての類型的な認知の枠組を提示することになる。社会心理学の自己カテゴリー論や解釈主義的社会学では、この自己カテゴリーが集合体の形成にとって果たす役割について論じている。ここで集合体の形成とは、地域社会については、新たな集合体が形成されるということではなく、地域アイデンティティの再構築に関わる問題として捉えることができる。地域の意味を問う動き、すなわち、地域とは何であるか、地域をどう意味づけするか、どうカテゴリー化するかという問題は、地域アイデンティティの再構築の問題として浮上する。そして、この地域アイデンティティ再構築を通じて地域社会に変化をもたらす可能性を見ることになる。また、このような影響とは別に、地域について提示された意味は、その解釈を通じて市民の解釈枠組への作用、そして集合的には市民の解釈枠組の間主観化されたものとしての地域の文化に直接的に作用するものとして、その影響を考えることができる。

しかし、意味を問うたり、意味の解釈を通じて解釈枠組が変化したりというだけで社会に変化をもたらす大きな動きになるのであろうか。本章では右のような視点に基づいて議論を進めていくが、それを通してこのような疑問に答えていくことになる。

2　規範的作用と認知的作用をめぐる議論

以上のような議論は、文化の持つ意味作用やそれに伴う認知が地域社会や地域の文化を変容させる可能性について論じたものであるが、集団やアイデンティティの形成をめぐる、文化の持つ規範的作用と認知的作用に関する議論には触れなかった。ここでは、この問題について考え、本書の立場を明確にしたい。

組織論においては、組織文化と自己カテゴリーのような成員性の認知とでは、どちらが組織という集団の形成や組織アイデンティティの形成において重要であるかをめぐって主張の対立がある。佐藤・山田（2004）によると、組織文化論では、組織の持つ価値や規範等の文化を重視する立場から、価値や規範は外的適応や内的統合に貢献することによって組織の存在を根本から基礎づけるのであり、組織のアイデンティティとの関係についても、そうした組織の実質や個性を創り出すことを通じてこれを形成すると主張している。それに対して、組織形成における認知的側面を重視する立場からは、組織を基礎づけているのは、成員性の認知——すなわち、自分はどの集団のメンバーであるかという認知——であり、これによって組織という集団が形成されると論じられる。そして、組織のアイデンティティを基礎づけているものとしては、価値や規範等の文化的な諸要素よりも組織メンバーの成員性の認知の方が決定的に重要な役割を果たしている、むしろ、価値や規範等の組織文化は成員性の認知によって形成されると見ることができると主張されるのである（*ibid.*）。後者の立場は、自己カテゴリー化論と同様の社会心理学の潮流に属する組織アイデンティティ論として主張が展開されている。この潮流の基本的な主張は、内集団と外集団を分ける差異、あるいは抽象的な境界の存在がその認知を通して集団を形成、集団としてのアイデンティティを形成するというもので、タイフェルらが行った社会心理学的実験の結果がその根拠となっている。価値や規範等の文化は、集団としてのそのようなカテゴリーに基づいて、メンバーの中で相互作用が行われることで後から形成されたり、共有化されたりするというのである。

ここには、制度や文化を実体視せず、認知的な視線によって構成されるとする、構築主義的な考え方が潜在している。構築主義は、社会的事象を客観的事実として捉えるのではなく、むしろ人々の持つ知識によって構築されているものとして検討しようとする志向性に基づくアプローチであり（上野 2001）、今日では社会科学や歴史学において一つの有力な考え方になってきている。しかし、構築主義の考え方を進めると、いかなる社会的事実も外的実在として措定することはできず、その根拠は恣意的なものであるとみなすような懐疑主義的な見方が強くなるという問題も指摘されている（山田 2003）。構築主義に対する議論はここでは行わないが、本書では、人々の認知が社会形成や文化形成に及ぼす作用を認めるものである。そして、この認知的な作用を中心にして本章の議論を行う。しかし、社会的事象や文化的事象を単に認知的に構築されたものとして捉えるのではなく、認知が契機となってそこから人々の相互作用なりが生じて、認知的な存在を超えた、一つの実体的な存在となると見ようとするものである。[1] ここで、文化現象について実体というのは、人々の行動や関係に実体的（何らかの価値を生み出す等）に作用するという機能、規範的作用を持ち、一定の存続・継続性を持っていることを意味する。このような立場は、序章で論じた、都市という地域社会を構成している社会的な活動やそれらの関係に対して、個人が追求する意味との関わりにおいて見るという基本的視点に基づきながらも、意味には社会的な価値を生産・提供するという機能を伴うことが必要であるとする視点を強調する立場と通底するものである。

第二節　地域アイデンティティ再構築とソーシャル・キャピタル

現在、活性化や再生が必要とされる地域社会が増えてきているが、そのような地域では、経済の衰退やそれに伴う諸活動の衰退によって、地域内の協働関係も弱くなることがしばしば報告されている。そして、このような協働の衰退が、さらに、地域の経済活動などの諸活動の基盤を掘り崩していくことになると考えられる。そこで、そのような地域の活性化を進めるために、地域内に新たに協働関係を築くことの重要性が認識され、協働を支えるものとしてソーシャル・キャピタル概念が注目されるようになってきている。

本節では、地域社会におけるこのような協働の形成という問題を取り上げ、意味という視点から検討することを通して地域の文化の一つとしてのソーシャル・キャピタルの形成について考えるものである。この問題を考えるにおいて意味の視点が有効なのは、地域内における協働やソーシャル・キャピタルは、地域という枠組についての認識に基づいて成り立っており、協働関係が脆弱なところでは、まず、地域についてのそのような認識が必要だと考えるからである。文化政策を始めとして、まちづくりや地域ビジョンの策定等の地域的な事業は、その地域に関する将来像なり理念なりの何らかの意味を内包している。そして、伝統的な文化を守ったり、まちの活性化のために新しい価値を伴うシンボルを導入したりという具体的な事業を通じて、その内包した意味を地域社会に提示することになる。ここでは、この提示された意味をめぐって地域が主題化されるという状況を考える。そして、このような地域についての意味をめぐるプロセス――地域アイデンティティの再構築を伴うと考えられる――が地域内の協働の形成とどのような関係にあるのかについて検討するのである。本節では、このような検討を通じてソーシャル・キャピタルの形成について考えてみたい。

1　ソーシャル・キャピタルの形成

ここでは、まず、本節で問題にするソーシャル・キャピタルについて明確にし、その上でソーシャル・キャピタルの形成について展開されている既存の議論を踏まえつつ、意味と機能という視点から、地域における多様なアクター間の協働を支えるソーシャル・キャピタル形成の契機について考察を行う。

(1)　ソーシャル・キャピタルの定義と分類

まず、ソーシャル・キャピタルについて、地域社会の活性化という文脈で問題になるのはどのようなタイプのものであるかについて明確にしたい。

ソーシャル・キャピタルの概念に対しては多様な定義が試みられているが、現在共通する理解としては、人々の結びつき・協力関係を規定する信頼、価値・規範、ネットワークといった諸要素から構成されるものと整理することができる[2]。この理解から、ソーシャル・キャピタルは、信頼、価値・規範のような文化的要素（あるいは認知的要素）とネットワークのような構造的要素から構成されていると捉えられることがわかる。このソーシャル・キャピタルの構成については、改めて検討したい。なお、資本概念としては、アローのように疑問視する声もあるが、人々の間の協力関係を通じて何らかの価値の生産に関わること及び投資の対象となることから一種の資本とみなすことができるものとする（Putnam 2002; 諸富 2003）[3]。

ソーシャル・キャピタルは、人と人との関係のあり方、結びつき方をめぐって、幾つかの切り口から分類が行われているが、ここでは、垂直型－水平型、資源動員型－協働型、ボンド型－ブリッジ型の三つの切り口を取上げたい[4]。垂直型－水平型の分類は、いわゆるヒエラルキーの強いタテ型の結びつきか、対等で活動単位の自立性を許容するヨコ型の結びつきかを問うものである。資源動員型－協働型の分類は、前者のタイプが自己の利益を実現するために社会的ネットワークを利用しそれによって資源の動員を図ろうとするような結びつき方を指すのに対し[5]、後者は、R・パットナムが市民的共同性を支えるものとして取り上げたような、個別の利益を超えた全体的な利益のための協力や協調を生み出すような関係を指すものである（Putnam 1993）。ボンド型－ブリッジ型の分類は、前者が集団の内部における同質的な強い結びつきを指すのに対し、後者は異なる集団間における「開かれた」結びつきを指すものである。

ソーシャル・キャピタルは、また、その構成要素としてのネットワークについて、地域社会においては、市民活動やＮＰＯの間のネットワーク、産業内（主に同一領域）のネットワーク、地域社会内横断的なネットワークという三種のネットワークを考えることができる[6]。ここで本節が対象とするのは、地域社会内横断的なネットワークである。これは、地域社会における多様な団体、活動、ネットワークを結びつけ、地域の利益につながるような協働を生み出すネットワークである。市民活動やＮＰＯの間あるいは産業内におけるネットワークの形成は難しいことではない。アクター間に明確な目的の共有、メンバーの同質的性格、あるいは直接的な利益の還元があるからである。それに対して、地域社会というより大きな枠組を考えると、そこでは、多様なアクターがそれぞれの目的に応じて活動しており、相互に異質なアクター間を結びつけて協働を生み出すような要因あるいは仕組みが明らかな形では備わっていない。そのため、いかに協働のネットワークを形成するかが問題となるのである。前述したソーシャル・キャピタルの三つの切り口に戻ると、地域社会内横断的なネットワークでは、ソーシャル・キャピタルとしては、基本的に対等で、相互に異質なアクターが地域社会の利益のために協働するという意味で、水平型・協働型・ブリッジ型のものが対象となる。(7)

(2) ソーシャル・キャピタル形成のあり方

ここでは、ソーシャル・キャピタルの形成という問題をどう捉えたらよいかについて検討する。そして、ソーシャル・キャピタルを意味と機能から捉えるという視点を提示し、そこから、どのような形成の契機が考えられるかについて論じたい。

ソーシャル・キャピタルの形成については、パットナムのように、ソーシャル・キャピタルは長い時間をかけて歴史文化的に形成されるものであるため、簡単には変えることができないとする見方がある一方で、(8)P・ホールのように、政策等によって比較的短期間に変わりうるとする主張がある。これについて、金基成は、ホールの主張を援用して政策が比較的短期間のうちにソーシャル・キャピタルに影響を与える可能性を日本国内の事例を使って説明している。金は、その論文の中で、三鷹市において一九九九年から二〇〇一年にかけて、市民が「三鷹市民プラン21会議」という組織を設けて、行政とのパートナーシップのもとに、市民の直接参加によって市の都市基本構想・基本計画の草案作成を行うという画期的な試みがなされたことを取り上げている。(9)その中で、三鷹市において市民がこのような活動を行うことができた背景として、三〇年以上も前に地域住民の声を市の政策に反映させるために設置された住民協議会というコミュニティ的組織をベースにした市民のネットワークの存在とコミュニティへの関与の伝統及びその経験の蓄積が重要な基盤をなしていると論じている。さらに、このような市民フォーラムによる政策立案という新しい試みによって、「住民協議会を通じて蓄積された社会関係資本（ソーシャル・キャピタル）が新しい形のネットワークを求めて自らを止揚していく」（金 2005: p. 138）と論じている。[10]これは、既存のソーシャル・キャピタルに「市民による政策の立案」という新しい意味と機能を与えることで新しいソーシャル・キャピタルとして再構築を図ることができたと解釈することができるのではないか。

さて、ソーシャル・キャピタルは、前述したように構造的要素と文化的要素から構成されていると見ることができる。これに対して、ソーシャル・キャピタルを「活動」間の結びつきのあり方として捉える視点を提示したい。これは、地域社会の問題解決に関わるようなネットワークでは、個人間の社交的なネットワークと異なり、何らかの社会的価値を生み出す活動[11]間のネットワークとして捉えることができるからである。すなわち、地域内の諸活動のつながりを支えることで地域への何らかの価値の提供に関わるようなネットワークである。このような視点に立つと、ソーシャル・キャピタルも活動の捉え方に従って分析することができる。すなわち、活動を構成する要素として意味、機能、構造が析出できるため、ソーシャル・キャピタルについてもこの三つの次元を考えるのである。ここで意味とは、改めて論じると、「その対象となるものの主体との関係における存在のあり方を問う」ものということができるが、ここでは、活動やネットワークの目的やあり方・方向性を問うものであると捉えたい。機能とは何らかの価値を生み出したり提供したり、あるいは支えたりするような実際の具体的な働きを指す。構造としてのネットワークは、意味と機能を担う活動間の関係を支えるものであるが、逆に意味と機能によって支えられ、規定されるものである。J・S・ブラウンとP・ドゥグッドは、同じような実体験を持つ者が結びついて技術革新等につながるような知識の共有化を行うことができる関係の形態として、「実体験のネットワーク」という概念を提示しているが、そこでは、シリコンバレーの技術者たちのネットワークのように、組織を離れた技術者たちが目的や同じような体験を共有していること、そして、交換・協働し貢献しうる能力をそれぞれ備えていることが、このようなネットワークの形成に必要であると論じている（Brown and Duguid 2000）。つまり、目的や体験という意味と交換・協働し貢献しうる能力という機能がネットワークを支え、規定しているのである。

このように意味と機能という視点を加えて、ソーシャル・キャピタルについて次のような定義を措定したい。すなわち、諸関係の集合において何らかの意味と機能を担う活動を支えるべく時間をかけて蓄積され育まれてきたそれ固有の信頼のあり方や結びつき方・協働の仕方（すなわち、文化的要素として捉えられているものである）及びその具体的な形としてのネットワーク、というものである。すると、それが時代とともに社会環境が変化することにより社会的に求められている意味や機能とズレが生じてきた場合、すなわち、あまり機能せず活用もされなくなってきた場合には、新しい意味や機能を備えた活動の登場によって変化する、あるいはそのような意味や機能を担うにふさわしい結びつき方・協働の仕方及びネットワークによって取って代わられることが考えられるのではないか。そして、そのような関係とネットワークが継続し、経験を蓄積していったとき、新たなソーシャル・キャピタルが形成されるということになるのではないか。すなわち、ある意味や機能を担った協働の継続とその経験の蓄積がソーシャル・キャピタルを形成し、それがその後のそのようなタイプの協働を支えるという図式である。

地域の新たな協働を支えるものとしてのソーシャル・キャピタルの形成を考えた場合、それが担うと期待される意味と機能は、相互に異質性をはらんだ多様なアクター間を結びつけ、地域の課題解決活動を支えるような協働を生み出すようなもの、すなわち、利他的な協働を生み出すような地域の公共空間の形成に働きかけるようなものでなければならない。ここで利他的協働とは文字通り、利他的な動機に支えられている協働である。しかし、地域社会における協働を利他的／利己的に明別するのは難しく、多くの場合両者の動機が混在していると考えられる。ただ、本節のように地域社会内横断的な協働がそもそも存在しない、あるいは弱いところにそのような協働を形成・強化しようとするケースを想定する場合、それぞれ異なる目的や動機、行動基準に従って動いているアクターを結びつけ協働を推進するためには、利他的協働が――それ自体は地域社会のネットワークの中では一部分に過ぎなくても――中核的役割を担うことになると経験的知見からも考えられている[12]。そのため、地域社会内の協働の形成を論じるにおいては利他的協働に焦点を置くことが重要である。次項においては、このような利他的協働の生成の問題について意味の視点から地域の主題化という議論を持ち込んで考えてみたい。

2　地域の主題化とソーシャル・キャピタル

ここでは、地域社会内横断的な協働の形成をもたらす一つの契機として地域の主題化を取り上げる。そこでは、地域における文化政策やまちづくり等の実践が地域社会に意味を提示し、それによって地域が主題化され、これが惹起する地域アイデンティティ再構築のプロセスの中で利他的な協働が生み出されていく可能性について論じる。

(1)　地域の主題化と地域アイデンティティ

まず、まちづくりや文化政策等の実践が地域社会に意味を突きつけるとはどういうことなのか、そうして提示された意味が地域を主題化するとはどのようなことなのかについて考えてみたい。

地域の人々は、通常、住み活動を行う場所としての地域に対してそれぞれ漠然とイメージや理念等を持っていても、それらについてそれ以上問うことも、コンセンサスを図ろうとすることもない。しかし、地域のビジョンが提示されたり、まちづくり活動、文化政策や地域に関わる事業等が行われたりすると、それらの事業等が内包するその地域に関する理念なり将来像なりの何らかの意味が地域社会に提示されることになる。そのとき、それまでは漠然とした形で抱いていた意味が意識化され、ある程度明確なものになり、ときには具体的な形で表出されることにもなる。地域をめぐって意味を問う動き、すなわち、地域のイメージ、理念、将来像等をめぐって何らかの主張が現れるのである。このような動きが少数の個人や活動主体を超えて広がるとき、地域が主題化されると捉えることができる。

地域の主題化がより明確な形で現れるのは、地域アイデンティティをめぐる動きにおいてである。地域アイデンティティは、地域の意味を問い、求めることにおけるより強く積極的な動きを伴うものであり、しばしば地域創り運動のような地域の自己主張や自己再構築という形で現れる場合が多い。ここで、まず、地域アイデンティティとはどのようなものであるかについて考えてみたい。多くの文献では、都市や地域のアイデンティティに対して個人のアイデンティティについての定義を援用して論じている。この概念を明確にしたエリクソンによると、アイデンティティとは、自己についての一貫性を持った意味の体系のことであり、自己の存在の固有性についての意味づけである。それは、自己における統合性と一貫性及び他者との関係における自己確定により成り立っているものと理解される[13]。この理解に基づくと、地域アイデンティティは、地域の持つ固有性による地域の自己確定として定義することができる。

この地域アイデンティティをめぐっては、次のような議論が展開されている。すなわち、地域を取り巻く歴史的な文脈から、近代化の波及びそれに基づく近代都市計画によって、さらには、二〇世紀のフォーディズムの影響によって、地域が均質化・画一化し、それぞれの地域が歴史的、風土的に背負ってきた意味や価値を排除してきたと捉え、そこから脱近代の今日では地域の本来持っている固有性を地域のアイデンティティとして表出しようとしている、というものである（大久保 2002）。しかし、「本来」持っていた固有の価値が近代化の中で（あるいはフォーディズム体制の中で）希薄化され、曖昧化されたため取り戻されようとしているというよりも、現在の地域が置かれている文脈の中で求められ、創出が試みられていると見る方が事実に近いのではないだろうか。すなわち、地域の意味を主張する一つの「運動」として見ることができるのではないだろうか。個人のアイデンティティについては、現代社会においては自己とは安定的なものではなく、むしろ状況的なものであると見る方が現実的である。E・ゴフマンのように戦略的に操作し管理する対象として捉える見方やS・ホールのように変化・変形のプロセスとして捉える見方が示しているように、アイデンティティを構成する他者との関係における自己確定も自己における統合性・一貫性も、安定したものではなく、個人の不断の努力によって実現が目指されるものなのである。同様に、地域を取り巻く環境の変転する状況下に置かれて、地域アイデンティティは必然的に不断の再構築を目指した運動を伴うのである。

地域アイデンティティ再構築の運動も、個人のアイデンティティを構成する二つの側面によって捉えることができる。一つは、多様な主体が共生している都市という社会において地域の意味について統合性を得ようとする側面である。この場合、地域の意味について地域内での共通認識を形成するために必然的に運動というプロセスを生み出すことになる。もう一つは、他地域との差異を主張するために、自己といえるべき固有の価値を発掘し、外に向けて提示するという側面であり、やはりそのための運動を伴う。まちづくり活動等が提示する意味が地域の主題化をもたらすというのは前者の側面であるが、ここから生み出される地域の意味について共通認識を創出しようとする運動は、他地域との差異を意識するという後者の側面と無関係であるとは当然考えられない。多くの場合、後者の側面の運動を惹起する、あるいは同一の運動として起こることが考えられる。逆に、地域活性化政策やそれに関連した活動は後者の側面の運動に関わるものであるが、ここから前者の側面に影響することも十分に考えられる。このように地域アイデンティティは、理論的には、地域の意味をめぐってその再構築という運動プロセスを伴うものであると考えることができる。

(2) 地域アイデンティティ再構築のプロセスと協働の形成

以上見てきた地域の主題化がもたらす運動プロセスとしての地域アイデンティティ再構築について、ここでは、そのプロセスの中で地域の多様なアクター間の協働が形成される可能性について論じたい。

地域の意味について地域内の人々や活動主体の間で共通認識を得ようとする運動や他地域との関係において地域の固有性を問い、主張するという運動は、そのプロセスにおいて多様なアクター間の協働を伴うと考えられる。これについては、まず、論じたプロセスに比較的近いものが見られる事例として、英国のグラスゴー市における九〇年代の文化政策の経験を見てみたい(15)。

グラスゴー市では、一九九〇年に、従来の衰退した工業都市というイメージから脱却して、新しい文化都市というイメージを新たに構築することを目指して市を挙げて開催されたヨーロッパ文化首都年という長期間のイベントをめぐって大きな論争が巻き起こされている。そこでは、文化首都年のプログラムがツーリズム向けに市の文化的イメージを強調し過ぎていて「本来労働者の都市」であるグラスゴーにはふさわしくない、グラスゴーの産業の歴史が一連の絵画的文化に矮小化されているという批判の声が上がり、グラスゴー市庁を中心とする行政の文化政策のあり方をめぐって市民の間で激しい議論が展開されたのである。しかし、政策をめぐるこのような議論とやり取りがグラスゴーの都市としての記憶を呼び起こし、かえってグラスゴー市のアイデンティティを活性化することになった。そして、このことがその後の文化政策の修正を導いただけでなく、文化政策に対する市民の協力あるいは市民としての独自の文化活動の展開や文化政策をめぐる市内の多様な団体間のパートナーシップの形成に影響したといわれている。この経験からは、グラスゴー市が文化政策を通じて提示した地域の意味によって市民の間に議論を呼び起こすという形で地域が主題化され、それがひいては市内のアクター間の協働を導くことになったという解釈を得ることができる。

それでは、地域アイデンティティ再構築のプロセスにおいて、どうして協働、とりわけ利他的な協働が生まれるのか。これは、地域アイデンティティそれ自体の本質から、すなわち意味のもつ働きから説明することができる。人間行動の原理を利己的な動機と非利己的な動機（利他的な動機）に分けて捉える場合、利他的な協働とは、当然のことながら利他的な動機によって支えられている。しかし、利他的な動機といっても結局は利己的な動機によって説明できるのではないかという主張があるように（大守 2004: pp. 111-4）、自己を完全に消滅させた純粋に利他的な動機というのは考えにくい。少なくとも、非常に希少な行為にしか見られないものと思われる。多くは、自己の抱いている何らかの意味がその動機の中に含まれているのであり、それが社会的な志向性を持つ意味であれば、直接的に自己に向けられた行為ではないという意味で、利他的な行為として捉えられるのではないか[16]。ここでは、純粋な意味での利他的行為ではなく、このような意味での利他的行為を対象として考える。地域アイデンティティ再構築のプロセスは、個人や活動主体が地域社会に対して抱いている意味を投影できる機会であるため、多様なアクター間にわたって利他的な行為を導きやすいと考えることができる。地域のためという利他的行為の中に、自分の地域に対して持つ意味の実現を図ろうとするのである。そして、それぞれ私的に抱いていた意味を社会的な全体の意味として統合しようとするとき、さらに、共通の目的に向かって、あるいは共通の方向に向かって行動するとき、そのような行為間の協働が現れるのではないだろうか[17]。

しかし、意味は地域の方向づけに関するものであり、単に意味統合への関与だけでは限定的な協働しか導かないかもしれない。参加したアクターが具体的な価値を創造する、成果を生み出すような機会でなければならないのではないか。先述の「実体験のネットワーク」の具体的なケースとして、技術者たちが無償で協力したことで有名なリナックス[18]の開発を例に取ると、そこでは、組織を離れた技術者たちが、リナックスというコンピュータの基本ソフトの開発のために、共通の目的や類似の体験という意味の共有だけではなく、その能力を使って基本ソフトを生み出すという機能を発揮できることがその利他的な協働を生み出すために重要だったと考えられる。すなわち、個人の持つ意味と機能が一緒になって力を発揮できることが重要なのである。機能を伴っていなければ意味も実現されないからである[19]。あるいは、個人にとっては、意味そのものだけではなく、意味づけされたものに対して潜在的機能を発揮することが自己実現につながると考えることができるからである。地域アイデンティティ再構築のプロセスは、地域のアクターが地域に対して抱く意味を活性化するとともにその持てる機能を引き出し、私的な意味を地域の意味として統合し[20]、その機能を地域における具体的な価値の創造につなげることで利他的な協働を生み出すと考えられるのではないだろうか。ソーシャル・キャピタルについては、前述したように、このような協働が継続し経験を蓄積することでその形成につながると考えることができるが、ここではあくまで協働の形成に主眼があり、これがソーシャル・キャピタル形成の契機になると主張するものである。

3　事例の分析――滋賀県長浜市

前項で論じた、地域の主題化が惹起する地域アイデンティティ再構築のプロセスが地域内の利他的な協働を生み出す契機となるという議論について、ここでは、具体的な事例として前章第五節でも取り上げた滋賀県長浜市を再び取り上げ、黒壁のまちづくりと北近江秀吉博覧会の開催の経験を解釈及び分析して検討を行う。なお、事例の内容については前章で既に説明しているので、ここでは省略する。

まず、全体的な流れとしては、長浜という地域の伝統、固有の価値に対する強い愛着を抱き、それをまちの活性化により守っていこうとする〈意味〉を持った、黒壁という民間のまちづくり活動が現れる。しかも、長浜の郊外に拠点を置く事業家の人たちにより構成される黒壁が、町衆といわれる商店の人たちだけで構成されてきた中心市街地に乗り込み、それまで長浜にはなかったガラス事業を展開したのである。これは、地域を守るためには、従来の商店のやり方では限界があり、新しい事業を創り出していく必要がある、そのようにして長浜を変えていく必要があるという意味を含んでいた。こうして突きつけられた意味に対して、当初中心市街地の商店主たちは大きく反発する。ネガティブな形で自分たちの地域に対して抱いている意味を主張したのである。しかし、その後の黒壁の成功とそれに伴う長浜の活性化は、商店の人たちが抱いている意味にも一般の市民の人たちが抱いている意味にも大きな影響を与えている。とりわけ、メディアが長浜のまちづくりと黒壁の活動を大きく取り上げ全国から注目を集めたこと、国からまちづくりのモデル地域として認められたことが長浜市内の市民や様々な活動主体に大きな影響を与えたものと思われる。このような状況の中で市民活動組織が多く生まれたこと、黒壁以外にもまちづくり活動が活発になってきたこと等は、地域内で広範に多くのアクターがそれぞれ地域に対して抱いている意味を主張するようになってきたことを示すものと考えられる。

こうして具体的に主張されるようになった私的に抱かれていた意味は、北近江秀吉博覧会を契機に地域全体の意味として統合の方向へと進むことになる。秀吉博は、長浜のこれまでの歴史や伝統、まちづくりの方向性を改めて確認し、新たな道を開こうとするものであったため、強い求心力を持っていた。市民団体や多くの市民がボランティアとして参加しただけでなく、商店の人たちも個々の利益を超えて参加したのである(21)。秀吉博では、市民や様々なアクターが参加し議論を重ねるという形で自分たちの地域に対して抱いている意味をイベントが導こうとする長浜像に投影しただけではなく、自分たちの持てる機能をイベントの運営による長浜における新しい価値の創造とその情報発信という形で発揮することで、利他的な協働を創出したと解釈することができる。こうして生み出された協働は、秀吉博後も、長浜市内横断的なまちづくりのネットワークとして機能している。

以上見てきたように、地域アイデンティティ再構築の議論は、長浜のまちづくりのケースについては概ね妥当すると確認することができる。しかし、考察すべき条件やもう少し検討すべきところも見られるため、これらについて考えてみたい。まず、地域アイデンティティ再構築のプロセスが起こり、利他的な協働が生み出される条件について考えてみたい。地域アイデンティティ再構築のプロセスは、まちづくり活動等がその活動を通じて意味を提示することに始まるが、長浜では黒壁が民間の活動であるためか、当初、直接事業ト関わってくる商店主たちを除くと市民やその他のアクターたちによる意味の主張はあまり目立った形では表出されなかった。しかし、その後の黒壁の成功と、それをメディアが大きく取り上げたことにより、市民たちの長浜というまちに対して抱いている意味に大きな刺激を与えることになった。すなわち、事業の成功とメディアの介入は活動の持つ意味を市民に対して大きく提示することになると考えていいであろう。また、黒壁の活動は、長浜の固有価値を守るという思いとそのためには起業家的な取り組み（いわゆる起業家精神）が必要であるという考えを強く持っており、その点では、地域に対して非常に明確な意味を抱いていたということができる。このような明確な意味の提示は市民活動だけでなく、行政にも大きな影響を与えることになったと考えられる。黒壁が地域に対して明確な意味を持っていたことは、そもそも長浜の伝統の持つ固有価値が市民全体に対して大きな意味を持っていたことから生じている。その点で、意味を提示される市民やアクターの側においても、黒壁の活動によって意味を問う動きが喚起されやすい状況にあったと考えられる。ここから、まちづくり等の活動に明確な意味が内包されていることと、地域自体に多くの市民に支持されるような確かな固有価値があることが市民等の間で意味を問う動きを喚起する、すなわち、地域アイデンティティ再構築のプロセスが起動する一つの条件になると考えられる。

多様な人たちから主張される意味を統合し利他的な協働を生み出すことについては、秀吉博という市を挙げたイベントの開催が大きな契機になったということができる。しかし、秀吉博において市民や活動主体たちが意味を投影することについては、理念づくりなどの主要な部分は一部の人たちに委ねられており、多くの参加者は運営上のアイディア捻出などに限られていた。三鷹市で見られた市民参加による基本計画案の策定のような、そのプロセスにおいて広範な市民が意味を投影できる性格のものとは異なるといえる。それでも秀吉博には千人を超えるボランティアが参加したのである。

この点において、長浜の事例では、意味の統合と協働の形成については前述した議論とは少し異なる説明が必要である。すなわち、長浜のケースでは、まず、黒壁の活動が市民の間に地域の意味を問う動きを喚起するとともに、長浜の活性化をもたらすことでまちづくりの機運を創り出すことになる。そのような機運の中から秀吉博の動きが起こってくるが、この大がかりな地域イベントの表現しようとする意味においては大きな方向性・枠組は一部の人たちにより決定されており、多くの市民は長浜という地域に対してその抱いている意味をダイレクトに反映することはできなかった。しかし、個々の市民は、その抱いている意味が秀吉博で提示されようとする意味と多少の誤差はあったとしても基本的には「長浜のために」（長浜の活性化）という同じ流れの中にあるため、秀吉博の創り出した大きな流れの中に自分たちの抱いている意味を投じて（重ねて）、秀吉博を意味実現の機会と捉え、その中でその意味を表現すべく機能を発揮していったのである。市民にとっては自らの機能を秀吉博における価値創造のために提供する機会を与えられたことが、ボランティアのような形の協働の創出を導いた、と解釈することができる。なお、秀吉博の動きは、地域の意味を問う第二の動きを起こしたということもできるが、これによって黒壁の活動が起こした地域の主題化、地域アイデンティティ再構築の動きを推進することになったと考えられる。

協働の形成がソーシャル・キャピタル形成の契機になるという議論についても触れてみたい。三鷹市のケースでは、新しい協働の経験が既存のコミュニティ組織のネットワークに新たな意味を吹き込み活性化させることで新たな形でのソーシャル・キャピタル形成、あるいは再構築をもたらしたと考えられる。これは、三鷹市においては、市民の間をつなぐ既存のネットワークというベースがあったからである。それに対して、長浜のケースでは、秀吉博等における協働の経験が黒壁やまちづくり役場を中心として形成されたネットワークに蓄積されたと考えることもできるが、三鷹市のような過去に協働の経験を蓄積した既存のネットワークというものではないため、新たに獲得された協働の経験がソーシャル・キャピタルといえるような地域の一つの確固たる文化にいたるかどうかについては定かではない。今後の観察を必要とするところである。

4　まとめ

本節は、ソーシャル・キャピタル形成の問題に対して意味の視点を導入し、地域における多様なアクター間の利他的な協働がどのようなプロセスで形成されるかについて考察を行い、次のような知見を得た。すなわち、地域に対して何らかの目的を持った文化政策のようなプロジェクトが行われることでその内包する意味が地域社会に提示され、そこから地域の人々、個人や活動主体等の間に地域に対する意味を問う動きが喚起される場合に、さらに、そうして喚起されたそれぞれ異なる意味が統合へ向かう契機を得るとき、そこに利他的な協働が現れるというものである。ここで重要なのは、意味の統合のプロセスである。地域の個人等が地域に対して抱いている意味を地域の全体の意味として統合しようとするプロセスでは、地域社会全体として創り上げようとする意味に私的に抱いている意味を投影できる機会が得られるために利他的な行為が導かれ、さらに、個人等がその機能を地域における具体的な価値の創造につながる機会が得られることで協働が生み出されると考えられる。すなわち、地域を構成する主体である個人等がその地域に対して抱く意味を投影するために、具体的な価値を生み出そうとする活動に機能を提供するという形で地域としての意味の統合のプロセスに参加することで、利他的な協働が生まれるのである。

この意味の統合のプロセスについて、取り上げた長浜市の事例では、地域を主題化したイベントが協働を生み出す重要な働きをしたが、意味を統合する仕組み如何によって生み出される結果も大きく変わってくると考えられる。その点において、NPOや市民活動とソーシャル・キャピタルのポジティブな関係はしばしば議論されているが、引用した三鷹市の事例に見るように、市民参加の仕組みのあり方が今後のソーシャル・キャピタルの形成を考える上で改めて重要であると思われる。

第三節　都市の自己イメージの変化と都市再生

文化を主要な手段とする都市政策・まちづくり、あるいは都市再生に関わる文化政策の一つとして文化を都市のイメージ戦略に結びつけて再生政策を展開する方法がある。一九八〇年代以降のヨーロッパの工業都市の再生手段として数多く見られたアプローチである。英国のグラスゴー市はそのような方策を採ってきた都市の一つで、長期的な経済の衰退やそれによりもたらされた社会の荒廃から立ち上がり都市の再生を図るために、従来の工業都市のイメージを打ち破り、新しく文化都市として再構築するという目的を掲げ、イメージ戦略を中心とした文化政策を展開した。工業都市から脱皮し、代わりにサービス産業を振興させ、新しい産業の形成を図るためには、ツーリストや新規投資を誘導することが必要とされ、そのためには、グラスゴーに付きまとうネガティブなイメージを払拭し、新しいイメージを再構築することが求められたのである。

現実に、グラスゴーでは、ツーリズムを中心としたサービス産業が拡大するとともに、新しい産業の形成が進むことによって、経済的な再生に成功している。しかし、グラスゴーの文化政策の経験を分析すると、イメージ戦略については、直接的に意図した外部に対する効果だけではなく、その後の経済の活性化を生み出す土壌となるグラスゴーの地域社会自体の変容をもたらしたことに重要な意義があったように思われる。すなわち、イメージの再構築はグラスゴーの外部に新しいイメージを提示するだけではなく、グラスゴーの市民に対して肯定的なメッセージを含んだ新しい自己イメージ（その地域に住み活動する市民が地域に対して抱くイメージ）を提示することによって、地域社会が変容する契機をもたらしたのではないか。そして、そこから、地域社会の活性化、経済活動の活発化を招き、新しい産業への取り組みが可能になったと考えられるのである。

本節は、都市のイメージ戦略が、その地域の自己イメージの変化を通じて地域社会の変容を導く可能性について検討を行うものである。そこで、地域イメージの変化が地域社会に対してグラスゴーの文化政策の経験に見られるような地域社会の変容をもたらすと仮定し、そのような作用を説明する論理、メカニズムを導き出すことを目指すことになる。

1 理論的考察

ここでは、まず、地域イメージが地域社会に与える影響に関する先行研究についてレビューを行い、次に、地域イメージの変化がその地域の市民にどう受け止められるかという問いを起点に、新しい地域イメージがもたらす地域社会へのインプリケーションについて理論的考察を行う。

(1) 地域イメージについての先行研究

地域イメージあるいは都市のイメージについては、K・リンチを嚆矢として今日まで数多くの研究が行われている。都市計画や地理学における研究は、地域イメージがどう構成されているかについて、住民の意識や空間構造、環境要因との関連について分析しているものが多い。地域活性化との関係においては、対外的なイメージについての議論が中心となっている。そこでは、グラスゴーの文化政策の本来の狙いがそうであったように、イメージは地域マーケティングの主要な道具として位置づけられ、対外的な効果を引き出すという視点からその効果の分析が行われている。

その中で、田中美子の地域のイメージ・ダイナミクスの議論は、地域イメージが地域社会に与える影響にも目を向けた議論を行っている。田中は、対象となる地域に対して外部が持つイメージと地域住民が持つイメージとの差異に着目し、まず、その相互作用の中から地域住民の間で地域についての共通認識が形成され、そうした中から地域アイデンティティが結晶化されるとする。そして、その形成過程において市民の間に「われわれ感情」が醸成され、これが求心力となって協働的な努力の方向を提示し、地域アイデンティティの確立と地域の自発的活動との間で相互作用が生じるという円環的連鎖が形成され、地域の活性化が促進されると論じている（田中1997）。この議論では、地域イメージが地域アイデンティティの形成過程を通じて地域の活動を誘発する可能性を指摘している点において注目に値する。しかし、外部が持つイメージと地域住民が持つイメージとの相互作用の中からどうして地域アイデンティティが形成されるかについて説明する明確な論理を持たない。また、そのような相互作用や地域アイデンティティの形成は常に起こるものではない。それが起こる状況、そしてその状況下で地域アイデンティティが形成されるメカニズムについて考える必要がある。さらに、地域アイデンティティの確立と地域の自発的活動との間で相互作用が生じることについての説明も、「われわれ感情」という一般的な表現を中心とする説明にとどまり、それ以上に分析的な論理を提示していない（*ibid*.: p. 45）。この節では、田中とは異なり地域イメージの「変化」が地域社会に与える影響に対して照射するが、そこでは、田中の議論が明確にしなかった地域イメージと地域アイデンティティ形成との関係、地域イメージと地域内の相互作用との関係を説明する論理を提示することを一つの狙いとする。

(2) 地域イメージの変化に市民はどう反応するか

地域イメージの戦略的創出に伴う自己イメージの変化が地域社会に対してどのような影響を与えるかについて

考察するために、まず、地域の自己イメージの変化、あるいは新しい自己イメージの出現に対して市民はどう反応するかについて検討したい。ここで、自己イメージとは、都市の構成メンバーである市民たち自身の、自分たちが住み活動を行う都市に対して持つ集合的なイメージ、ある程度間主観化されたイメージである。

議論の前提として地域イメージとは何かについて考えてみたい。地域イメージは、簡単にいうと、地域について様々な解釈の可能性・変異がある中から選択的に構成された表象ということができる。しかし、ここでは、表象にとどまらず、イメージには何らかの意味付与がされていると捉える。例えば、かつてグラスゴー市に対して抱かれていた工業都市というイメージには、一九世紀であれば力や技術、繁栄という意味づけがされていたが、一九七〇年代、八〇年代ころには、単調な労働、公害、モノトーン、衰退や荒廃という意味付与がされるようになっていた。したがって、地域イメージは、地域についての一つの意味づけを伴った表象と定義することができる。地域イメージの中でも市民が自分たちの地域に対して持つ自己イメージは、付与されている意味が重要であると考えられる。なお、意味は解釈の結果だけではなく、解釈枠組としてのはたらきも含まれており、それを通じて解釈を行うというはたらきをすることに留意したい。

それでは、変化した地域の自己イメージ、新しいイメージに対して、市民はどのような反応をすると考えられるであろうか。都市の自己イメージの変化とは、自分たちの都市についての再定義であり、その意味づけが変わったことを意味する。市民は個々人それぞれ地域についての意味解釈としての地域イメージを——関心の持ちよう、度合いは異なるとしても——抱いているが、その従来から持っているイメージとは異なる戦略的に新しく創出されたイメージが提示されることで、地域に対する意味解釈に揺らぎが生じることになると考えられる。このとき、市民個人としては、A、個人の持つ地域イメージを修正し、新しいイメージを受容する、B、新しい地域イメージに対して問いを投げかける、さらには、C、新しい地域イメージを拒否する、あるいは、D、関心がなく何も反応しない、という反応・態度が考えられる。なお、Cのケースについては、市民個人が最初から単純に拒否反応だけ示すということは考えにくく、多くの場合は、Bのように新しいイメージに対して問いを発するような反応を伴うことが考えられる。その点において、Cは、Bの拒否的な姿勢が強いケースであるということができる。

このような反応（新しいイメージを受け容れる、新しいイメージに対して意味を問う等）が起きることは、地域社会にとってどのようなインプリケーションを持っているのであろうか。前述したように、地域イメージは地域についての一つの意味づけを提示するものであるため、新しい地域イメージが地域社会にもたらす変化とは、イメージを通じた意味の受容に伴う反応がもたらすものとして捉えられるのである。このイメージを通じた意味の受容をめぐる問題に対して、解釈主義的社会学の視点に基づく議論を導入して考察を行いたい。なお、以下の議論においては、地域の自己イメージの受容が地域社会にもたらす作用について、本書では都市の再生や活性化を問題にしており、基本的立脚点として都市という地域社会が何らかの社会的な価値の生産・供給に関わる活動から構成されていると見るため、考察の対象としては市民といってもそのような活動を行う市内のアクターに焦点を置いて検討を行う。

(3)　新しい地域イメージの受容と地域の文化の変容

まず、A、個人のもつ地域イメージを修正して変化したイメージを受容する、という選択について考えてみたい。地域イメージを何らかの意味付与されたものとして捉えるとき、それを受けとめる市民については、その意味を解釈するための解釈枠組[22]を備えていると考えられる。人はそれぞれ自分自身や身の回り、さらには社会に起きている事象についてどのように受けとめ、どう意味解釈するかを指示する解釈枠組を備えている。人は何らかの現象について知覚したとき、それぞれの持つ解釈枠組を活用してその現象の意味解釈を行うのである。個人を超えて社会的に共有されたものとして、価値や規範、道徳、思想、その他ものの見方・考え方等、いわゆる観念的に構成されたものとしての文化あるいは意味体系が存在するが、個人の持つ解釈枠組とは、このような意味体系の影響を受けている、あるいは、意味体系の一部が取り込まれているということができる。では、この解釈枠組という概念を用いると、変化した地域イメージを受容することの持つ意味はどう説明されるのであろうか。ここで、解釈主義的組織シンボリズム論に基づく坂下昭宣による組織文化の生成についての議論を参照したい。

坂下は、シンボリック相互作用論を下敷きにして、次のように説明している。組織においては、組織成員はそれぞれ手持ちの意味体系を持っているが、組織内で行われる行為というシンボルに対して、組織成員はその手持ちの意味体系を参照しながら意味解釈を行うのである。「こうしたシンボルの意味解釈を通じて、はじめに手持ちの意味体系は新たな意味を付与されたり付与されなかったりするが、前者の場合には意味体系は新たに構成し直される」（坂下 2002: p. 195）という過程を経て、意味体系が組織成員間で間主観性を帯びていく、そしてこの間主観化されたものが組織文化であるというのである。坂下のいう手持ちの意味体系とは、本書でいう解釈枠組に当たるが、ここで注目したいのは、シンボルの意味解釈を通じて新しい意味が発生し、それによって意味体系が再構成されるという点である。こうして再構成された意味体系が間主観化したものが組織文化であるから、これは組織文化の変容につながることになる。

坂下は明確には論じていないが、このような過程は、手持ちの既存の意味体系すなわち解釈枠組では当該シンボルを適切に意味解釈できないため、解釈枠組は変化することでそのシンボルを処理し、新たな意味を受容することになると捉えることができるのではないか。もし「既存の解釈枠組では適切に意味解釈できない」というのがなく、文字通り単に「新たな意味の付与」ということでしかないのであれば、日常的に起こることであり、これによる解釈枠組の変化をことさら論じるのであれば、組織文化は頻繁に変化することになる。これは、解釈枠組や組織文化をどう捉えるかという概念規定の問題にもなるが、これらはある程度確立され固定されたものでなければ、現象についての意味解釈も不安定になり、明確な対応も立てられないことになる（個人の解釈枠組としてはそのような状況も考えられるが、組織文化としては考えられない、少なくとも意味を持たない）。したがって、坂下のいう新たな意味の付与とは、既存の解釈枠組では対象となるシンボルを適切に意味解釈できない状況において解釈枠組が変化することによって生じるものであると考えられるのである。さらに、単に既存の解釈枠組では適切に意味解釈できないというだけであれば、当該シンボルを扱わない、捨象することや、現行の枠組を無理やり適用して解釈することもできる。そうしないということは、それが内包する新しい意味に積極的な意義を認めている、評価していると解釈することができるのではないか[23]。そのため、その意味を適切に導き出すような新しい解釈枠組を採用する、あるいはそのように修正すると解釈することができる。ここで、意味には前述したように解釈枠組のはたらきも含まれているため、新しい意味の受容とは、それ自体が新しい解釈枠組を受け容れるということでもある。いずれにせよ、既存の解釈枠組は調整あるいは修正されることになる。

この議論を援用すると、新しい地域イメージの受容については次のように論ずることができる。政策等により戦略的に提示された地域イメージは地域についての何らかのメッセージという明確な形の意味を含んでいるが、Aのケースにおいては、その地域の市民は、その意味を額面どおり受け取るか、あるいは自分の解釈を大きく加えるかは別として、その地域イメージを受容する。その新しい地域イメージに付与された意味が、既存の解釈枠組では適切に処理できないため、その意味の受容に伴って、その意味に関わる解釈枠組を加える、あるいは既存の解釈枠組を修正することになる。ここで、市民が地域イメージという地域に関する意味づけを受容することによって解釈枠組を変化させるということはどういうことを意味するのであろうか。坂下の議論では、組織の成員が持つ手持ちの意味体系の変化が間主観性を帯びる、すなわち、集合的に現れるとき組織文化の変容を意味するということであった。組織の成員という個人はそれぞれ身の回りや社会的な事象を解釈するための手持ちの意味体系すなわち解釈枠組を持っているが、そのうち組織に関する部分が間主観的には組織文化を構成することになる。同様に、地域に住む個人においてもそれぞれ解釈枠組を持っているが、その地域に関する事象に対応する部分を集合的に括ってみるとき、そこにある共通性あるいは一定の傾向が認められる場合、それがその地域の文化ということになる。したがって、新しい地域イメージとその内包する意味が受容されるということは、個人の持つ解釈枠組の地域に対応する部分が修正されることであり、これが集合的に、間主観的に現れる場合、地域の文化が変容することになる[24]。ここで一つ疑問に感じられるのは、地域イメージを通じて新しい意味を受容するということだけで市民の解釈枠組の変化、ひいては地域の文化の変容をもたらすことがはたして実際に起こるのであろうかということである。すなわち、新しい地域イメージを受容することで地域の文化が実際に変化するのであろうか、変化するとしてもどの程度のものなのであろうか、という疑問が残るのである。換言すると、イメージの受容という認知上の現象が、人々の現実の行動や関係に関わる文化に実際にどのように影響を及ぼすことになるのであろうか、という疑問である。この問題については、後ほど検討したい。

では、そのような同じ方向の解釈枠組の変化が集合的に起きること、すなわち、解釈枠組の変化が間主観化されることは、どのように説明されるのであろうか。これは、解釈主義パラダイム一般が解答に苦慮してきた問題である。坂下は、シュッツの他我の一般定立[25]という命題を引用して、組織において組織成員は相互に時間及び空間を共有している対面状況にあるため、意味解釈や解釈枠組は互いに近似したものになる、と論じている。この議論自体説得力に欠けるところがあるが、地域についてはさらに、組織と違って他の集合体と区分する最大のメルクマールが空間的境界であり、成員である市民間を関連づける枠組が不明確な集合体であることを加味しなければならず、これとは異なる説明が求められる。地域の持つそのような特性を考慮すると、地域において市民間で地域に関する解釈枠組の間主観化が起きるためには、ある一定の状況が生じていることが必要であると考えられる。地域が個々の市民にとって一つの重要な環境として認知され、その中で市民間の相互作用が行われるような状況である。通常、人々は自分たちの住み生活している地域に対して特別意識することもなく、地域に対する帰属感やアイデンティティが希薄である場合が一般的だからこそ、何らかの状況によって地域に対して個々の市民間に共通の関心が生まれ、それによって市民間の相互作用を伴いつつ地域に対する認知枠組が活性化されることが必要なのである。そのようにして市民間に地域のメンバーとしての自己認識が広く現れ、地域に対しても、そこで自分たちの生活が支えられている、お互いに生活の基盤として共有し合っているという共通認識が生まれることで、地域内において解釈枠組あるいは文化の波及、共有化が可能になると考えることができるのではないか[26]。

ところで、このような解釈枠組の変化を伴うような新しい地域イメージの受容は、実際にはスムーズに起きるとは考えにくい。新しい地域イメージが内包する意味と地域についての従来の意味解釈との間で葛藤が生じると考えておかしくない。前述したように解釈枠組はある程度固定化したものであるから、簡単に変化するとは考えられないのである。多くの人たちは、新しい地域イメージに対して従来の解釈枠組を適用して、当初は違和感を覚えることになる。次第にこの違和感を乗り越えて新しいイメージに意義を認め受け容れていくとしても、そのプロセスにおいて地域とはどう意味づけられるべきかを問うことになる。もしここで、地域の意味づけが市民にとって重要な問題として捉えられる場合、その意味づけをめぐって市民間で相互作用が起こると考えられる。新しい意味の受容、そして解釈枠組の変化とは、このような意味づけをめぐる動きを伴いながら行われるのである。

このように、A、個人のもつ地域イメージを修正して新しいイメージを受容する、という選択は、多分に、B、新しい地域イメージに対して問いを投げかける、という動きを伴うものである[27]。

(4) 新しい地域イメージによる地域の意味を問う動きの喚起

次に、B、新しい地域イメージに対して問いを投げかける、という選択について考えてみたい。ここでは、新しい地域イメージが地域についての意味を問う動きを喚起することを通じて地域社会に変化をもたらす可能性について、片桐雅隆の自己カテゴリーによる集合体形成の議論を援用して検討を行いたい。

片桐は、家族やエスニシティ、コミュニティなどの集合体が自己カテゴリーに基づいて形成されることを、社会心理学の自己カテゴリー化論を下敷きにして認知社会学として論じている。カテゴリーとは、ある対象を一つの類型あるいは典型として認知する枠組であり、自己カテゴリーとは、自己をめぐる類型的な認知の枠組を指す。本書の言葉でいうと、自己についての一種の解釈枠組である。この自己カテゴリーに着目して、J・ターナーらは、自己や他者を集合体の成員としてカテゴリー化するとき集合体が形成されることを、社会心理学的実験によって検証している（山田 1993）。このような実験に基づいて、自己カテゴリー化論は、自己カテゴリー化という集合体の成員としての認知によって、それぞれの成員において集合体の成員として行為が規範的に方向づけられることになり、その結果として集合体が形成されると主張する[28]。そこには、成員は、「自分の持つカテゴリーを肯定的に評価し、同様に、同じカテゴリーに括られる他の成員に対しても肯定的に関与し、協同的である」（片桐 2006: p. 119）という仮定が潜んでいる。

片桐は、自己カテゴリー化論の基本的な主張を認め、その上で、人はあるカテゴリーに基づいて自己が何であるか、どのような集合体の成員なのか、その成員として何をすべきか、といった意味づけを持ち、そしてそれに基づく相互行為の中で集合体が形成される、と論ずる。しかし、そこには自己カテゴリー化論に対する次のような批判が含まれている。まず、カテゴリー化が肯定的な評価とのみ結びつけられており、カテゴリー化を調和的なものとしてその過程における多様性や権力的な側面が考慮されていない、さらに、自己カテゴリー化により形成される集団は「心理学的な集団」として現実の「社会的な集団」は別に存在する、すなわち、知覚とは独立する現実を認めていると批判する。後者の批判は、自己カテゴリー化論の基本的組み立てに関わるものである。片桐は、家族を例に取り、「家族は、その成員の意味づけや行為を離れて『物理的客体』としてあるのではない。『家族とは何か』というイメージをそれぞれの成員が持ち、そのイメージに基づいて家族としてどうすべきかの行為を組み立てていく中で、家族は形作られていく」（*ibid.*: p. 130）と論じている。すなわち、集団はそれに対して成員が持つ意味づけという知覚的行為に基づいて成員間の相互行為を行う中で形成されてくるのであって知覚と現実は異なるものではないというのである。そこには、イメージや言説を離れて集合体があるのではないという主張と、それらが成員間の相互行為を引き起こすことによりイメージや言説の集合体は「現実」[29]化するという主張を見ることができる。

前者の批判については、片桐は、集合体の成員のカテゴリーは一様ではなく、ある集合体のカテゴリーについて、成員間で異なるイメージを持つことが考えられ、その場合、成員はそれぞれのイメージに基づいて異なる行為を自己や他者に求めることになる、と論ずる。そして、国民や民族、ジェンダーといったカテゴリーの意味内容をめぐる闘争に見られるように、カテゴリー化が集合体を形成する過程は一義的なものではなく、むしろカテゴリー化の競合の中で集合体が形成される、という視点を提示する（*ibid.*: pp. 130–2）。本書は、意味の作用を重視するものの、実体的な関係を伴うことで意味のある現実が構成されるという考え方に立つため、片桐の議論に基本的に同意するものである[30]。

この議論を本章の議論に適用した場合、集合体の形成とは地域アイデンティティの再構築を指すことになる。

新しい地域イメージにより新たに地域としての集合体が形成されるということは通常考えられず、認知社会学等の論ずる集合体の形成が地域について意味するのは、枠組の不明確な地域という集合体が新たなアイデンティティを構築するということである。したがって、新しい地域イメージはその意味内容について地域というカテゴリーをめぐる闘争あるいは競合を地域内に生み出し、その過程における相互作用の中から地域アイデンティティが再構築される、と論じられることになる。地域イメージはある地域についての、例えば、X市というカテゴリーについての意味内容、あるいは、グラスゴー市の文化都市というイメージのようにそれ自体をカテゴリーと捉えることができる。新しい地域イメージが政策等により提示されるということは、地域についての新しい意味、あるいはカテゴリーとしての解釈枠組が提示されることになる。市民としては、その意味あるいはカテゴリーに基づいて、どのような行動が期待されるのかを示されることになる。しかし、市民はそれぞれ地域についての何らかのイメージ――その中核にはある程度間主観化されたイメージが存在している、あるいは、少なくとも何らかの形で個々人の持つ地域に対するイメージに影響している――を既に抱いており、新しいイメージはその従来のイメージと衝突することになる。地域というカテゴリーをめぐる闘争、すなわち、地域の意味づけをめぐる競合が生じると考えられるのである。

この地域の意味づけをめぐる動きは、地域という集合体においては非常に重要である。なぜなら、組織に比べてその成員、すなわち市民全体に関わる明確な目標もなく、他の集合体と区分する境界や成員間の関係を規定する枠組も明確に持たない地域という集合体においては、前述したように、通常、人々は自分たちの住み生活している地域に対して特別意識することもなく、地域に対する帰属感やアイデンティティが希薄である場合が一般的だからである。提示された地域の新しいイメージが内包する意味が、市民それぞれが地域に対して抱いていた意味とぶつかるとき、それまでは漠然とした形で抱いていた意味が意識化され、ある程度明確なものになり、ときには具体的な形で表出されることにもなる。このように市民の地域に対する関心を覚醒させ、さらに、もしこの地域の意味づけが多くの市民に重要なものとして捉えられる場合、地域の意味づけをめぐる動きが起き、地域に対する認知枠組が活性化され、地域をテーマにして市民間で相互作用が生み出されると考えられるのである。それは同時に、地域について自らが抱く意味を投影する／具体化するための活動が誘発される、あるいは活性化される可能性を意味する。また、この地域の意味づけをめぐる動きに伴って市民の地域に対する認知枠組が活性化されたり、市民間の相互作用が展開したりすることは、(3)で解釈枠組あるいは文化の波及・共有化をもたらす一つの条件として措定した、アクター間に地域のメンバーとしての自己認識や地域に対する共通認識を生み出す契機になると考えられる。したがって、このようなプロセス――地域アイデンティティ再構築の運動を意味する[31]――の進行によって地域のカテゴリーについて何らかのコンセンサスが形成される場合、すなわち、相互作用を通じて地域の意味づけが一定の方向に確定された場合に、新しい地域イメージが契機となって生まれた意味や解釈枠組が地域内に共有化されることになる。なお、この意味や解釈枠組は必ずしも提示された地域イメージの内包していたものとは限らない。地域の意味づけをめぐる相互作用の中で修正・調整されたり、あるいは、競合している意味づけの中から地域イメージが内包する意味づけとは異なる意味づけが選択されたりすることも考えられる。さて、(2)で見たように、地域の中には、C（新しい地域イメージを拒否する）やD（関心がなく何も反応しない）という反応・態度もある。しかし、ここで論じているような動きが地域の中で展開し、広がっていく場合には、CやDのような反応を取っている人たちの中にはその動きに巻き込まれ変化していく人たちも多数現れてくると考えられる。[32]

以上の議論を整理すると次のようになる。すなわち、新しい地域イメージは、一つは、市民がその受容を通じて内包する新しい意味を受容することによって市民の解釈枠組の変化をもたらすという動きを導くが、もう一つは、新しい地域イメージが提示する地域についてのカテゴリーが地域の意味づけをめぐって地域アイデンティティ再構築の動きを喚起する場合には、それによって地域内で市民間の相互作用を生み出すことになる。そして、新しい意味の受容は多分に地域の意味づけを問う動きを伴うことから、これらの二つの動きは互いに関連し合って進行し、変化した解釈枠組が市民間の相互作用と地域に対する共通認識に媒介されて波及していくが、その過程でもし地域の意味づけが確定される場合には新しい解釈枠組が共有化されることになり、地域の文化に変化をもたらすことになる。これは、新しく政策的に提示された地域イメージが地域の変容を導くとした場合、そのメカニズムについての一つの仮説を提示するものである。ただし、この仮説には、これまでの議論で見てきたように多くの検討事項と条件が伴う。

まず、(3)で論じたように、新しい意味を受容するだけで地域の文化が実際に変化するのであろうか、変化するとしてもどの程度のものであろうかという問題がある。これは、イメージの受容という認知上の現象が、人々の現実の行動や関係に関わる文化に実際にどのように影響を及ぼすことになるのであろうか、という疑問である。第二に、地域イメージが内包する地域のカテゴリーあるいは意味づけが提示されることによってどうして地域の意味づけをめぐる動きが集合的に起こるのかという基本的問題について考える必要がある。地域社会においては、(2)で見たD（関心がなく何も反応しない）という状況は一般的に見られるからである。この問題は、地域イメージを受けとめる地域の側の状況だけでなく、地域イメージ自体のあり方や提示の仕方についても関わることである。これは、仮説が成り立つための条件でもある。第三に、地域のカテゴリーの提示によって地域の意味づけをめぐる動きが起きたとして、どこまで意味のある相互作用が起きるのであろうか。これは、地域の範域をどこまで見るかという問題にもかかわってくるが、地域内の部分的な――一部の領域の人たちにおいてという意味で

――相互作用にとどまるのではないかという問題を含んでいる。ここには、仮説にもあるように、地域の意味づけが確定する場合という条件が絡んでくる。このことから、地域の意味づけをめぐる競合から生み出された相互作用によって必ずしも解釈枠組の共有化が進むとは限らないのではないか、あるいは、解釈枠組の共有化が部分的にしか見られないということも考えられるのではないか。これらの検討事項以外にも、この仮説が論じる地域社会変容のメカニズムは、新しい地域イメージが提示されれば常に起動するものではなく、仮説の中にも一部含まれている（地域の意味づけをめぐる動きが集合的に起きること、地域の意味づけが確定されること）ように、多くの条件が整ったときに起動すると考えるべきである。これらについては、次項のグラスゴーの文化政策の分析によって検討したい。

2　事例の分析――グラスゴーの文化政策の経験と解釈

この章では、前項(4)で得られた地域イメージの変化が地域社会の変容を導くメカニズムについての仮説に基づいて、本節の考察の契機になった英国グラスゴー市のイメージ戦略を中心とした文化政策による都市再生の経験を事例として取り上げ、分析を行う。

(1)　文化政策による脱工業化のロジック

まず、脱工業化を図るためにグラスゴー市（Glasgow）が一九八〇年代以降に文化政策を採用し、展開していった論拠となるロジックを検討したい。

グラスゴー市の都市再生の手段としての文化政策は明確な海図に基づいて実施・展開されたのではなく、手探りの中から選び取り、展開されていったといわれている。しかし、その考え方は、基本的には次のように要約することができる。すなわち、消費環境を整え文化消費市場を拡大するとともに、市のイメージを再構築することによって新規投資を誘導し、新しい産業の形成を図る、というものである。イメージの再構築について論じると、グラスゴーのそれまでのイメージは、戦後社会において次第に形成されていった工業都市に対するネガティブなイメージに加えて、経済的な衰退と失業、その結果としてのまちの荒廃と暴力に結びついていた。製造業の職の喪失を補い、経済を再活性化させるためには、新規投資を誘導し、新しい産業を形成するとともに、関連するサービス産業を拡大しなければならないが、そのためにはグラスゴーに付きまとうそのようなネガティブなイメージを払拭し、新しいイメージを再構築する必要があったのである。

ここで構築しようと試みられた都市のイメージとは、住む場所、働く場所として望ましい地域というイメージに結びつくものであった。投下資本によって形成される新しい産業を支えることになる、技術と能力のある人たちを引き付けるためには、都市における生活の質やライフスタイルについて望ましいイメージを抱かせる必要がある。この生活の質やライフスタイルのイメージに大きく関わる要素が、文化と環境なのである。物理的環境の荒廃や社会的不安を取り除くだけではなく、文化的環境の形成や歴史的環境の整備、文化施設の整備等により文化的環境を形成することが、生活の質についての望ましいイメージの形成に貢献すると考えられたのである。このような文化的環境の形成は、また、文化消費やツーリズムの拡大につながり、サービス産業の発展をもたらすと考えられた。そのため、イメージの再構築は、都市のマーケティング戦略に沿ったイメージ・キャンペーンやイベント等の実施とともに、市内の環境整備を必然的に伴うのである。ただ、このようなグラスゴーの文化政策による都市のイメージの再構築は、基本的には、グラスゴーの外に対して向けられたものであり、あくまでツーリストや資本を誘導するために試みられたものであって、市民に対して行われたもの、自己イメージの再構築のために行われたものではなかったことに留意したい[33]。

(2) グラスゴー市の文化政策とその成果

ここでは、一九八〇年代以降に取り組まれた文化政策の展開を追い、その成果について見てゆきたい。

文化政策以前の状況

グラスゴーは、スコットランド西部地方の中心として、人口約五八万人(二〇〇二年)、都市圏人口一八〇万人(英国内第四位)を擁する英国の主要都市である。産業的には、一八世紀後半以降工業都市として発展してきたが、現在ではスコットランド最大の都市として首都エディンバラ(Edinburgh)と並んでスコットランドの経済、文化、観光、商業において中心的な役割を果たしている。政治的には二〇世紀においては労働党が市政を長く支配してきた。

グラスゴーは、二〇世紀初頭には、造船業を中心に、機関車、ミシン、鉄鋼などの重工業が相互に関連しながら発展していた。しかし、第一次大戦後以降、グラスゴーの経済は下降していく。第二次大戦後は、戦後復興と冷戦、とりわけ朝鮮戦争の影響を受け、グラスゴーの経済は大きく回復した。しかし、新しい産業が台頭してきたわけではなく、依然として造船業をはじめとする重工業に依存していた。一九六〇年代には、再び経済は長期下降傾向に転じ、六〇年代、七〇年代を通じて製造業は大きく衰退した。一九七一年から一九八三年の間に製造業の雇用全体で四五%縮小し、八〇年代初頭には、高い率の構造的な失業に悩まされるようになっていた。グラスゴーにおいて問題だったのは、古い産業が衰退して雇用を喪失していく一方で、雇用を創出する新しい産業が創造されなかったことである。他方で、このようなグラスゴー経済の拡大・衰退の歴史的展開過程において、製造業の繁栄と人口の集中を背景としてサービス産業が次第に拡大し、グラスゴーの中心部においては、周辺地域を後背圏として持つ大規模商業地域が形成されていった。また、経済的繁栄がもたらした富を背景に、偉大な公共建築物や博物館、美術館、図書館などの施設が建設された。

一九七〇年代の後半頃、このような状況において、都市再開発は、都市の更新を狙って市周辺部の住宅開発に重点がおかれていた。しかし、一九八〇年代に変わる頃、保守党サッチャー政権の登場による都市政策の方向転換と都市財政の逼迫化を背景に、新規投資ではなく既存ストックの再利用に目が向けられるようになり、次第に都心部の重要性、とりわけ芸術や文化へのアクセスに恵まれているその環境の重要性が再認識されるようになっていった。

文化政策の展開

❶文化政策の開始とマイルズベター・キャンペーン

八〇年代に変わる頃、経済の構造変動は明らかであり、これについての認識がグラスゴーの脱工業政策の展開を開始させることになった。[34] グラスゴー市では約四〇年にわたって政治的分裂が顕著であったが、グラスゴーの新しい経済基盤を希求する必死な思いがこの分裂に橋渡しをし、市は、当時のネオリベラル的な政策の趨勢ともあいまって民間セクターを活性化させる方向に乗り出していく。そして、八〇年の選挙で市政に返り咲いた労働党のグラスゴー市庁（Glasgow District Council）において脱工業政策が開始され、その具体的な方法として、文化を都市再生政策に結びつけることが模索されていった。

グラスゴーの文化政策の成果は、政策のイニシアティブに基づくといわれている。そこには、各種の行政団体や民間団体の協力関係を見ることができる。政策の主体としては、グラスゴー市庁が中心となって、それより広域的な地域を担当するストラスクライド地方庁（Strathclyde Regional Council）、国家的行政機関の地方組織としてスコットランド芸術協会（Scottish Arts Council）[35]やスコットランド開発機構（Scottish Development Agency）[36]、公共－民間のパートナーシップ団体であるグラスゴー・アクション（Glasgow Action）、グラスゴー旅行委員会（Greater Glasgow Tourist Board）等との間で政策内容に応じて様々な連携を取りながら準備作業及び一連の文化政策を展開していくことになる。スコットランド開発機構は、国からの補助金獲得において非常に重要な役割を担っていたが、とりわけ物理的な再生事業や施設整備において大きな働きをすることになる。グラスゴー・アクションは、民間の資金提供をはじめとする協力において重要な役割を担っていた。まず、準備段階においては、スコットランド開発機構やグラスゴー市庁が中心となって都心部やインナー・シティの物理的改善事業を行っていった。

平日もにぎわうグラスゴーの中心部・ブキャナンストリート

　グラスゴーの文化政策は、一九八三年のグラスゴー市庁によるマイルズベター・キャンペーン（Glasgow's Miles Better campaign）の開始に遡る。このキャンペーンは、グラスゴーにつきまとう失業や犯罪に悩まされる衰退した工業都市という従来のイメージを一新し、新しいイメージを再構築することを目的としていた。先述したように、製造業の職の喪失を補うためには、新規投資を誘導し新しい産業を形成するとともに、関連するサービス産業を拡大することが必要とされたが、そのためには、衰退する製造業、暴力や酔っ払い、都市の腐敗と結びつくようなグラスゴーのイメージを変える必要があった。マイルズベター・キャンペーンは、グラスゴーの過去に蓄積された誇るべき芸術的、文化的遺産を前面に出し都市の利益のために使うべきであるという考えに基づき、そうすることでグラスゴーの文化的イメージを創出することを狙ったものである。

マイルズベター・キャンペーンと歩調を合わせて、八〇年代前半は、個別のプロジェクトやイベントが進行し、それに伴って文化活動が活発化していった。特筆すべきプロジェクトは、一九八三年開設のバレル・コレクション博物館（Burrell Collection Museum）と同年に開始された芸術祭・メイフェスト（Mayfest）であろう。バレル・コレクションは世界的にも貴重な文化遺産や芸術作品を誇る博物館であり、メイフェストは翌八四年には一〇〇万人のヴィジターをもたらすグラスゴーの年間最大のイベントとなっている。一九八五年には、スコットランド展示会議センター（Scottish Exhibition and Conference Centre）が開館する。既にグラスゴーには、スコッティッシュ・オペラ、スコッティッシュ・バレエ、スコットランド国立オーケストラ、BBCスコッティッシュ・シンフォニー、市民劇場、その他様々な演劇団体などの文化的資源が存在していたため、八〇年代前半の一連のプロジェクトやイベントも加わることで、ツーリズムや都市マーケティングにとって重要な資源がさらに加算されるとともに、グラスゴーの文化的イメージも徐々に向上していくようになった。

❷ヨーロッパ文化首都

一九八〇年代半ばにグラスゴーの文化政策に関する調査が行われている。スコットランド開発機構の委託により行われたマッキンゼイ社の調査が一九八四年と八五年に発表されるが、そこでは、文化供給の奥深さや都心部の開発ポテンシャルが認識され、引き続き都心部の環境を更新し、質の高い施設整備の推進や文化活動の促進などを行うことで、都市のイメージをさらに改善し、ツーリズム産業を拡大していくことが提案された。

このように、グラスゴー経済における文化の重要性があらためて確認され、一九九〇年のヨーロッパ文化首都（European Capital of Culture）を目指したキャンペーンが開始される。文化首都指名のプロモーションの目的は、英国内外の人々そしてグラスゴーの市民にグラスゴーが「活気があり、繁栄した大都市」（Booth and Boyle 1993: p. 31）であることを示すことであった。八三年に始まったマイルズベター・キャンペーンによるイメージ・キャンペーンは、一般に広まっていたグラスゴーの粗野で物理的に魅力のないまちというイメージを打ち破ることに貢献したが、今度のキャンペーンでは、文化的に豊かであるというイメージを広めることを狙いとしていた。こうして、グラスゴーの文化政策は、少なくとも一九九〇年までは都市の国際的なプロフィールを改善するために使われることになる。年間イベントのヨーロッパ文化首都は、このような目的に合致していた。指名を得た都市は、文化首都を飾るためのふさわしい文化イベントを行うだけでなく、「ヨーロッパの文化首都」という権威のある称号を得ることになる。ここで注目すべきは、それまでにヨーロッパの文化首都をつとめてきた都市は、アテネ、フィレンツェ、ベルリン、パリなど既にその文化資産・活動に対する国際的な評価が確立された都市であったが、グラスゴーの場合は、文化首都という称号をそのような都市になるためのステップとして、文化ツーリズムを備えた国際的な脱工業都市としての名声を獲得するために利用しようとしたことである。グラスゴーは、ヨーロッパ文化首都の、文化を通じた都市再生のための触媒としての潜在性を最初に見出した都市であるといえる。

ヨーロッパ文化首都への正式な立候補は、一九八六年に、数多くの民間文化団体や公共機関の支援を得て、グラスゴー市庁と公共－民間のパートナーシップ団体であるグラスゴー・アクション（Glasgow Action）の協同によって行われた。一九九〇年のヨーロッパ文化首都の開催地は英国に決まっていたが、英国内のどの都市になるかは立候補した都市間のコンペティションによって決まるのである。一九九〇年の文化首都という目標は、既存のパフォーマンス・イベントの質、芸術文化団体の活動、高いグレードの美術館の数、その他既存の文化インフラの質によって支えられるものであったため、それまで蓄積され、整備された文化施設や文化活動・イベントに加えて、新たなイベントを加える必要が感じられた。

キャンペーンでは、一九九〇年の文化首都年は、英国内外からの大きな注目を浴びるものであること、イベント・ベースであること、文化ツーリズムを惹きつけるものであることが強く打ち出された。グラスゴーは有力な文化資源を持っているにもかかわらず、旅行会社によるスコットランド・ツアーの企画において特に目当てにされてはいなかったため、この流れを変える必要があった。グラスゴーは優れた文化事業を有していたが、メイフェスト以外には国際的にアピールできるようなものはなかったため、国際ジャズ・フェスティバル、合唱祭、フォーク・ミュージック&ダンス・フェスティバルなどが新しく創設された。また、アーバンデザインの観点から都市景観の再整備の必要性が認識され、グラスゴー・シティ・イニシアティブ（Glasgow City Initiative）と名づけられた都市開発プロジェクトが施行されることによって、多くの物理的改善が行われた。一九八八年には、それまでにはない国家的な規模のイベントであるグラスゴー・ガーデン・フェスティバル（Glasgow Garden Festival）が開催され、その成功はさらにグラスゴーの新しいイメージを、とりわけ旅行者たちの間で広めることになった。一九八九年には、この年新たにオープンしたセント・イーノック・センター（St. Enoch Centre）、新交通博物館（New Museum of Transport）を含めて、グラスゴーの博物館全体で二八〇万人の入場者を数えたが、これは、ロンドンに次いで英国内二番目の数字である。市外からの旅行者についても、一九八二年ではグラスゴーには約七〇万人しか来ていなかったが、一九八九年には二三〇万人にまで大きく上昇している。

一九八七年には、主催権を得ていた英国内の都市間のコンペティションを勝ち抜いて一九九〇年のヨーロッパ文化首都がグラスゴーに決定される。[37] 同年には、九〇年に向けて、グラスゴー市庁においてフェスティバル・ユニット（Festival Unit）が設立される。それは、文化首都年を目指して既存の活動をコーディネート及び刺激するとともに新たなプロジェクトを加え、グラスゴー市における文化活動の基盤を拡大させることを狙ったものであった。文化活動への支援は、名のある芸術家や活動団体だけでなく、草の根的な活動やコミュニティ・ベースの活動にも広く展開されていった。こうして、グラスゴーでは九〇年に向けて多くの文化関連事業が展開されていったが、これらに加えて、グラスゴー・ロイヤル・コンサートホール（Glasgow Royal Concert Hall）がヨーロッパ地域開発基金（European Regional Development Fund: ERDF）の支援を受けて建設されている。

ヨーロッパ文化首都年当年については、グラスゴー市庁の公式の発表によると、三四二九の公式イベントが開催され、約七〇〇のグラスゴー市の文化団体と二万二千人の関係者、市民が主催者側として参加している（Glasgow District Council 1991）。イベントは、視覚芸術や音楽、パフォーマンス芸術（演劇等）に加えて、グラスゴーに関係する歴史、デザイン、建築、造船、宗教、スポーツなどから構成されている。パフォーマンス芸術や視覚芸術では、四〇の主要な事業が行われ、また、延べ三九七九の演劇、三一二一の演奏、一〇九一の展示会、一五七のスポーツイベントが開催されている。

ヨーロッパ文化首都年の短期的な成果としては、期待されたツーリズムにおいて顕著な成績を収めたということができる。数々のイベント、パフォーマンスは合わせて九〇〇万人の観客を数えている。重要なのはイメージ形成への影響であるが、文化首都年はこの点においても大きく貢献をしている。新しく変わりつつあるグラスゴーの姿は、ツーリストを通じて伝えられただけでなく、文化首都年のプログラムは何時間にもわたってテレビ放映され、数多くの新聞・雑誌に取り上げられた。グラスゴーに関する資料集も新しく発行されている。グラスゴー外部の評価としては、ロンドンやイングランド南東部における調査では、グラスゴーの「急速に改善されている都市」というイメージが文化首都年以前と比べて一五%上昇している（Myerscough 1991）。

中心市街地に整備されたブキャナン・ギャラリー

❸九〇年以降の文化政策

ヨーロッパ文化首都年はイベントや文化施設への入場者数、グラスゴー市への旅行者数などの短期的な成果だけではなく、グラスゴーの「文化首都」としてのイメージを内外に大きくアピールするという成果をもたらした。その点において文化首都を中心としたイメージ・キャンペーンは成功であったといえよう。その後九〇年以降の特筆すべきプロジェクトやイベントとしては、九一年に新たなプロモーション・キャンペーンとしてグラスゴー・アライブ（Glasgow's Alive campaign）の開始、九六年にグラスゴー・ヴィジュアル・アート・イヤー（Glasgow Year of Visual Arts）の開催とモダン・アート美術館（Gallery of Modern Art）の開館、九九年には英国建築及びデザイン都市年（UK City of Architecture and Design）の実施とスコットランド最大のショッピングセンターであるブキャナン・ギャラリー（Buchanan Galleries）のオープンなどが挙げられる。また、九〇年の文化首都年の経験から、グラスゴーの文化や経済に長期的な影響をもたらすようなインフラ整備が引き続き行われた。

九〇年代の初めころ、グラスゴーの文化政策は、グラスゴー経済の活況を招いたとはいえ、ツーリズム等の消費志向の政策に偏っていて、文化生産への効果が乏しいという批判を招いていた。しかし、ヨーロッパ文化首都年の成功とその後のグラスゴーの文化都市としてのイメージの確立は、文化生産者の間においてグラスゴーの文化生産環境としてのポテンシャルに対する関心を呼び起こすことにもつながったといわれている（Fleming 1999）。グラスゴー市庁は、このような関心に応えるべく、創造産業の直接的な支援策にも乗り出していく。九九年の英国建築及びデザイン都市イベントでは、デザイン等のローカルな創造的活動を刺激し、創造産業の基盤形成を目指す試みを行っている。[38]また、引き続き物理的な開発が行われ、クライド川南岸のパシフィック埠頭では、デジタル・メディア・クウォーター（Digital Media Quarter）やグラスゴー・サイエンス・センター（Glasgow Science Centre）が整備され、前者にはBBCがそのスコットランド本部を移転しているほか、デジタル・コンテンツの生産者や放送・出版事業、通信技術関係の企業等を収容している。他に、eコマース事業やソフトウェア・デザイン企業のクラスター化を目指すデジタル・デザイン・キャンパス（Digital Design Campus）やテレビ局のチャンネル4（Channel 4）が主導する、若い独立したマルチメディア開発の研究者を支援するためのリサーチ・センター（Research Centre）等の試みも始まっている。ここでは、グラスゴー大学やグラスゴー美術学校及びその関連する研究機関との間で公式・非公式にわたる連携や交流が行われており、研究で生まれた知識が創造産業の育成・発展に貢献することが期待されている。

このように、九〇年以降も、引き続き都市再生、あるいは都市経済と結びつく形の文化政策が継続されたものの、その重点は、次第にイメージ戦略から離れて、文化的基盤そのものの形成に置かれるようになり、さらに、創造産業形成への直接的な支援に傾いていった。

文化政策の経済的成果

ここまでの文化政策の成果を検討するために、八〇年代以降のグラスゴー経済に関するデータを見てみたい。[39]

図表 3-1　ヨーロッパ文化首都年（1990 年）の文化関係支出

支出主体	支出額（£m）
グラスゴー市庁	35.0
ストラスクライド地方庁	12.0
民間企業	5.5
英国政府芸術図書局	0.5
ヨーロッパ地域開発基金（ERDF）	0.5
総計	53.5

出典：Booth and Boyle, 1993（原資料：Correspondence with Robert Palmer, Festival Unit: Scotland on Sunday 2, 3 December; Glasgow 1990, Fact Sheet No. 8）

なお、以下に掲げるデータは、ツーリズムや商業のように直接文化政策が影響したと思われるものばかりではなく、影響が実証されてはいなくても、文化政策が目指した成果であり、文化政策の展開以降に現れたものであることから文化政策が何らかの形で影響していると推測されるものも含んでいる。

❶支出

まず、支出については、文化政策と一括りにしても、実際には多くの領域にまたがっており、さらに、政策に関与した主体も公民併せてかなりの数にのぼるため、正確な数字はつかめていない。おおよそには、文化政策の開始以来八〇年代においては、グラスゴー市庁を中心に、ストラスクライド地方自治体やスコットランド芸術協会からの支出も加えて、公共的には毎年約二〇〇〇万ポンドが文化関係の支出に当てられた。文化政策の中でも最も重要なイベントであったヨーロッパ文化首都については、九〇年の文化首都年当年には、文化関係の支出額は約五四〇〇万ポンドに達している。支出全体の内訳は図表3-1の通りである。他にも八〇年代以降、前述したような大規模な文化施設の開発を行っているため、併せると巨額の数字になる。

❷ヨーロッパ文化首都の短期的効果

ヨーロッパ文化首都年の効果については、グラスゴー市庁等の委託を受けて行ったマイヤズコフの調査によると、短期的な効果として、一〇三〇万から一四一〇万ポンドの純収益をもたらし、五三五〇から五五八〇人分の年間雇用を生み出した。一つの雇用あたりの公共支出は、七二八六ポンドで、他の雇用支援策と比べてかなり効率的なものと評価されている（Myerscough, *op. cit.*）。文化首都年の長期的な効果についても、ツーリズムや文化産業、その他グラスゴー経済全体への影響について論じられているが、他の文化政策から選り分けて析出することは困難なため、ここでは八〇年代以降の文化政策に含めて論じたい。

❸経済全体の変化

ヨーロッパ文化首都年の短期的な効果はあったものの、九〇年代初め頃はツーリズムや関連するサービス産業を除くと明確な経済的効果は現れておらず、また、創り出された雇用にしてもツーリズムやレジャー産業に関連するものが多かったため、その労働の質が問題とされていた。その後九〇年代半ば以降、英国経済の回復及び成長にも牽引されてそれら以外の産業も順調に発展してきている。

経済全体の変化としては、一九八一年の雇用者総数三六万一千から、一九九三年の二〇万八千七百へ一旦下がったものの、二〇〇二年には三七万八千人に増加している。特に、一九九八年からの四年間で一〇・八％の伸びを示しているが、これは英国の都市の中では五番目に位置する。ただし、人口はこの間、一九八一年の七七万四千人から二〇〇二年の約五八万人にまで低下している。失業率は過去一〇年間で一〇・二％低下し、二〇〇二年には、約六％となっている。失業率の改善は大きいものの、英国平均と比較するとなおやや高い水準にとどまっている（二〇〇二年の英国の平均失業率五・一％）。産業構造は八〇年代以降の二〇年間に大きく変化している。サービス産業はその雇用者数の全産業に占める比率において、一九八一年の六八％から二〇〇一年の八四％へと増加している。特に顕著なのは、金融・保険、ビジネス・サービス、公共サービス等である。このサービス産業増加の傾向はOECD諸国に共通する傾向であるが、グラスゴーはこの流れにうまく乗ってこの二〇年間に工業都市から脱工業都市に大きく変身したということができる。それを反映して、製造業は全体的には大きく縮小し、雇用は全産業の九・五％、付加価値総額は一三％となっている。

図表3-2　英国主要都市の雇用の変化
(1998〜2002年)

1	カーディフ（Cardiff）	+17.5
2	マンチェスター（Manchester）	+17.1
3	ニューキャッスル（Newcastle）	+15.2
4	エディンバラ（Edinburgh）	+11.4
5	グラスゴー（Glasgow）	+10.8
6	ブリストル（Bristol）	+10.6
7	リーズ（Leeds）	+9.6
8	リバプール（Liverpool）	+8.6
9	シェフィールド（Sheffield）	+4.5
10	バーミンガム（Birmingham）	+3.4

資料：ONS/NOMIS.

文化政策が直接的に影響するツーリズム産業は、一九九九年には全産業の七％の雇用を占めている。一九九一年から九八年にかけて英国内からの旅行者は八八％増加、九一年から九七年の間に海外からの旅行者は二五％増大している（Scottish Tourist Board 2002）。文化政策は、文化イベントを創造し、その基礎となる文化活動を活性化させたが、これらの取り組みと相乗的に演劇や音楽などのライブ・パフォーマンス、ショッピングなどの商業活動も拡大・発展していった。前述したように博物館の入場者数が英国内ではロンドンに次いでおり、九〇年の文化首都年以降も旅行者数が増大している。グラスゴーは英国の都市ではロンドンに次ぐツーリズムの目的地になるとともに、やはりロンドンに次ぐ商業の街になったのである[40]。

注目すべきは、グラスゴーへの新しい投資によって雇用が生み出されていることである。一九九二年から二〇〇〇年の間に一〇二件の国内からの投資があり、二万人の雇用（主に金融、通信等）を生み出している。海外からの投資も一九九〇年代後半から始まっている。グラスゴーは、この新企業形成においても英国内五番目という高い位置にランクされている。英国やその他先進国の趨勢を反映して、知識集約型高付加価値産業も拡大しているが、一例として、バイオサイエンス産業は一九九五年から一九九九年の間二五％生産拡大している。

❹創造産業

都市型の新しい産業の代表格であり、文化との関係が強い創造産業についてはどうであろうか。九〇年代の初め頃は、ヨーロッパ文化首都年をはじめとする文化政策は、文化消費の拡大を文化生産にリンクすることに失敗したといわれていたが、その後創造産業も次第に成長してきている。グラスゴーの創造産業についての詳細な経済的データはないが、二〇〇一年では一千を超す企業が直接的に一万七千四百人の雇用を抱えており、グラスゴーの全雇用の約四・六%を占めている。関連して、知識産業（Knowledge Industries）については、市の全雇用の一八%をしめる約七万人を雇用しており、一九九八年から二〇〇一年の間に二二%増加している。また、情報通信産業（ICT Industries）については、同じ期間に雇用で一〇〇%以上、事業者数で二一四%増加している。今見たような創造産業、知識産業、情報通信産業間の関係は明確ではなく、相互に重複している部分があると思われる[41]。ただ、全体的に、創造産業やその関連した知識集約的な産業が近年拡大しつつあり、グラスゴーの一つ

図表 3-3　知識産業雇用者の成長率
（1998～2001 年）

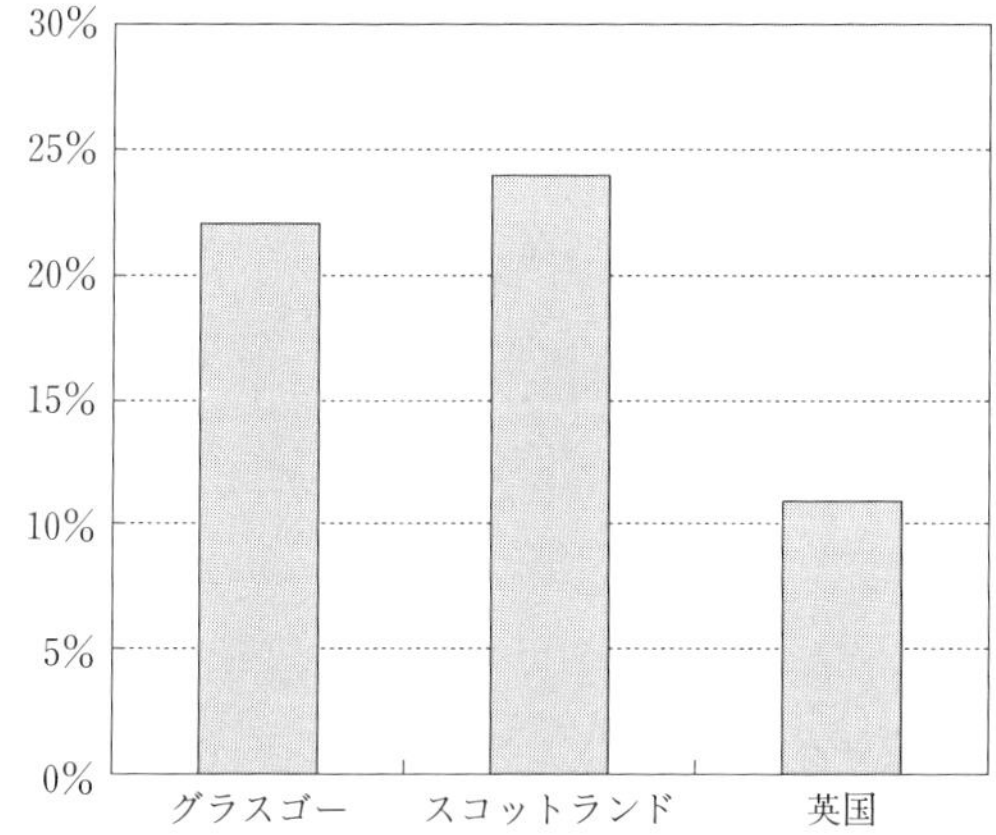

出典：Glasgow City Council, 2003, *Upbeat Glasgow 2003*（原資料：ABI 2002）.

図表 3-4　ICT 産業の事業者数の成長率
（1998～2001 年）

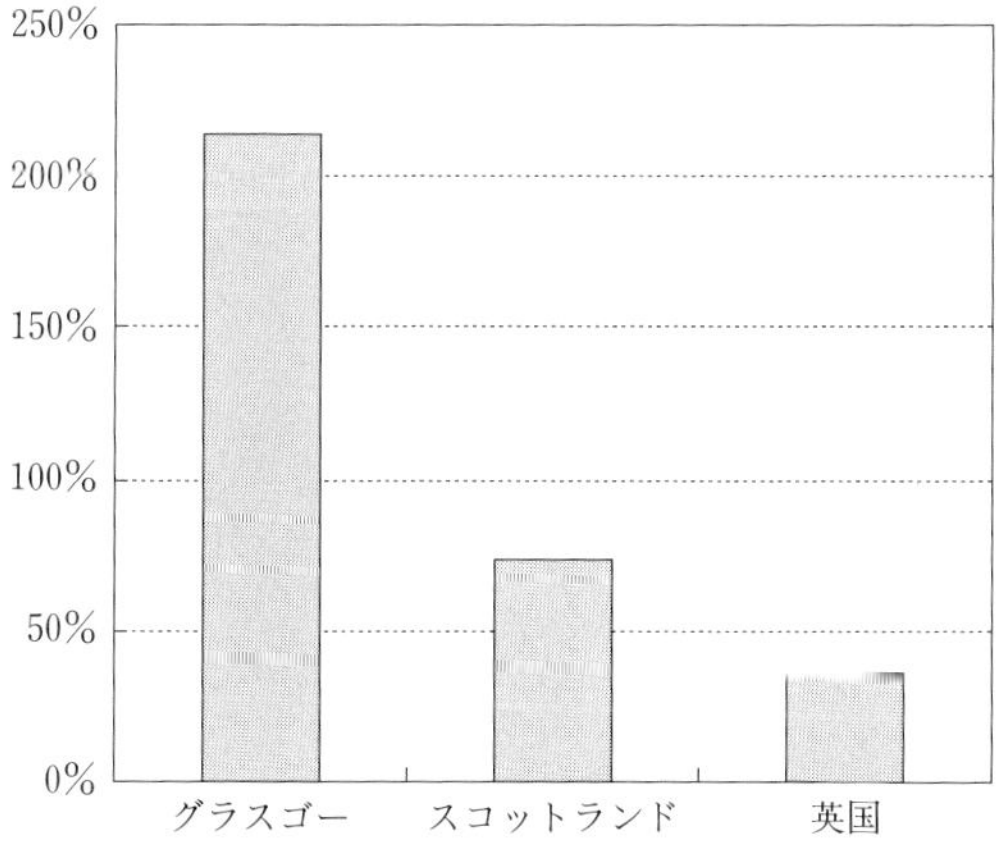

出典：Glasgow City Council, 2003, Upbeat Glasgow 2003（原資料：ABI 2002）.

の主要な産業領域になってきているということができる。

このような変化に対する文化政策の貢献を、それ以外の要因（グラスゴー市の経済政策や英国経済全体の状況等）と選り分けるのは困難である。しかし、直接的な目に見える効果としてツーリズムやサービス産業の拡大をもたらしたことは前述した通りである。また、長期的な影響については、ヨーロッパ文化首都年から一〇年以上経過した時点において、アンケート調査等によって、グラスゴー市の産業界の人たちを中心にグラスゴー経済の活性化を導いたと認識されていることが確認されている（Garcia 2005）。

地域社会への影響

文化政策がもたらしたと思われるグラスゴー社会の変化について検討してみたい。まず、地域の自己イメージについては、先述のマイヤズコフの調査によると、グラスゴー市民の間で、ほとんどの人がヨーロッパ文化首都年のプログラムはグラスゴーのイメージを改善したと答えており、六一％の人がその結果、「生活するのに楽しい場所」になったと答えている（Myerscough, *op. cit.*）。このような前向きな変化は、その後の文化政策の継続もあって、短期的、一時的な変化にとどまらず、その後定着して、市民の抱くグラスゴーのイメージを変化させることになったといわれている。[42]

対外イメージに関しては、メディアのカバレッジを見る必要がある。先述したように、文化首都年をめぐっては、多くのメディアが取り上げたが、グラスゴー大学文化政策研究センターはグラスゴーのヨーロッパ文化首都年の影響についてメディアの報道・取り上げ方を分析している。この研究によると、文化首都年の当年である一九九〇年一年間の新聞・雑誌の記事内容は、グラスゴーの文化首都のあり方に対して四八％が肯定的、二三％が中立的、二九％が批判的なものとなっている（Centre for Cultural Policy Research, University of Glasgow

2004）。当センターは、新聞・雑誌は悪いニュースについて報道・掲載する傾向があることから、ここに見る数値はかなり肯定的なものと見ることができるのではないかと評価している。また、国際的な報道の大部分は、グラスゴーが文化都市としていかに変身したかについて論じている[43]。これらの報道は、長時間にわたって放映されたテレビ放映とともに[44]、グラスゴーの対外的イメージを形成するだけではなく、グラスゴー市民自身の自分たちの都市に対する自己イメージ形成に大きく影響したものと考えられる。

しかし、文化政策が創り出そうとしメディアも基本的に同調した、グラスゴーの「文化都市」という新しいイメージは、これについて疑問視する声も生み出し、グラスゴーのアイデンティティについて多くの異論を喚起した。疑問の声は多くは左翼陣営から発されていたが、なかでも、左翼的な傾向の思想を持つ芸術家や著作家、その他有名人がゆるく結びついて構成されたワーカーズ・シティ（Workers City）という団体が批判の先鋒となっていた。この団体によると、ヨーロッパ文化首都年のほとんどのプログラムがグラスゴーという労働者階級の文化的遺産にふさわしくないというのであった。グラスゴーのアイデンティティはグラスゴーの労働者階級が受けた辛苦の歴史やこうした条件が育んだ政治的急進主義や社会的不公止感にルーツがあるというのである。さらには、文化政策の打ち出す文化がエリート層のライフスタイルやツーリスト、潜在的投資家の中核となるミドルクラスの嗜好に合わせており、多数者である労働者階級の真の関心を覆い隠していると批判するのであった（Boyle and Hughes 1994: pp. 464–5）。文化首都年のプログラムの中でも、「グラスゴーのグラスゴー」（'Glasgow's Glasgow'）というグラスゴーの歴史を扱った、文化首都年の中で最も費用のかかった展示イベントは、さらに広範囲の市民の間で社会的な議論を生み出した。そこでは、グラスゴーの産業的・政治的歴史が間違った方法で提示されている、あるいは、グラスゴーの産業の歴史が一連の絵画的文化に矮小化されているという批判が現れている。こうした中で、都市の遺産がどのように解釈され説明されるべきかについて、とりわけクライド川やグラスゴーの造船業の歴史を中心に広範な議論が展開されていった。中でも、船舶の建造と進水の物語を扱ったザ・シップ（'The Ship'）という文化首都年の中で最大級の演劇イベントをめぐって議論は頂点に達している。もともとクライド川や造船ヤード、労働者階級のコミュニティに対してはグラスゴー市内には強力な神話が残っていると信じられていたが、このイベントはこのような神話に基づいて造船業の経済的、政治的、文化的重要性を誇張しているのではないか、さらに、誤ったノスタルジックなイメージをかきたてているのではないかという批判が市内に巻き起こった。ただし、イベントそのものは興行的には好評を博している（Booth and Boyle op. cit.: pp. 38–9）。

また、九〇年代の初めころまでは、文化政策がグラスゴー経済の活性化に成功し新しい雇用を生み出したとしても、経済に関わる構造的な社会問題は何ら解決していない、富裕層と貧困層の分裂は未だ手つかずのままである、という趣旨の批判がやはり左翼的なアカデミズムを中心に多く投じられた。他にも、文化政策、とりわけ文化首都年については、「地理的な周縁部や社会的な弱者が接触したり参加したりする機会を拡大すること及び地域で育まれてきた文化を代表するプラットフォームとしての機能を果たすことに失敗した」（Garcia 2004a: p. 108）という側面が指摘されている。文化政策自体は、実際には、文化を広い意味で捉え、恵まれていない地域コミュニティの文化活動を支援し、その資金を地元の芸術家や草の根的な団体を支援するために広く分配していたのである。しかしながら、文化を、あくまでグラスゴーの経済的再生という目的のための道具として利用していたため、イベントのプログラムは潜在的な経済的利益やメディアの報道、ツーリストへのアピールを狙っており、コミュニティ開発や市民の自己表現は二の次であったことも指摘されている。そのため、結果的には、エリート的な芸術家に偏向するような支援になってしまったのではないかといわれている（Garcia 2004b）。

イメージ再構築とともに文化政策の直接の目的とされた文化環境の整備・改善については、多大な費用を投じての、度重なる文化施設の整備、都心地区を中心とした再開発事業の施行や都市基盤の改善、文化活動の振興策を通じて文化環境は大いに向上したということができる。これと連動して、整備された環境を背景に都心地区を中心に商業が活性化され、文化と結びついて優れた文化消費環境を形成している。文化活動については、専門職業的な芸術活動だけでなく、前述した文化政策のあり方をめぐる批判もあって、お仕着せでない文化を表現する活動としてコミュニティ・ベースあるいは市民的な基盤に立った文化活動が拡大している。以上に加えて、文化政策、とりわけそのイメージ・プロモーション・キャンペーンは市民を元気づけたこと、文化政策全体の評価として、市民の間でグラスゴー市民としての自覚が活性化されたこと、市内の芸術家やビジネス界の人たちにおいて自信や地域の誇りが回復されたこと等も指摘されている(Booth and Boyle op. cit.; Garcia 2005)[45]。

(3) 文化政策の意義

以上見てきたように、グラスゴー市の文化政策を用いた都市再生策が展開された八〇年代後半以降、グラスゴー社会及び経済には次のような変化が現れた。第一に、グラスゴーという自分たちの地域に対して持つ市民のイメージは、大いに改善された。第二に、文化消費が拡大し、ツーリズムが発展した。第三に、新規投資等により企業形成が増大したが、なかでも知識産業や創造産業の発展が顕著である。これらの変化は、必ずしも文化政策のみに原因を求めることができるとは限らないが、文化政策が少なからず関与していることは否めないであろう。

文化政策による脱工業化のロジックを再掲すると、イメージ戦略を中心にすえて、消費環境を整え文化消費を拡大するとともに、市のイメージを新しく再構築することによって新規投資を誘導し、新しい産業の形成を図るというものであった。それに対して、実際にグラスゴーの文化政策が展開し、グラスゴー経済に変化を与えたと考えられるプロセスは、次のように整理することができる。すなわち、戦略性と明確な目標を備えたイメージ・

キャンペーンの強いイニシアティブのもとで、グラスゴー市のエネルギーや資源を集中的に文化に投下して、数々の文化施設の整備、歴史的文化遺産の再発見、都市の景観やインフラの整備、文化活動の刺激策、イベントの開催などが統合的に進められていった。その結果、文化環境、消費環境が整備され、文化活動が活発化し、イメージ・キャンペーンにより押し出されたイメージの宣伝効果もあって、文化消費やツーリズムが大いに拡大した。新しく形成された文化環境やイベントを通してグラスゴーのイメージは再創造され、そのイメージに基づいて新規投資が誘発され、新しい産業が発展するようになったと考えられる。創造産業については、当初、グラスゴーの文化政策は消費志向に偏り、その成果が文化生産に結びつけられていないと評価されていたが、グラスゴーの文化都市としての確立は、グラスゴー内外の文化生産者たちの目をグラスゴーの文化生産環境としてのポテンシャルに向けさせることにつながったように、この産業の創造・発展の礎を築いた、もしくはその方向への流れを作ったということができる。

基本的には、グラスゴーの都市再生のプロセスは文化政策のロジックに沿って展開したと解釈することができる。右の整理はそれを裏付けている。しかし、重要なのは、少なくとも本節の目的に照らして注目すべきは、このロジックに付け加えて、創造された新しい地域イメージは、単に市外の資本やツーリストに訴えるだけではなく、市民の自己認識に変化を与え、地域社会の活性化を導いたと考えられることである。文化政策はイメージ・キャンペーンを中心に展開され、そこで創り出した新しい文化的なグラスゴーのイメージをグラスゴーの外に対してだけではなく、市民に対しても投げかけることになった。そして、グラスゴー市民は、それを裏づけるべく整備された文化環境[46]と次々に打ち出される様々な文化イベントを目の当たりに経験するだけでなく、文化首都年を中心にして数多くのメディアが変わりつつあるグラスゴーの姿を多くは肯定的なスタンスで報道したため、市民はそうした報道の影響をも受けることになったのである[47]。

市民は、また、文化政策に込められた政策主体の強く真剣なメッセージ、すなわちグラスゴーの進む方向についての意志、理想像というグラスゴーに対する意味づけからもインパクトを受けていると考えられる。パディソンによると、グラスゴーのイメージ・キャンペーンの狙いには、市民の士気を高めることが含まれており、そのためにグラスゴー市庁は自身がグラスゴーの変革に積極的であることを市民に示そうとしたのである（Paddison 1993: p. 346）。これについては、グラスゴーと同じような文脈において実施されたニューカッスル・ゲーツヘッドの都市再生プロジェクトが提示した象徴的な意味をめぐって、S・マイルズが論ずる次のような主張が参考になる。「政策担当者も地域住民も同様に、自らを（プロジェクトが提示する）想像された地域像、この場合では、脱工業化の未来像に同調させようとしている」（Miles 2005: p. 923）。この議論を援用すると、文化政策が提示したグラスゴーの新しい地域イメージは、同様に、脱工業都市、文化都市としての未来の明るい肯定的な展望を市民に与え、多くの市民はそのイメージにグラスゴーの未来を託そうとしたのだと考えられる。(48)

しかし、文化政策からは、そのような肯定的な明るいメッセージを受け取った人たちばかりではなかった。グラスゴーの新しい自己イメージは、必ずしも一つにまとまっていたわけでも、文化政策が狙ったイメージがそのまま受け容れられたわけでもなく、それを問い直す動きも伴いながら形成されていったのである。そして、文化首都年における最大の演劇イベントであったザ・シップが結果的に、「目的感、工芸・技術、コミュニティの伝統、誇り、社会主義的理想の面影などの重要な都市の記憶を強化することに貢献した」（Booth and Boyle, *op. cit.*: p. 39）といわれているように、文化政策とその提示した都市の自己イメージは、市民の間に議論を巻き起こすことでかえって都市のアイデンティティを活性化することになったと考えられるのである（*ibid.*: p. 42）。(49)

このように、文化政策による新しい地域イメージの創造は、都心部を中心とした物理的改善、文化環境等の整備による生活環境の向上、文化活動の活発化等を伴いながら、市民の自己認識を変えることで自信を回復させ、自分たちの都市への愛着をかきたてることになったということができる。また、その一方で地域イメージの提示する意味をめぐって論争を引き起こしながら、かえって地域への自覚を促し、地域社会を活性化させることで、グラスゴー社会の基礎的な構造に変化をもたらしたといえるのではないか。もちろん、文化政策がこのような変化にどれだけ貢献したかを特定することはできない。その中でも自己イメージの再構築がどう関わったかについては、なおさら検証することは困難である。しかし、イメージ構築をはじめとする一連の文化政策が地域に対する自覚を促し、誇りを回復させ、地域社会を活性化させることで、「沈滞」から「創造」へという流れを起こしたこと、そして、この流れがなければ経済の創造的な動きも生まれなかったことは否めないのではないか。例えば、ヨーロッパ文化首都年から一五年ほど経過した現在でも新しい産業の形成、とりわけ知識産業あるいは創造産業が増えていることは、グラスゴーの文化的風土に変化が現れたと考えることができる。他の産業についてもいえることだが、特に文化事業者（創造産業事業者）は、それ固有の行動スタイルに適合的な社会環境において育まれ、発展すると論じられている[50]。したがって、それまでグラスゴーでは、かつての造船業をはじめとする大生産組織適合的及び労働組合指導的、あるいは長い経済的停滞時代に形成された行政依存的な思考・行動のスタイルが支配的であった状況から、現在では、起業家的[51]あるいは文化事業者に適合的な自己の探求や自己表現の追求を優先するような思考・行動スタイルが優勢となるような状況へと変化した、少なくともこのような思考・行動スタイルが活躍する環境が拡大してきていると考えることができるのではないか。

(4)　イメージ再構築の解釈及び検討

以上の考察を整理すると、「グラスゴーの地域イメージの再構築は、他の一連の文化政策を伴いながら、地域社会の活性化や経済の再生につながるようなグラスゴー社会の変化を導いた」という推論を導くことができる。

この推論を、前項で検討した地域イメージの変化が地域社会の変容を導くメカニズムについての議論を用いて検討してみたい。前項(4)では、新しい地域イメージが地域社会にもたらす作用について仮説が提示されたが、それに対する検討事項も挙げられている（一九二―三頁）。それらを整理すると次のようになる。第一に、新しい地域イメージを受容することで地域の文化が実際に変化するのであろうか、変化するとしてもどの程度のものであろうか。第二に、一般に地域に対する関心が希薄な中でどうして地域の意味づけをめぐる動きが起こるのか。第三に、地域の意味づけをめぐる動きが起こったとして、どこまで意味のある相互作用が起きるのであろうか、あるいは、このような相互作用によって変化した解釈枠組の共有化が進むといえるのであろうか。これらに対する解答を考えつつ、仮説の妥当性を検討してみたい。

まず、文化政策が創造した文化都市というグラスゴーの新しい地域イメージは、イメージ・キャンペーンやそれに伴う文化プロジェクトの実施、文化環境の整備を前にして、押し付けられたイメージに対して意味の是非を問う動きを伴いながら、マイヤズコフやグラスゴー大学の調査に見るように市民は全体としては受容していったと考えられる。新しい地域イメージは従来のグラスゴーのイメージとはかけ離れていたため、心理的には少なからぬ抵抗を伴ったと考えられるが、市民は長い停滞状況からの脱出を導く希望をそのイメージや文化政策の中に見出し、結果的には多くの場合受け容れることになったのではないか。ここで、第一の検討事項に照らして、このような新しい地域イメージの受容によってグラスゴーの文化が実際にどう変化したのかについて考えたい。仮説に基づけば、文化都市という地域イメージに内包されている新しい意味は、市民が持っている既存の解釈枠組（グラスゴーという地域に対応する部分）では処理できないため、この地域イメージを受容することは、新しい意味を解釈すべく解釈枠組の変化をもたらすことになる。これは、集合的には、グラスゴーの地域の文化――ここでは、現実認識の枠組や現実に向き合う姿勢・志向性等――が部分的とはいえ変容したことを意味する。

理論的にはそう説明されるとしても、実際にはどのような変化、あるいはどの程度の変化をもたらしたのであろうか。具体的には、(3)で見たように、新しいイメージに込められている明るい肯定的な未来像、それまでの沈滞状況から文化都市として再生していくという姿勢、あるいは本来誇るべき文化を持っているのだというメッセージが受容されることで、それまでグラスゴーの社会に支配的だった地域の文化に変化をもたらし、社会や経済の活性化に必要な肯定的、積極的な姿勢・考え方、文化政策が目指す新しい産業にふさわしい考え方・行動の仕方がグラスゴー社会に浸透していく一つの契機になったと考えることができるのではないか。すなわち、文化都市という地域イメージは、地域の文化の変容を推し進めたというよりも、変容への流れを作ったと解釈できるのではないか。そして、その変容を具体的に推進していったのが、一連の文化政策やそれとタイアップした経済的な政策だったのではないだろうか。その点では、新しい地域イメージはあくまで地域の変化を導く一つの契機に過ぎないということがいえよう。やはり、意味だけではなく機能を伴うことが必要なのではないだろうか。地域イメージという地域についての意味づけを具体化させる文化政策等の行動が伴うことで地域の文化の実質的な変容が実現すると考えられる。グラスゴーでは、他にも異なる意味づけがある中で、次々と行われる文化政策はそれらの意味づけを排除・圧倒することで、文化都市というイメージが内包する意味やそれに関係する考え方や行動の仕方をグラスゴー市民に浸透させていったのではないであろうか。

次に、新しい地域イメージは、仮説に従うと、グラスゴーという集合体カテゴリーについて文化都市という意味づけを行うことを意味し、これに対して市民の間にグラスゴーという地域の意味づけをめぐる動き、すなわち意味づけの競合、闘争を生み出すことになる。実際にグラスゴーでは、文化都市というイメージをめぐって市民の間に広範な論争が生じ、また、グラスゴーの意味づけや文化の内容をめぐって批判と対案が提示されたように、まさに地域アイデンティティ再構築の動きを喚起したといえよう。さらに、お仕着せでない自分たちの文化を表現しようとする自発的な活動も活発化した。このように、新しい地域イメージは、文化都市という意味解釈を提示することによって、希薄化されていたグラスゴーという集合体カテゴリーを活性化させることで、地域をテーマにした市民間の相互作用や地域の活動を活発化させた、少なくともその方向に影響を与えたことは否めないのではないか。なお、第二の検討事項については、地域の意味づけの動きが起きる条件として後ほど検討を行う。

第三に、仮説においては、地域の意味づけが確定した場合には市民間の相互作用と同じ地域のメンバーであるという地域に対する共通認識に媒介されて解釈枠組の波及・共有化が起こると論じている。第三の検討事項でも問うているように、新しい地域イメージによって生じたこのような相互作用はグラスゴー社会において解釈枠組の共有化をもたらしたといえるのであろうか。残念ながらこの問題については検討する直接的な材料がない。これまで見てきたように、市民の間に文化都市という地域イメージをめぐってグラスゴーという地域の意味づけを問う動きが起こり、市民それぞれが抱くグラスゴーに対する関心が高まることで、認知枠組や地域アイデンティティは活性化されたかもしれないが、そこから地域についての意味づけが確定・共有化されたかどうかは定かではない。グラスゴー全体を対象とした場合、かなり大きな地域社会を対象とすることになるので、そこで活動する多様な（領域の）アクター全体をカバーするような地域についての意味づけが共有されるとは考えにくい[52]。しかも、文化都市という意味づけに対しては激しい論争が起こっている。しかし、ここでグラスゴーの経済や産業を支えるビジネス界や行政関係のリーダーたち、あるいは文化政策の重要な対象となった芸術家や文化事業者に対象を絞ると、一連の文化政策の実行とそのための協力関係に基づく相互作用を通じて、市民としてグラスゴーという地域にともに関わっているという共通認識が形成されていったのではないか[53]。すると、その中で議論等の相互作用を伴いながら文化都市というカテゴリーについてのコンセンサスが形成され、すなわち、地域についての意味づけが確定することで、解釈枠組が共有化されていったと推論することができる。実際に、グラスゴーでは、文化政策は市内のビジネス界の人たちや芸術家・文化事業者においては概ね肯定的に評価されている（García, *op. cit.*）。その一方で、市全体としては左翼的な傾向の考え方の人たちを中心に文化政策や文化都市というカテゴリーに異議を唱える人たちも多く見られたが、一般的には、マイヤズコフの調査が示すように過半数の人たちはイメージの変化を好意的に捉えている（Myerscough, *op. cit.*）。現在においては、グラスゴー市の内外においてグラスゴーの文化都市としての位置づけが確立され、文化政策の進行とグラスゴー経済の高揚とともに文化都市というカテゴリーはグラスゴーの社会に浸透していったと考えられていることから、解釈枠組もビジネス界のリーダーや文化事業者等を超えて市内のアクターに広く共有化されていったと考えることができるのではないか。

ただ、解釈枠組あるいは文化が地域全体に共有化されることには、必ずしもこだわる必要はないと思われる。地域社会の変化にとって重要なのは、地域の文化が一つの方向に変化することではなく、本書の都市の再生・活性化という関心においては、その地域社会のネガティブな状況を変えること、そしてそれと深い関係にある地域の文化を変えることにある。その場合、多様な見方・考え方や志向性が出てきてその中で共通点が見出せないとしても、地域に対してポジティブな姿勢・関わり方が出てきて競い合うことで、地域の文化を全体としてポジティブな方向に方向づける契機となると考えられる。その点においては、グラスゴーの文化政策は政策的に提示した文化都市というイメージに対して多くの反論・対案を喚起することで、地域に対するポジティブな姿勢・関わり方を引き出すことができたことに大きな意義があったといえるかもしれない。

以上の検討から、グラスゴーが対外的にアピールするために戦略的に創出した文化都市という新しい地域イメージは、自己イメージとして地域の市民に提示されることで前述したメカニズムを起動させて地域社会の活性化をもたらし、経済の再生につながるようなグラスゴーの地域の文化の変容を導いたと推論することができる。前項(4)で考察した地域イメージの変化が地域社会の変容を導くメカニズムについての仮説は、グラスゴーの文化政策の経験については概ね妥当すると考えられるが、修正すべき点、留保すべき点も見出せる。すなわち、新しい地域イメージの受容に伴う個人の解釈枠組への影響は、それだけでは変化の契機になったとしても、実体構築的な施策を伴って初めて解釈枠組の変化をもたらすということができる。また、変化した解釈枠組の共有化については、資料からは確認できず、また、グラスゴーのアクター全体では対象が大きすぎて仮説を適用することは困難である。ただし、グラスゴー経済や産業、文化の中核となる人たちに対象を限定した場合、その中で共有化が進み、少なくともその範囲内において地域の文化を変容させることになったと考えることができる。

さて、グラスゴーにおいては、一部留保付きではあるものの全体としては仮説が論じるメカニズムに沿って地域社会や地域の文化の変容をもたらしたと解釈することができるが、イメージ戦略や文化政策が常にそのような結果を導くとは考えにくい。むしろ、グラスゴーの文化政策やグラスゴーという都市自体がもつ何らかの個別的な要因が、当該メカニズムを作動させるための条件を満たしていたと考えることができる。それでは、そのような条件とは、どのようなものが考えられるのであろうか。当該メカニズムに即して考えると、第一に、(3)で論じたA（個人の持つ地域イメージを修正して新しいイメージを受容する）の議論から、政策が投げかける新しい地域イメージの持つ意味がインパクトの強いもの、それまでの市民が持っていた解釈枠組から外れるもの、処理できないものであることが挙げられる。第二に、第一の検討事項に対して既に論じたように、やはり新しい地域イメージを受容するだけでは地域の文化の変容をもたらすことは考えにくく、その意味づけの方向に沿って変化を推進する具体的な肉付けとなるプロセスの進行が必要である。第三に、B（新しい地域イメージに対して問いを投げかける）の議論そのものだが、第二の検討事項でも問うているように、新しい地域イメージが地域の意味を問う動きを喚起することが必要である。これについては、新しい地域イメージ自体においても、地域についても条件を考えることができる。第四に、A、Bの二つの反応それぞれから生まれる動きが、小さな動きではなく、大きな動きとなるような政策側の要件があること、あるいは地域の側がそのような動きを拡大させる状況にあることを挙げることができる。ある程度大きな動きにならないと、市内の相互作用も個人の解釈枠組の変化や共有化も小さな範囲にとどまることになると考えられる。C（新しい地域イメージを拒否する）やD（関心がなく何も反応しない）の反応の人たちを巻き込むためにも、大きな動きになることが必要である。

グラスゴーの文化政策は、第一の条件については、文化都市という、それまでのグラスゴーについての意味解釈では考えられないイメージであったこと、しかも、それがグラスゴー経済の今後の方向性に関わるような政策に結びついていたことが、既存の解釈枠組を揺るがすようなインパクトを与えることにつながったということができる。第三の条件については、文化都市という地域イメージは、グラスゴー市庁を中心とする政策主体が今後のグラスゴーの進むべき方向、あるべき都市像として創出したものであり、当然、グラスゴーという都市の全体的な枠組の方向性に関わる意味あるいは意志を表象したものであるから、地域についての意味やカテゴリーを問う動きを喚起しやすかったと考えられる。地域の側においては、グラスゴー市民の間にグラスゴーの過去や伝統に対する強いこだわり、文化都市という新しいイメージでは打ち消される労働者の都市としての誇りが残っていたことが、新しいイメージを問い直そうとする動きを誘発することで、地域を主題化し、地域アイデンティティを活性化させることになったということができる。第二、四の条件については、政策主体の強い意志と結束、巨額の投資に支えられた大規模なイベントと環境整備、文化活動への支援という形で進められた文化政策が、第一、第三の条件を強力に支え、グラスゴー市を大きく揺るがす変化をもたらすことになったといえるのではないか。

とりわけ、ヨーロッパ文化首都年は、国際的に注目される大イベントであり、内外のメディアの注目を集めたため、市民は、その目を通して、グラスゴーという自分たちの都市を対外的に位置づけることで、グラスゴーのアイデンティティについて自覚するようになったと考えられる。その点において、メディアの果たす役割は大きいということができる。地域の状況についても、グラスゴー経済の衰退によりもたらされたそれまでの深刻な沈滞状況が大きな変化を希求していたと考えることができる。それに対応する政策の方向性やそこで提示される地域のカテゴリーについては異論があったとしても、変化を望んでいたことに関しては、階層等のグループの違いを超えてグラスゴー全体に共通する状況であったといえよう。グラスゴーのイメージ戦略は、このような特殊な状況に支えられていたため、地域社会や地域の文化に影響を与えることになったと考えられるのである。

3　まとめ

本節は、地域イメージの変化が地域社会や地域の文化の変容を導く可能性を説明する論理を導出することを目的として考察を行い、その上でグラスゴーの文化政策の経験を事例として分析を加え、次のような知見を得た。すなわち、新しい地域イメージは、その裏づけとなる政策やプロジェクトを伴うことによって、一つは、市民がイメージの受容を通じてその内包する新しい意味を受容することによって市民の地域に対する解釈枠組が変化する契機をもたらし、もう一つは、新しい地域イメージが強い意味づけをもち、提示される市民の側にも地域の意味づけに対するこだわりがある場合、その提示された地域についてのカテゴリーは地域の意味づけをめぐる地域アイデンティティ再構築の動きを喚起し、それによって地域内で相互作用を生み出すことになる。そして、第一の新しい意味の受容は多分に第二の地域の意味づけを問う動きを伴うことから、これらの二つの動きは互いに関連し合って進行する。ここで、対象を地域内の経済関係者等の、共通の基盤を持つ人たちに絞ると、その中で相互作用を伴いながら共通認識に基づいて解釈枠組の波及・共有化が展開することで地域の意味づけについて一定のコンセンサスが形成される場合には、地域の文化の変容を導くことになると考えられる。ただし、地域内で広くコンセンサスが形成されなくても、地域に対する様々な考え方・志向性が競い合うことで地域の文化が変化する契機になると考えられる。

このような考察結果について、留意すべき点、あるいは課題を提示したい。まず、第一に、本節は、地域イメージが地域社会にもたらす影響を説明するメカニズムについて考察することを目的としたものであり、そのために仮説の構築とその検討を行った。仮説の検証については、別途綿密な調査が必要である。第二に、本節の考察は、文化政策等に伴う地域イメージの変化が地域に与える作用に焦点を置いたものであるが、地域イメージの変化はあくまで地域の変化をもたらす一つの契機になるものであり、それだけで変化を生み出すと考えることは現実的ではない。グラスゴーのケースでは、条件として考察したように、その他の文化政策、とりわけ文化環境の整備や文化活動の活性化という、先行したイメージに対する実体の構築活動やそれへの市民、各種団体の協力、そして何といっても市を挙げての大々的な取り組みがグラスゴーの変化を生み出すことに大いに貢献している。自己イメージの作用に基づくロジックは、このような政策、努力と一緒になって、地域社会の変容、そしてグラスゴーのケースに見るような新しい産業に適合的な地域の文化の変容をもたらすことができると考えられるのである。第三に、この点に関連するが、本節の主張する地域イメージの変化が地域社会の変化をもたらす可能性を具体的に検討するためには、その条件の詳細な検討が必要である。グラスゴーのケースについては、グラスゴー特有の事情がかなり有利な条件としてはたらいたと推論することができる。議論を一般化するためには、異なる事情を持つ都市の事例においても検討する必要があるといえよう。第四に、地域イメージが市民に受容され、本節で論じたような自己イメージの作用に基づくロジックが展開する上で、メディアの果たす役割が大きいことである。とりわけ、地域に対する関心が希薄な人たちに対して、地域の意味づけをめぐる動きを起動させるという点において大きな影響力を持っているということができる。第五に、グラスゴーの文化政策は、グラスゴー市民の自分たちの都市に対して持つイメージを、全体としては、あるいは、主要な趨勢としては、前述したような肯定的な未来像に同調させていったと考えられるが、その一方で、文化政策は、富裕な階層と貧しい階層との間の格差を拡大したともいわれており、両者の間のグラスゴーに対して持つイメージには大きなギャップが生じたことも考えられる。この点についても分析を加えることが必要である。

最後に、本章では文化政策やイメージ戦略等が地域社会に提示する意味が市民に地域の意味を問うたり、意味の解釈を誘うことを通じて地域社会に変化をもたらす可能性を検討したが、そうした動きが具体的な活動を生み出すことによってはじめて地域社会に実体的な影響をもたらすことができる。文化政策や地域の活性化等に関わる具体的なプロジェクトに市民が何らかの形で関与したり、意味をめぐって市民間の相互作用が展開したりすることを通じて、地域についての意味への思い、問いかけが具体的な行動や社会関係の変化として現れることによって、都市という地域社会に変化、ひいては地域の文化の変容がもたらされるのである。

注

(1) 構築主義が、反実在論あるいは言説至上主義であると論じているのではない。上野が論ずるように、構築主義においても、「日常生活において、あたかも『客観的事実』が存在するかのように感じられるのは、知識がひとびとの相互作用によって構築されつづけてきたから」(上野 2001: p. 5) という捉え方をしている。

(2) ソーシャル・キャピタルは、R・パットナムが著した『哲学する民主主義』(1993) によって、大きな注目を浴びるようになってきたが、それ以降のこの概念をめぐる代表的な議論を紹介すると次のようになる。まず、パットナムは、「協調的行動を容易にすることにより社会の効率を改善しうる信頼、規範、ネットワークのような社会的組織の特徴」(1993:

p. 167）と定義している。ソーシャル・キャピタルに対する標準的な見解としては、国際的な機関の定義が参考になる。世界銀行に設けられたソーシャル・キャピタル・イニシアティブ（SCI）によると、「社会の内部的及び文化的結束性、人々の間の相互作用を左右する規範及び価値、そして人々が組み込まれている諸制度を意味する。ソーシャル・キャピタルは、社会を結束させる接着剤であり、それ無しには経済成長も人間の福祉もありえないものである」（1998）と論じられている。また、OECDは、「規範や価値観を共有し、お互いを理解しているような人々で構成されたネットワークで、集団内部または集団間の協力関係の増進に寄与するもの」（2001）という定義を行っている。山内直人は、これらの議論に基づいて、「人々の協力関係を促進し、社会を円滑・効率的に機能させる信頼、規範、ネットワークといった諸要素の集合体を意味する」と整理している（2005）。ここでは、山内のこのような整理を参照している。

なお、ソーシャル・キャピタルの存在については、ブルデューのように基本的に個人によって保有され、自らの利益のために利用できる資源とみなす見方とパットナムやコールマンのように基本的に個人と個人の「間」、すなわち関係の中に存在するという見方があるが、本書では後者の見方を採る。

（3）ソーシャル・キャピタルの資本概念としての適格性については、諸富が詳しく論じている（2003: pp. 66–9）

（4）現在のソーシャル・キャピタルの研究においては、パットナムが行っているように（2002）、他にもいろいろな切り口が提示されているが、ここでは、本節の議論との関係でこの三つの切り口にとどめたい。

（5）その意味では、資源動員型は注2で論じた、個別のアクター（個人）が保有する資源という見方に立つものである。

（6）他にも、地域社会間にまたがるネットワークなど、多様なものが考えられるが、ここでは、地域内のソーシャル・キャピタルの形成について論じているので、議論の煩雑化を避けるため省略する。

（7）なお、水平型、協働型、ブリッジ型は、それぞれ切り口が異なるため、相互の間に重なる部分がある。

（8）パットナムは、後に、この主張とは逆に、『ボウリング・アローン』（*Bowling Alone* 2000）という著作において、戦後のアメリカの経験の分析を通じて、三〇年という比較的に短い期間にソーシャル・キャピタルが劇的に減耗しうることを発見している。ただし、三〇年という期間は、本書のような政策論的な立場においては決して短いとはいえない。

（9）この市民参加の特徴は、「人数制限のない完全公募の参加システム」（齊藤 2004: p. 153）として説明される。

（10）金自身としては、一九七〇年代の住民協議会とコミュニティ・センターの設置という政策の実施が基礎となって三鷹市において比較的短期間にソーシャル・キャピタルを育むことになったというところに中心的な主張を置いているが、ここでは、本章の文脈から、近年の「三鷹市民プラン21会議」による活動によって住民協議会を中心とした既存のネットワークを新たに活性化したという発見に光を当てている。

(11) 本書で議論の対象とする活動とは、このように何らかの社会的価値を生み出す活動を指すが、改めて具体的に説明すると、経済、NPO、行政、教育、健康・医療福祉、レクリエーションなどの、何らかの社会的価値を生み出し提供する諸々の事業活動を含んだものであるということになる。

(12) これについては、第二章第五節2において中核的組織における非営利的側面の重要性が論じられている。また、現在ソーシャル・ガバナンスの議論において多く論じられている。

(13)『社会学小辞典(新版)』(一九九七年、有斐閣)の「アイデンティティ」という項目についての次の説明を参照している。「客観的には人格(ときには集団や共同体)の統合性と一貫性を示す概念。主観的には自分がほかならぬ自分であるという確信ないし感覚をいうが、それは同時に、自分の普遍性と連続性を周囲の他者も認めているという確信・感覚に支えられている。内的なまとまりと社会とのつながりという二重の意味を含む……」。

(14) 具体的には、都市間競争に置かれているという状況、そしてそのような状況下において地域の活性化や再生を図ろうとしている状況を指す。

(15) グラスゴーの文化政策による経験については、詳しくは本章第三節を、以下の記述の典拠については、注34を参照されたい。

(16) ここではこれ以上追究しないが、利己的行為/利他的行為の区分は、主に機能の観点から論じられており、意味の観点から見直す必要があるのではないかと思われる。

(17) 田中美子は、地域アイデンティティそのものが協働を生み出すとして次のように論じている。「このような協働現象を生起させるためには、個々人の努力の方向性を結びつける求心力やある方向性を共有していく必要がある。その求心力の一つが、地域アイデンティティから湧き出てくるものといえる」(1997: p. 49)。しかし、地域アイデンティティそのものだけでは、もともと協働が弱かったところに、協働という現象が現れるとは考えにくい。本節では、田中の主張を否定するわけではないが、地域アイデンティティ再構築のプロセス自体に協働を引き出す可能性を見ようとするものである。

(18) 一九九一年に当時フィンランドのヘルシンキ大学の大学院生であったリーナス・トーパルズによって開発された、UNIX互換の基本ソフトの名称。その後フリーソフトウェアとして公開され、全世界のボランティアの開発者によって改良が重ねられている。

(19) 逆に機能だけだと、市民のボランティアの位置づけについて現在多くの自治体との関係で見られるような、「動員」となってしまう可能性がある。

(20) ここで、意味の統合自体をよいとする価値判断をしているわけではない。あくまで、利他的協働を生み出すプロセスとしての可能性を論じているだけである。ただし、ここでの意味の統合は、多様な意味を排他的に一つの意味に収斂させるようなものではなく、多様な意味を許容しながら、地域としてのアイデンティティにつながるような地域全体の意味としてゆるくまとまりを持たせようとすることを意味している。

(21) 商店の人たちについては、いずれまちの活性化を通じて自分たちの利益につながるという計算も働いていたと見ることができるが、それでも、それまではこのような参加がほとんど見られなかったことを考えれば、時間と労力をささげて協働に参加したということに大きな意義を見出すことができる。

(22) 別の言葉でいうと、認知マップや認知枠組、解釈図式に相当するものである。

(23) ここで問題となるのが、現在持っている解釈枠組では適切に解釈できないような新しい意味に対してどうやって積極的に評価することができるのであろうかという点である。これについては明確な答えを出すことができないが、個人の持っている解釈枠組は必ずしも体系だっていてその体系から外れる意味を排除するというほどに整然としたものではないということに関わってくるように思われる。曖昧な部分があったり、相互に矛盾するような解釈を生み出す複数の意味体系が同居していたりすると考える方が現実的である。しかも、対象となる現象が当初はそれほど影響力がなかったものの、その後拡大・発展したりすることで個人の解釈枠組内部の異なる意味体系間の力関係が変化し、それによって新しい意味を評価するような意味体系が優位になると考えることができる。

(24) 既に見てきたように、地域の文化といっても価値や規範、人々が共有するものの見方等、多様なものから構成されているが、ここで論じているのは個人が持つ解釈枠組が間主観化されたものとしての地域の文化であるから、直接的には価値や規範よりも物の見方ないしは現実認識の枠組に影響することになる。しかし、そこから価値や規範が変化する契機が生まれることも考えられる。

(25) 他我の一般定立とは、①他者は行為者と同様の自己解釈構造を持つ、②他者の意識の流れは行為者のそれと同時性を持つ、という命題である。この命題が成り立つのは、A、他者は行為者と時間及び空間を共有している対面状況の「同僚者」であるか、B、他者が行為者と時間のみを共有している「同時代人」である場合である（坂下 2002: p. 195）。

(26) これについては、第二章第四節で論じた組織フィールドの議論を参照されたい。

(27) Bの動きの結果、C、新しいイメージを拒否する、という選択になることも十分ありうる。

(28) この主張が衝撃的なのは、自己カテゴリー化があれば、他の諸事象が欠けていても集合体が形成されるということである。それまで集合体を支えていると考えられてきた共有価値の存否が集合体の形成にほとんど影響を与えないというのである（山田 1993）。

(29) あくまで「現実」はイメージや言説によって構成されるが、相互行為によって実際の社会関係もイメージ等にそって形成されてくるということである。

(30) 本書は、基本的に片桐の主張を認めるものの、集団が本章で取り上げる地域社会のように社会的なプレゼンスが大きく、様々な制度とかかわりを持ち、多様なアクターを抱え、そして資源を伴う場合、単にイメージに基づく相互行為によるだけで集合体が形成されるとは考えにくいといわざるを得ない。やはり、何らかの現実的な行為を伴う後押し（政策、プロジェクト等）が必要であると考えられる。これについては、後述する事例の分析の中で検討していく。

(31) 新しく提示された地域イメージの内包する意味が地域アイデンティティを活性化することに関する議論については、第二章第四節及び本章第二節を参照。

(32) もちろん、すべての市民においてではなく、多くの市民においてコンセンサスが形成されることを意味する。また、コンセンサスの内容についても、意味づけの内容に関して大体の方向において一致するというほどのものである。

(33) イメージ・キャンペーンのプロセス自体については、後述するように、市民の士気を高める狙いが込められていた。

(34) 以下の記述は、主に次のインタヴュー及び資料に基づく。グラスゴー大学文化政策研究センター・研究員ビアトリツ・ガルシア氏（Beatriz Garcia）へのインタヴュー（二〇〇四年一二月一〇日）、グラスゴー市役所・開発及び再生事業部経済社会事業部長リチャード・ケアンズ氏（Richard Cairns）へのインタヴュー（二〇〇四年一二月一〇日）、Booth and Boyle (1993)、Bianchini, Greenhalgh and Landry (1991)、Maver, (2000)；OECD (2002) Centre for Cultural Policy Research, University of Glasgow (2004)、Garcia (2004a, 2004b, 2005)。

(35) 国家的に一九四六年に設立された英国芸術協会（British Arts Council）のスコットランド支部。河島伸子によると、芸術協会は準公共団体的組織で、文化政策の推進主体である。一〇〇%政府からの資金で成り立っており、芸術や文化の支援のためにその資金を文化団体やプロジェクトに対して配分を行うことを主要な役割とする（河島 2002）。

(36) 一九七五年に、スコットランド開発機構法に基づいて設立された、スコットランドの経済開発を戦略的に推進する役割を担う独立行政法人である。具体的には、スコットランドにおける経済開発や都市再生、競争力強化、技能開発、雇用促進などをその役割としており、国からの補助金をその裁量によってスコットランド内の様々なプロジェクトに配分する。

第二章第五節で取り上げた地方開発機構（Regional Development Agency）は、スコットランド開発機構をモデルにして創設されたイングランド・ヴァージョンである。しかし、この法人はその後廃止され、Scottish Enterprise に改組されている。

(37) 他にヨーロッパ文化首都に立候補してコンペティションの対象になった都市は、バース、ブリストル、ケンブリッジ、カーディフ、エディンバラ、リーズ、リバプール、スウォンジーである。なお、リバプールは、グラスゴーから一八年遅れて二〇〇八年のヨーロッパ文化首都になっている。

(38) 以下の記述については、Fleming (1999) 及び Glasgow City Council (2003) に基づく。

(39) 以下の記述は主に次の資料に基づく。OECD (2002) 及び Glasgow City Council (2003)、Glasgow City Council ホームページ（2004）。

(40) 英国の情報会社 Experian 社が British Council of Shopping Centres の承認のもとに発表した National Retail Ranking for 2003 によると、グラスゴーのショッピングの目的地としての位置づけは、商業地の規模及び質の点から、ロンドンのウェスト・エンド地区についで二番目にランキングされている。

(41) 残念ながら、これらのデータに見られる創造産業、知識産業、情報通信産業の定義については明らかではない。そのため、知識産業は、創造産業や情報通信産業を含むのか、創造産業と情報通信産業との関係はどうか等、三者の関係が不明である。

(42) Centre for Cultural Policy Research, University of Glasgow (2004) 及びガルシア氏（Beatriz Garcia）へのヒアリング（前掲）に基づく。

(43) 例えば、ニューヨーク・タイムズは、'Newly scrubbed off soot, the city bustles with cultural events, commerce and fresh hope' (*New York Times*, 25 June 1989)、シドニー・モーニングヘラルドは、'Glasgow's reputation as Scotland's biggest dirtiest, slummiest, most violent city is no more… The ghost of an ugly past has been laid to rest' (*Sydney Morning Herald*, 13 July 1989)、ロサンジェルス・ヘラルドは、'The ugly duckling of Europe has turned into a swan' (*Los Angeles herald Examiner*, 27 August 1989)、ヴァンクーヴァー・サンは、'From tough industrial town to cultural macca' (*Vancouver Sun*, 10 March 1990) と報じている（Garcia 2005）。

(44) なお、当センターの分析はテレビの報道にまでは及んでいないが、一般の人たちに影響力のあるテレビ報道は新聞・雑誌よりも表面的な事実を取り上げる傾向が強いため国際報道と同様にグラスゴーの変身ぶりを大きく伝えていたものと考えられる。

（45） 'Glasgow's image improvement has also led to the belief that local artists and business groups have re-gained their "self-esteem" and confidence in the city' (Garcia 2005: p. 107).

（46） もともとグラスゴーには、産業革命以来蓄積された富や活動実績が有形の文化財や無形の文化活動という形で市内に残されていたが、それまで有効には活用されていなかった。イメージ・キャンペーンによって、グラスゴー市民自体が、このような文化資源を再発見、再認識し、それらを新しくイメージ再構築や文化都市としての実態構築につなげることができたということができる。

（47） 地域についての自己イメージは、田中が論じているように、地域の外部で形成されたイメージと内部で形成されたイメージとの相互作用により変化していくと考えられる（田中 1997）。

（48） ニューカッスル・ゲーツヘッドの取り組みについては第一章一七頁で簡単に触れている。

（49） 文化政策が創造したグラスゴーの地域イメージを市民がどのように受容していったかについては、以上の議論を踏まえて試論として次のように推論してみたい。このイメージについては市民や行政、経済活動等のアクターが取ったと想定される態度を分類すると、次の三つのタイプを考えることができる。一つは、新しいポジティブなイメージを希求する気持ちが強く、新しい地域イメージを肯定的に見る、あるいは受容する。これは、グラスゴー市庁等の政策担当者はもちろん、企業経営者層や自営業者等に多かったと思われるが、当然、それ以外の市民の間にも多く見られたと思われる。二つ目は、それまでのグラスゴーの古いが、かつての誇りも伴うようなイメージ、端的には工業と労働者の都市というイメージに固執しようとする気持ちに基づくもので、労働者層に多かったと思われる。三つ目は、グラスゴーの衰退したネガティブなイメージに引きずられるもので、自信喪失やあきらめが同居しているものである。これらの態度は、人によって明確に分かれているというよりも、一人の市民の中に三者間の強弱の違いはあっても同居していたと考えられる。そして、文化政策の展開は、この三つの態度の間に大きな葛藤を生じさせるが、これによってグラスゴーという都市自体が市民にとってテーマ化するのである。それまで特に問われなかったグラスゴーとは何であるか、グラスゴーのアイデンティティとは何かが、大きな問題となって来たのである。政策が進展するにつれ、市民等は、行政の持つ強い意志、新しいイメージを支える物理的環境の変化や文化事象を目の当たりにし、メディアによる肯定的な報道を耳にすることによって、次第に文化都市という新しい地域イメージを肯定する態度が強くなっていったと考えることができる。

（50） 創造産業事業者と社会環境との関係については、第二章第一節及び Florida (2002) を参照されたい。

（51）ガルシアによると、多くの文化事業者がヨーロッパ文化首都年によって自信を得るとともに、より起業家的に行動することを学んだと答えている（Garcia 2005: p. 857）。

（52）もちろん、注32にもあるように、仮説自体も市民全体の間の意味づけの共有を意味しているのではなく、多くの市民におけるものであることを意味している。ここで言いたいのは、行政や文化事業者等の一部の人たちだけではなく、多くの分野の人たちにわたる意味づけの共有については難しいということである。

（53）注26で触れた一種の組織フィールドが形成されていたと見ることができるのではないだろうか。

終章

結びにかえて

ここまで行った考察から、文化による都市再生・まちづくり、あるいは都市再生に関わる文化政策が導く都市の自己革新について、次のように論ずることができる。

文化政策等には、内在する文化のもつはたらきにより、活動の創発と活動群のネットワーク化による都市内のサブシステムの形成、あるいは、意味作用による地域の主題化、地域アイデンティティの活性化を通じて都市の構造を基礎づける地域の文化に作用することで都市の自己革新を導く可能性を見出すことができる。文化は、一つは、意味の力によって活動の動機づけや主体形成、ネットワーク形成、あるいはネットワーク間の連結などをはたらきかける潜在的な力を持っている。また、活動を現実に成立させるために必要な価値の生産を支える創造的能力を形成するはたらきをする。さらに、意味作用によって地域の意味づけを問う動きを起こさせる潜在的な力を持っている。このような文化の持つ潜在的な力は、物質的な価値の生産・消費よりも、むしろ意味の生産・消費が重要となってきている、いわゆる経済が文化化した社会において大きくなっている。また、都市という地域社会においては、文化の意味的側面が地域についての意味づけに関わることで、普段は希薄な市民の地域に対する認知に働きかけ、地域アイデンティティを活性化し、それによって地域内の相互作用を生み出したり、集合体としての共通認識を形成し、これに基づいて関係・行動の枠組としての新しい文化を波及させたりする潜在的な作用を持っている。したがって、経済の文化化した社会における都市という枠組において、文化政策等は、その内在する文化の潜在的な力を引き出すことにより地域の文化を変容させ、そうすることで地域の自己変革を導く可能性を持っているということができる。

しかし、当然のことながら、このような可能性が実現するためには、多くの条件を満たさなければならない。条件としては、文化政策等に明確で強固な意味（変革の意志等）が内包されていること、地域が変化を希求する状況にあること、地域に多くの市民に支持されるような確かな固有の価値があること、文化の力を引き出す影響力のある個人が存在すること、地域を主題にしたイベントが多くの市民の自己表現を満たすような形で効果的に行われること、等を挙げることができる。これらの条件は、地域それ自体に関わる問題のように文化政策等ではコントロールできない問題もあるが、政策的に対応できるものも多い。したがって、文化政策等は、一定の地域的な条件の下で効果的に政策を展開した場合には、都市の自己革新を導く一つの契機になるといえよう。

本書は、文化政策等の意義を都市の自己革新に関連づけることによって新たに掘り起こすことを狙い、文化政策等がそのような都市の自己革新を導く論理やメカニズムの説明を試みたものである。そのため、文化のはたらきを、作用する力としての側面と都市の構造を支える側面に分けて分析を行った。構造としての側面を都市の構造を基礎づける地域の文化として捉えると、都市の自己革新とは都市の構造を動かすことであるから、その地域の文化に変化をもたらすことであると措定して議論を行った。他方で、文化政策等には、作用する力としての側面の文化が内在することを見出し、そこから、そのような作用する力が地域の文化にはたらきかけることで都市の自己革新を導く可能性について分析を試みたのである。そして、その作用を分析するために、文化資本のはたらきによるサブシステムの形成と文化の持つ意味作用という二つの視点を導入し、それぞれの視点に従って研究を行った。

文化（政策）とまちづくりや都市再生を結びつけた研究は、都市が置かれている現実の状況からの実務的要請もあり、また、創造都市論に対する注目が高まってきたこともあり、全体的な潮流としては創造都市研究という括りで近年多くの研究が試みられ、成果の蓄積も進みつつある。しかし、創造都市研究は新しい研究分野であり学際的な性格を持つため、多様な切り口から多方面にわたってテーマが取り上げられているが、その中で都市の自己革新はランドリーらの創造都市論では一つの重要なテーマとして論じられているもの、まとまった研究成果としてはまだ現れていない。都市の自己革新においては、都市の内発的な力を形成することが求められ、そのためには都市の構造的な変革を必要とすることから、このテーマを取り上げた場合には、文化政策等とそのような都市の構造的な変革との関わりについて追究する必要がある。本書は、そのような課題に応えるべく、文化政策等によるその内在する文化の力を通した都市の自己革新としてテーマを設定し、文化が都市の構造にどのように働きかけることができるかという問題設定をしたのである。本書では、全体的にはそのような研究の視点や分析枠組の提示、及びそれを論証するための試論の展開にとどまったが、文化政策等の意義を研究するための一つのアプローチを開拓することができたということができる。このような成果は具体的には次のように整理できる。

一つは、文化政策等が都市の自己革新を導くメカニズムを分析するために、都市におけるサブシステムに着目し、文化政策等がサブシステムを形成することによって局所的な新しい地域の文化を形成するという立論を行い、その可能性を説明するための試論を展開した。まず、この議論に文化資本の概念を導入し、それによって、文化政策等に内在する文化資本がサブシステムを形成するプロセスの説明を試みた。文化資本は、社会学や文化経済学で用いられてきた概念であるが、本書では、この概念が文化が社会に作用するはたらきを説明することに着目し、活動を支え、方向づけ、推進するはたらきを説明する概念として再定義し、文化の持つそのような作用を意味・機能・構造という切り口によって分析した。このように、文化資本の概念を再検討し、まちづくりへの適用を行うことで、文化資本研究に新しい方向性を与えることができた。また、文化政策やまちづくり等が、内在する文化資本のはたらきにより活動のネットワークを形成し、さらにそのネットワークの中で新しい文化を創出するという形で、都市内に新しい地域の文化を抱えたサブシステムを形成、さらには、そこからその新しい文化が都市全体に波及するという、都市の自己革新の一つのタイプを提示することができた。

第二に、創造的環境の政策的形成について消費という視点から切り込むことで議論を展開した。創造的環境については、近年、文化産業や創造産業を生み出し、育むような地域的な環境に対して関心が高まりつつあることを背景として、産業クラスター論や関係性資産などの概念が導入されて議論が展開されている。しかし、そこでは、多くの議論は生産者のみを対象にして創造性の根拠を求めようとしており、消費者に目を向けたものはほとんどない。それに対して、本書では、意味の生産者としての消費者の文化創造能力に着目し、それが都市における表現の場としての文化空間を通じて都市の創造性、創造的環境の形成にどうつながるかという議論を展開したのである。現在、経済や経営的な観点から、新しい製品を生み出すことにおける消費者の役割、消費者の持つ創造能力が注目されており、その可能性について論じる議論は多いが、それを組み込むような形で創造性を論じたものは、少なくとも創造的環境の議論においては見当たらない。本書はそのような方向の議論を開拓することになったということができる。また、このような議論によって、文化産業の政策的な育成・活性化策の有効性やあり方をめぐる問題に対して、創造性という文化産業にとって死活を制するものを生み出す、あるいは支える文化的要素の移植の難しさを、文化空間概念を媒介にして文化資本概念と文化消費行為を結びつけて論じることにより一つの答えを示すことができた。

第三に、地域イメージを取り上げそれが地域社会に与える影響とそのメカニズムについて論じた。都市のイメージあるいは地域イメージに関する研究は、ケヴィン・リンチの『都市のイメージ』をはじめとして大きな蓄積があるが、現在では、都市再生のための実践的な要請に結びつく形で、多くの調査研究が行われている。そこでは、その都市の市民ではなく外の人から見た対外的なイメージがどのようなものであるのかという、マーケティングの視点から見た都市のイメージが主に問題とされている。これをまちづくりに結びつけると、都市のイメージを変えることで人や資本を外部からどう引きつけることができるか、あるいは、人や資本を外部から引きつけるためにどのようなイメージが必要かという都市のイメージ戦略につながる。都市再生のための文化政策等の一つとして、イメージ戦略の効果については、これまで、このような外部に訴えるための経済戦略として分析・評価されてきた。

それに対して、本書は、その都市の市民から見た都市の自己イメージを取り上げ、その変化が地域社会に与える影響について見ようとしたものである。そのため、文化政策等による都市の自己イメージの再構築が都市の変容をもたらす契機になるのではないかという問いを立てて論じた。これまでの都市のイメージ戦略においても、人や資本を引きつけるという直接的な成果を狙うだけではなく、その成果を十分に引き出すために、あるいは、その戦略の実行を契機に都市自身が変わることを視野に入れているものもあった。しかし、研究としては、この点についてほとんど取り上げてこなかった。一部の研究には、地域イメージが地域アイデンティティの再構築に結びつき、そこから地域の自発的活動が誘発され、地域アイデンティティの確立とこのような活動との相互作用を生み出すことで地域の活性化を促進するという議論も見られるが、地域イメージがなぜ市民に対してそのような作用を生み出すのかについて必ずしも明確な説明を提示していない。本書では、それに対する一つの説明を提示するために、新しい地域イメージが投げかける意味の解釈をめぐって生み出される地域社会の変化に関する問題として捉え、解釈主義的社会学の知見を援用して考察を行った。その結果、地域についての明確な意味を内包した新しい地域イメージは市民の解釈枠組の変化をもたらすとともに、地域についてのカテゴリーをめぐる闘争・競合を生み出しそこから市民間の新たな相互行為を生み出すことで地域社会の変容、地域の文化の変容をもたらす契機になるという主張を提示した。本書は、このように地域イメージの政策的意義に関する研究に対して新しい切り口から問題提起を行ったが、これは、今後のまちづくりに対して政策的なインプリケーションを持つものと思われる。

本書では、文化政策等が都市の自己革新を導く可能性を見るという全体的なテーマの下に、文化資本によるサブシステムの形成、創造的環境の政策的形成と文化消費、地域アイデンティティの再構築とソーシャル・キャピタルの形成、地域の自己イメージの地域社会への影響等の個別のテーマを掲げて、議論を行ってきた。これらのテーマは、それぞれ関連を持ちながらも独立しており、その検討・考察は一つの内容を深く掘り下げるというよりも、一つの大括りのテーマに対して水平的に展開してきたということができる。今後、これらのテーマについて本書の成果を活かして研究を深めていくことで議論を発展させていきたい。

創造都市論が、近年都市再生や都市の活性化の有効な手立てとして注目を浴びるようになってきている。現在では、日本国内でも色々な都市で創造都市を目指した、あるいは標榜する動きを目にするようになっている。この中には、文化的な試みを含んだまちづくりや新しい産業の創造活動なども創造都市として語られているように、創造都市は、字義通りではなく広がりをもって受けとめられている。もちろん、創造性がそれらの活動の重要な要素であれば創造都市と呼んで差し支えない。より一般的には、文化や芸術を用いて都市の創造的活力を高めることや、文化産業や創造産業を戦略的に育むことが創造都市のあり方として理解されている。しかし、本書の中でも触れているように、グローバル化の中で変転する環境に応じて永続的に自己調整する能力をもった都市のあり方を論ずるところにこの都市論の核心がある。創造都市論の先駆者であるランドリーやエーベルトらの主張するところである。本書はそのような議論の一つとして文化の力による都市の自己変革というテーマを取り上げたのである。

本書はもともと、千葉大学で取得した博士学位の対象論文がベースになっている。博士論文自体は、業務上行った調査研究に基づく報告書やそこで得た知識・情報をもとに作成した諸論文を編集してまとめ上げたものである。これは、私自身の都市再生や都市政策に関わる仕事上の経験的な知見と文化に対する個人的な関心との協同の産物である。これまで私は、実務においては主に都市開発の推進に従事し、調査研究においては都市政策に関わる問題に取り組んできた。他方で、文化やメディアに対する個人的関心から、メディア論や消費社会論、カルチュラル・スタディーズについて理解を深めながら、消費文化、大衆文化について研究を始めるようになった。その後、経済の文化化（文化経済化）という個人的な時代認識もあって、仕事上の要請と自分の文化への関心を結びつけ、文化を軸にして都市の活性化や再生を研究するようになった。それが調査報告書や論文として形になり、本書へとつながったのである。

本書の作成にあたっては、まず、本書のもとになる博士論文の作成において最後まで指導をいただいた千葉大学の犬塚先先生、及び直接間接に創造都市論や文化政策研究について示唆をいただいた埼玉大学の後藤和子先生に深く謝辞をささげたい。その他にも、一橋大学の福田泰雄先生には博士論文作成において励ましやアドバイスをいただいている。千葉大学の小川哲生先生には博士論文作成において、非常に貴重なコメントをいただいている。全国市街地再開発協会の城戸義雄理事長には同協会在職中に行った研究テーマに理解を示していただき、英国の文化を用いた都市再生政策を調査研究する機会をいただいている。これにより本書の作成にとって重要な多くの知識や情報を得ることができた。以上の方々に感謝を申し上げたい。また、本書は熊本大学大学院社会文化科学研究科の出版助成を受けている。関係者の方々、とりわけ本書刊行に対して励ましやアドバイスをいただいた熊本大学社会文化科学研究科長の高橋隆雄先生、法学部の岩岡中正先生に対して感謝を申し上げたい。最後に本書刊行にご協力いただき、編集の労を取っていただいた日本経済評論社の清達二さんに感謝を申し上げたい。

参考文献

Amin, A. (1994) 'Post-Fordism: Models, Fantasies and Phantoms of Transition', in Amin A. (ed.), *Post-Fordism: A Reader*, Basil Blackwell.

——(2000) 'The Economic Base of Contemporary Cities', in Bridge, G. and Watson, S. (eds.), *A Companion to the City*, Oxford: Blackwell Publishers.

Amin, A. and Thrift, N. (1994) *Globalization, Institution and Regional Development in Europe*, Oxford University Press.

Arts Council of England (1999) *Employment in the Arts and Cultural Industries*, Arts Council of England.

Bahrami, H. and Evans, S. (2000) 'Flexible Recycling and High Technology Entrepreneurship', in Kenny, M. (ed.), *Understanding Silicon Valley: The Anatomy of an Entrepreneurial Region*, Stanford University Press.

Banks, M., Lovatt, A., O'Connor, J. & Raffo, C. (2000) 'Risk and trust in the cultural industries', *Geoforum*, vol. 31.

Baumol, W. J. and Bowen, W. G. (1966) *Performing Arts, The Economic Dilemma: A Study of Problems common to Theater, Opera, Music and Dance*, MIT Press.（池上淳・渡辺守章監訳『舞台芸術——芸術と経済のジレンマ』芸団協出版部、一九九四年）

Bianchini, F. (1993) 'Remaking European cities: the role of cultural policies', in Bianchini, F. and Parkinson, M., *Cultural Policy and Urban Regeneration - the West European experience*, Manchester University Press.

Bianchini, F., Greenhalgh, L. and Landry, C. (1991) *The Importance of Culture for Urban Economic Development-The UK Case Study*, Comedia.

Booth, P. and Boyle, R., (1993) 'See Glasgow, see Culture', in Bianchini, F. and Parkinson, M. (eds.), *Cultural Policy and Urban Regeneration - the West European experience*, Manchester University Press.

Bourdieu, P. (1979) La distinction: critique sociale du jugement, Editions de Minuit.（石井洋二郎訳『ディスタンクシオン——社会的判断力批判』新評論社、一九八九年）

——— (1986) 'The Form of Capital', in Richardson, J. G. (ed.), *Handbook of Theory and Research for the Sociology of Education*, Greenwood Press.

Boyle, M. and Hughes, G. (1994) 'The Politics of Urban entrepreneurialism in Glasgow', *Geoforum*, vol. 25-4.

Breton Hall, College of the University of the Leeds (2001) *Cultural industry baseline study Yorkshire and Humberside Region*, University of the Leeds.

Brown, A. (1998) *Music Policy in Sheffield, Manchester and Liverpool*, Manchester Institute for Popular Culture, Manchester Metropolitan University.

Brown, A., O'Connor, J., and Cohen, S. (2000) 'Local music policies within a global music industry: cultural quarters in Manchester and Sheffield', *Geoforum*, vol. 31.

Brown, J. S. and Duguid, P. (2000) *The social life of information*, Harvard Business School Press.（宮本喜一訳『なぜITは社会を変えないのか』日本経済新聞社、二〇〇二年）

Burger, P. (1963) *Invitation to Sociology: A Human Perspective*, Doubleday.（水野節夫・村山研一訳『社会学への招待』思索社、一九七九年）

Burger, P., Burger, B. and Kellner, H. (1974) *The Homeless Mind: Modernization and Consciousness*, Penguin.（高山真知子訳『故郷喪失者たち――近代化と日常意識』新曜社、一九七七年）

Burger, P. and Kellner, H. (1981) *Sociology Reinterpreted: An Essay on Method and Vocation*, Anchor Press/Doubleday.（森下伸也訳『社会学再考――方法としての解釈』新曜社、一九八七年）

Burger, P. and Luckmann, T. (1966) *The Social Construction of Reality: A Treatise in the Sociology of Knowledge*, Doubleday.（山口節郎訳『日常世界の構成――アイデンティティと社会の弁証法』新曜社、一九七七年）

Centre for Cultural Policy Research, University of Glasgow (2004) *The Cities and Culture Project: The Long Term Legacies of Glasgow 1990 European Cities of Culture*, University of Glasgow.

Cohen, S. (1999) 'Scenes' in Horner, B. and Swiss, T. (eds.), *Key Terms in Popular Music and Culture*, Blackwell Publishers.

Cohen, S. and Fields, G. (2000) 'Social Capital and Capital Gains: An Examination of Social Capital in Silicon Valley, in Kenny, M. (ed.), *Understanding Silicon Valley: The Anatomy of an Entrepreneurial Region*, Stanford University Press.

Coleman, J. S. (1988) 'Social Capital in the Creation of Human Capital', *American Journal of Sociology: Supplement*, No. 94.

Cultural Industries Development Service (2004) CIDS ホームページ二〇〇四年一〇月一四日、http://cids.co.uk/

Cultural Industries Quarter Agency (2004) CIQA ホームページ二〇〇四年一〇月七日、http://ciq.org.uk/

Department of Culture, Media and Sport (1998) *Mapping Document 1998*, DCMS.

——— (2001) *Mapping Document 2001*, DCMS.

DiMaggio, P. and Powell, W. (1983) 'The Iron Cage Revisited: Institutional Isomorphism and Collective Rationality in Organizational Fields', *American Sociological Review*, vol. 48.

Du Gay, P., Hall, S., Janes, L., Mackay, H., and Negus, K. (1997) *Doing Cultural Studies: The Story of Sony Walkman*, Sage Publication.（暮沢剛巳訳『実践カルチュラル・スタディーズ——ウォークマンの戦略』大修館書店、二〇〇〇年）

Du Gay, P. and Pryke, M. (eds.) (2002) *Cultural Economy*, Sage publications.

Ebert, R., Gnad, F. and Kunzmann, K. (1994) *The Importance of 'Cultural Infrastructure' and 'Cultural Activities' for Creative City*, Comedia.

——— (1994) *The Creative City: Concepts and Preconditions of a Creative City*, Comedia.

East Midlands Creative Industries Pathfinder Group (2001) *Creative Industries Study Phase1*, Comedia.

Fleming, T. (1999a) *ICISS Report - Local Cultural Industries Support Services in the UK: Towards a Model of Best Practice*, Information for Cultural Industries Support Services.

——— (1999b) *The Role of the Creative Industries in Local & Regional Development*, Government Office for Yorkshire and the Humber and the Forum on Creative Industries (FOCI).

Florida, R. (2002) *The Rise of the Creative Class*, Basic Books.

Garcia, B. (2004a) 'Cultural Policy and Urban Regeneration in Western European Cities: Lessons from Experience, Prospects for the Future', *Local Economy*, vol. 19, no. 4.

——— (2004b) 'Urban Regeneration, Arts Programming and Major Events: Glasgow 1990, Sydney 2000 and Barcelona 2004', *International Journal of Cultural Policy*, vol. 10, no. 1.

——— (2005) 'Deconstructing the City of Culture: The Long-term Cultural Legacies of Glasgow 1990', *Urban Studies*, vol. 42, no. 5/6.

Geertz, C. (1973) *The Interpretation of Cultures*, Basic Books Inc.（吉田禎吾訳『文化の解釈学』岩波書店、一九八七年）

Giddens, A. (1991) *The Consequenses of Modernity*, Stanford University Press.（松尾精文・小幡正敏訳『近代とはいかなる時代か？―モダニティの帰結―』而立書房、一九九三年）

——— (1993) *New Rules of Sociological Method 2nd ed.*, Stanford University Press.（松尾精文他訳『社会学の新しい方法的規準』而立書房、二〇〇〇年）

Glaeser, E. L., Kolko, J., and Saiz, A. (2001) 'Consumer City', *Journal of Economic Geography*, vol. 1.

Glasgow City Council (2003) *Upbeat Glasgow 2003*, Glasgow City Council.

——— (2004) Glasgow City Council ホームページ二〇〇四年一一月三日、factsheet 2004, http://www.glasgow.gov.uk/

Glasgow City Council and Scottish Enterprise Glasgow (2004) *Glasgow Economic Monitor Spring 2004*, Glasgow City Council.

Goffman, E. (1959) *The Presentation of Self in Everyday Life*, Doubleday & Company Inc.（石黒毅訳『行為と演技―日常生活における自己呈示―』誠信書房、一九七四年）

Granovetter, M. (1985) 'Economic Action and Social Structure: The Problem of Embeddedness', *American Journal of Sociology*, no. 91: 481-510.

Habermas, J. und Luhmann, N. (1971) Theorie der Gesellshaft oder Sozialtechnologie, Suhrkamp Verlag.（佐藤嘉一・山口節郎・藤沢賢一郎訳『批判理論と社会システム論』木鐸社、一九八九年）

Hall, P. (1992) *Urban and Regional Planning*, Routledge.

——— (1998) *Cities in Civilization*, Weidenfeld.

——— (1999) 'Social Capital in Britain', *British Journal of Political Science*, vol. 29.

Hall, S. (1980) 'Encoding/Decoding' in Hall, S., Hobson, D., Lowe, A. and Willis, P. (eds), *Culture, Media, Language*, Huchinson.

——— (1996) 'Introduction: Who needs Identity?', in Hall, S. and du Gay, P., *Questions of Cultural Identity*, Sage Publications.

Hall, T., 1998, *Urban Geography 2nd edition*, Routledge.

Harvey, D., 1989, *TheCondition of Postmodernity: an enquiry into the origins of cultural change*, Blackwell.（吉原直樹監訳『ポストモダニティの条件』青木書店、一九九九年）

——— (1994) 'Flexible Accumulation through Urbanization: Reflections on 'Post-Modernism' in the American City, in Amin, A. (ed.), *Post-Fordism: A Reader*, Basil Blackwell.

Hill, D. (1996) *The History of the Northern Quarter and the Northern Quarter Network*, Manchester Institute for Popular Culture, Manchester Metropolitan University.

Henton, D., Melville, J. and Walesh, K. (1997) *Grassroots Leaders for a New Economy*, Jossey-Bass Inc.（加藤敏春訳『市民起業家——新しい経済コミュニティの構築』日本経済評論社、一九九七年）

Institute of Popular Music, Liverpool University and Manchester Institute for Popular Culture, Manchester Metropolitan University (1998) 'Music Policy, the Music Industry and Local Economic Development A Research Project for the Economic and Social Research Council', Working Paper.

Jacobs, J. (1984) *Cities and the Wealth of Nations: Principles of Economic Life*, Random House.（中村達也・谷口文子訳『都市の経済学——発展と衰退のダイナミクス』TBSブリタニカ、一九八六年）

Kroeber, A. and Parsons, T. (1958) 'The Concept of Culture and Social System', *American Sociological Review*, vol. 23.

Landry, Charles (2000) *Creative City: A Toolkit for Urban Innovations*, Earthscan Publication.（後藤和子監訳『創造的都市——都市再生のための道具箱』日本評論社、二〇〇三年）

Lash, S. (1990) *Sociology of Postmodernism*, Routledge.（田中義久監訳『ポスト・モダニティの社会学』法政大学出版局、一九九七年）

Lash, S. and Urry, J. (1994) *Economies of Signs and Space*, Sage Publications.

Lawless, P. (1998) *The Conversion of an English City: From Production to Consumption? Sheffield, UK. 1978-1998*, Sheffield Hallam University Press.

Lin, N. (2001) *Social Capital: A Theory of Social Structure and Action*, Cambridge University Press.

Lipnack, J. and Stamps, J., Networking（社会開発統計研究所訳『ネットワーキング——ヨコ型情報社会への潮流』プレジデント社、一九八四年）

Lloyd, R. and Clark, T. N. (2001) 'The City as an Entertainment Machine', in Gotham, K. F., *Critical Perspectives on Urban*

Development, JAI.
Manchester City Council (2001) *Manchester's Creative Industries*, Manchester City Council.
——— (2004) マンチェスター市庁ホームページ二〇〇四年十月十二日，http://www.manchester. gov.uk
Maver, I. (2000) *Glasgow*, Edinburgh University Press.
McGuigan, J. (1996) *Culture and the Public Space*, Routledge.
Melucci, A. (1989) Nomads of the Present: social movements and individual needs in contemporary society, Hutchinson.（山之内靖・貴堂嘉之・宮崎かすみ訳『現在に生きる遊牧民（ノマド）——新しい公共空間の創出に向けて』岩波書店，一九九七年）
Miles, S. (2005) 'Our Tyne: Iconic Regeneration and the Revitalisation of Identity in Newcastle Gateshead', *Urban Studies*, vol. 42, no. 5/6.
Milestone, K. (1996) 'Regional variations: Northernness and new urban economies of hedonism', in O'Connor, J. and Wynne, D. (eds.), *From the Margin to the Centre: Cultural Production and Consumption in the Post-industrial City*, Arena.
Mohan, J. (1999) *A United Kingdom?: Economic, Social and Political Geographies*, Arnold.
Mommaas, H. (2004) 'Cultural Clusters and the Post-industrial City: Towards the Remapping of Urban Cultural Policy', *Urban Studies*, vol. 41, no. 3.
Myerscough, J. (1991) *Monitoring Glasgow 1990*, Report prepared for Glasgow City Council, Strathclyde Regional Council and Scotish Enterprise.
Northern Quarter Association (2004) NQA ホームページ二〇〇四年一〇月一四日，http://nqa.org.uk/
O'Connor, J. (1998) 'Popular Culture, Cultural Intermediaries and Urban Regeneration', in Hall, T. and Hubbard, P. (eds.), *The Entrepreneurial City*, John Willy and Sons.
——— (1998) 'Consumption and the Postmodern City', *Urban Studies*, vol. 35, no. 5/6.
——— (1999) *The Definition of 'Cultural Industries'*, Manchester Institute for Popular Culture, Manchester Metropolitan University.
——— (1999) *Cultural Production Sector in Manchester: Mapping and Strategy*, Manchester City Council.

——— (1999) 'The Contribution of the Creative Industries: Key Issues for the Conference', in Fleming, T., Manchester Institute for Popular Culture, *The Role of the Creative Industries in Local & Regional Development*, Government Office for Yorkshire and the Humber and the Forum on Creative Industries (FOCI).

——— (2004) *"A Special Kind of City Knowledge": Innovative Clusters, Tacit Knowledge and the "Creative City"*, Manchester Institute for Popular Culture, Manchester Metropolitan University.

O'Connor, J. and Wynne, D. (eds.) (1996) *From the Margin to the Centre: Cultural Production and Consumption in the Post-industrial City*, Arena.

OECD (2001) *The Well-Being of nations: The Role of Human and Social Capital*, Centre for Educational Research and Innovation, OECD Publications.

——— (2002) *Urban Renaissance Glasgow: Lessons for Innovation and Implementation*, OECD Publications.

Paddison, R. (1993) 'City Marketing, Image Reconstruction and Urban Regeneration', *Urban Studies*, vol. 30, no. 2.

Parsons, T. (1961) 'Culture and Social System', in Parsons, T., Shils, E., Naegele, K. J. and Pitts, J R. (eds.), *Theories of Society: Foundations of Modern Sociological Theory*, The Free Press.（丸山哲央訳『タルコット・パーソンズ　文化システム論』ミネルヴァ書房、一九九一年）

Piore, M. J. and Sabel, C. F. (1984) *The Second Industrial Divide: Possibilities for Prosperity* Basic Books.（山之内靖・永易浩一・石田あつみ訳『第二の産業分水嶺』筑摩書房、一九九三年）

Porter, M. (1995) 'The Competitive Advantage of the Inner City', *Harvard Business Review*, May/June 1995.

——— (1998) 'Cluster and the New Economics of Competition', *Harvard Business Review*, Nov /Dec. 1998.

Pratt, A. (1999) 'The Cultural Industries: The Case of New Media in World Cities, 文化経済学会、第一巻四号（通算四号）。

——— (2004) 'Mapping the Cultural Industries - Regionalization; the examples of South East England', in Power, D. and Scott, A. J. (eds.), *Cultural Industries and the Production of Culture*, Routledge.

Purvis. S. (1996) 'The interchangeable roles of the producer, consumer and cultural intermediary, The New Pop Fashion Designer', in O'Connor, J. and Wynne, D. (eds.), *From the Margin to the Centre: Cultural Production and Consumption in the Post-industrial City*, Arena.

Putnam, R. D. (1993) *Making Democracy Work: Civic Traditions in Modern Italy*, Princeton University Press.（河田潤一

訳『哲学する民主主義——伝統と改革の市民的構造』NTT出版、二〇〇一年)
——— (2000) *Bowling alone: the collapse and revival of American community*, Simon & Shuster.
——— (2002) 'Introduction', in Putnam, R. D. (ed.), *Democracies in Flux: The Evolution of Social Capital in Contemporary Society*, Oxford University Press.
Ray, L. and Sayer, A. (eds.) (1999) *Economy and Culture after the Cultural Turn*, Sage Publications.
Redhead, S. (1999) 'The popular music industry' in Horner, B. and Swiss, T. (eds.), *Key Terms in Popular Music and Culture*, Blackwell Publishers.
Rhodes, R. A. W. (1997) *Understanding Governance: Policy Networks, Governance, Reflexivity and Accountability*, Open University Press.
Rhodes, R. A. W. and Marsh, D. (1992) 'New Direction in Study of Policy Networks', *European Journal of Political Research*, vol. 21.
Roberts, P. (2000) 'The Evolution, Definition and Purposes of Urban Regeneration', in Roberts, P. and Sykes H. (eds.), *Urban Regeneration*, Sage Publications.
Salaman, G. (1997) 'Culturing production', in P. du Gay (ed.), *Production of Culture/Cultures of Production*, Sage Publications.
Salamon, L. M. and Anheier, H. K. (1992) *America's Nonprofit Sector: a Primer*, Foundation Center.（入山映訳『米国の「非営利セクター」入門』ダイヤモンド社、一九九四年）
Saxenian, A. (1994) *Regional Advantage: Culture and Competition in Silicon Valley and Route 128*, Harvard University Press.（大前研一訳『現代の二都物語』講談社、一九九五年）
Scott, A. J. (2000) *The Cultural Economy of Cities*, Sage Publications.
Sheffield City Council (2004) シェフィールド市庁ホームページ二〇〇四年十月五日、http://www.sheffield. gov.uk
Silverstone, R. (1996) 'From Audience to Consumers: The Household and the Consumption of Communication and Information Technologies' in Hay, J., Grossberg, L. and Wartella, E. (eds), *The Audience and its Landscape*, Westview.
Spiegel, L. (1992) *Make Room for TV*, University of Chicago Press.

Storper, M. (1997) *The Regional World*, The Guilford Press.
Straw, W. (1997) 'Communities and Scenes in Popular Music', in Gelder, K. and Thornton, S. (eds), *The Subculture Reader*, Routledge.
Taylor, I., Evans, K. and Fraser, P. (1996) *A Tale of Two Cities: Global Change, Local Feeling and Everyday Life in the North of England. A Study in Manchester and Sheffield*, Routledge.
Throsby, D. (2001) *Economics and Culture*, Cambridge: Cambridge University Press.（中谷武雄・後藤和子監訳『文化経済学入門—創造性の探究から都市再生まで—』日本経済新聞社、二〇〇二年）
Turner, G. (1996) *British Cultural Studies: An Introduction*, Routledge.（溝上由紀他訳『カルチュラル・スタディーズ入門』作品社、一九九九年）
Uphoff, N. (2000) 'Understanding Social Capital: Learning from the Analysis and Experience of Participation', in Dasgupta, P. and Serageldin, I., *Social capital: A Multifaceted Perspective*, The World Bank.
Urry, J. (1995) *Consuming Places*, London: Routledge.（吉原直樹・大澤善信監訳『場所を消費する』法政大学出版局、二〇〇三年）
Van den Berg, V., Braun, E. and Van Winden, W. (2001) *Growth Clusters in European Metropolitan Cities*, Ashgate.
Weick, K. E. (1979) *The Social Psychology of Organizing: 2nd ed.*, Massachusetts: Addison-Wesley（遠田雄志訳『組織化の社会心理学』文眞堂、一九九七年）
Williams, G. (2003) *The Enterprising City Centre: Manchester's Development Challenge*, Spon Press.
Williams, R. (1981) *The Sociology of Culture*, Schocken Books.
World Bank (1998) 'The Initiative on Defining, Monitoring and Measuring Social Capital', *Social Capital Initiative Working Paper No. 2*, The World Bank.
Zukin, S. (1982) *Loft living: culture and capital in urban change*, Johns Hopkins University Press.

青木成樹・保見明博（2004）「知的資本経営」、Best Value, vol. 6.
粟谷佳司（2003）「カルチュラル・スタディーズとポピュラー音楽のオーディエンス」、東谷護編著『ポピュラー音楽へのまなざし』勁草書房。

池上惇（1998）「文化経済学の生成と発展」、池上惇（編著）『文化経済学』有斐閣。

――――（2001）「文化産業の発展」、後藤和子（編著）『文化政策学』有斐閣。

――――（2003）『文化と固有価値の経済学』岩波書店。

伊丹敬之（1999）「場のマネジメント序説」、組織科学、第二六巻一号、組織学会。

――――（2000）「さまざまな『場』」、伊丹敬之・西口敏弘・野中郁次郎（編著）『場のダイナミズムと企業』東洋経済新報社。

伊丹敬之・松島茂・橘川武郎（1998）『産業集積の本質』有斐閣。

一條義治（2003）「パートナーシップ協定による白紙からの市民参加方式の検証―三鷹市基本構想・第三次基本計画策定の取組みから―」、都市問題研究、第五五巻第一〇号、都市問題研究会。

伊藤公雄（1993）「文化資本」（見出し項目）、森岡清美他（編）『新社会学辞典』有斐閣。

今井賢一（1984）『情報ネットワーク社会』岩波書店。

今井賢一・金子郁容（1988）『ネットワーク組織論』岩波書店。

今枝法之（1990）『ギデンズと社会理論』日本経済評論社。

今田高俊（1986）『自己組織性―社会理論の復活―』創文社。

――――（1988a）「自己組織性と進化」、組織科学、第二一巻四号、組織学会。

――――（1988b）「自己組織する情報社会」、組織科学、第二二巻三号、組織学会。

――――（2001）『意味の文明学序説』東京大学出版会。

――――（2005）『自己組織性と社会』東京大学出版会。

石見利勝・田中美子（1992）『地域イメージとまちづくり』技報堂出版。

植木浩（1998,「文化の意義と文化政策の役割」、池上惇・植木浩・福原義春編『文化経済学』有斐閣。

上野千鶴子（2001）『構築主義とは何か』勁草書房。

――――（2005）「脱アイデンティティの理論」、上野千鶴子編『脱アイデンティティ』勁草書房。

宇沢弘文（1994）「社会的共通資本の概念」、宇沢弘文他（編著）『社会的共通資本――コモンズと都市』東京大学出版会。

大石裕（2002）「拡大する『政治』と社会運動論」、野宮大志郎（編著）『社会運動と文化』ミネルヴァ書房。

大久保昌一（2002）『都市論の脱構築』学芸出版社。

大澤善信（1998）「脱国民的シティズンシップと文化的アイデンティティ」、国際社会科学研究、通号二号、国際社会科学研究フォーラム。

大守隆（2004）「ソーシャル・キャピタルの経済的影響」、宮川公男・大守隆編『ソーシャル・キャピタル―現代経済社会のガバナンスの基礎―』東洋経済新報社。

加護野忠男（1983）「文化進化のプロセス・モデルと組織理論」、組織科学、第一七巻三号、組織学会。

――（1989）「組織変動と認識進歩」、組織科学、第二三巻三号、組織学会。

片桐雅隆（1996）『プライバシーの社会学』世界思想社。

――（2006）『認知社会学の構想――カテゴリー・自己・社会』世界思想社。

金井一頼（1999）「地域におけるソシオダイナミクス・ネットワークの形成と展開」、組織科学、第三二巻四号、組織学会。

――（2005）「産業クラスターの創造・展開と企業家活動」、組織科学、第三八巻三号、組織学会。

金光淳（2003）『社会ネットワーク分析の基礎――社会的関係資本論に向けて』勁草書房。

河島伸子（2002）「イギリスの文化政策」、上野征洋編『文化政策を学ぶ人のために』世界思想社。

北近江秀吉博実行委員会（1997）『北近江秀吉博覧会記念誌――フィナーレからプロローグへ』北近江秀吉博実行委員会。

橘川武郎（2005）「地域経済の活性化と雇用の創出」、橘川武郎・連合総合生活開発研究所（編著）『地域からの経済再生』有斐閣。

姜娟（2004）『シリコンバレーの進化とそのモデル化の理論』、東北都市学会研究年報、第六巻。

金基成（2005）「社会関係資本と地方政府の役割―制度と文化の相互強化的好循環の可能性―」、公共政策研究、第五号、日本公共政策学会。

公文俊平（1978）『社会システム論』日本経済新聞社。

――（1988）『ネットワーク社会』中央公論社。

――（1994）『情報文明論』ＮＴＴ出版。

玄田有史（2003）「ＮＰＯで働くということ」、本間正明他『コミュニティビジネスの時代』岩波書店。

後藤和子（2001）「まちづくりと文化政策」、後藤和子（編著）『文化政策学』有斐閣。

――（2003）「創造的都市論への理論的アプローチ」、文化経済学、第三巻第四号（通算一五号）、文化経済学会。

――（2005a）「文化産業（創造的産業）クラスター研究が示唆するもの」、二〇〇五年度京都橘大学文化政策プロフェッショナルセミナー講義資料。

――（2005b）『文化と都市の公共政策－創造的産業と新しい都市政策の構想－』有斐閣。

後藤和子・福原義春（編著）（2005）『市民活動論――持続可能で創造的な社会に向けて』有斐閣。

小長谷一之（1998）「都市経済基盤からみた都市再生戦略」、季刊経済研究、二一巻二号、大阪市立大学。

――（1999）「アメリカ都市再生の情報産業モデル」、季刊経済研究、二二巻一号、大阪市立大学。

――（2001）「都市再生とソフト系ＩＴ産業」、都市研究、創刊号。

紺野登（2003）『創造経営の戦略』筑摩書房。

齊藤康則（2004）「パースペクティヴの複数化による協議的な市民的公共圏の醸成――『三鷹市民プラン21会議』を事例として」ソシオロゴス、第二八号、ソシオロゴス編集委員会。

坂下昭宣（1999）「組織シンボリズム研究の視圏」、国民経済雑誌、第一七九巻六号。

――（2002a）『組織シンボリズム論――論点と方法』白桃書房。

――（2002b）「組織文化はマネジメント可能か」、国民経済雑誌、第一八六巻六号。

――（2003）「『意味の組織論』としての組織シンボリズム論」、組織科学、第三七巻二号、組織学会。

酒巻弘（2003）「知を生み出す－『実体験のネットワーク』としての都市－」、宇沢弘文（編著）『都市のルネッサンスを求めて』東京大学出版会。

桜井政成（2004）「ボランティアのモチベーション」、田尾雅夫・川野祐二（編著）『ボランティア・ＮＰＯの組織論』学陽書房。

――（2007）『ボランティアマネジメント――自発的行為の組織化戦略』ミネルヴァ書房。

佐々木雅幸（1997）『創造都市の経済学』勁草書房。

――（2001）『創造都市への挑戦』岩波書店。

――（2003）「創造都市による都市経済の再生――その予備的考察」、二〇〇三年文化経済学会大会発表資料。

――（2006）「創造都市の世紀へ」、端信行・中牧弘允・総合研究開発機構『都市空間を創造する』日本経済評論社。

佐藤郁哉・山田真茂留（2004）『制度と文化』日本経済新聞社。

佐藤慶幸（1989）「オルタナティブ社会の構想－自己組織性とネットワーク－」、産業経営、第一五号、早稲田大学産業研究所。

塩原勉（1988）「集合行動と社会運動」、本間康平他『社会学概論――社会・文化・人間の総合理論』有斐閣。

篠原二三夫・真田年幸・渡部薫（2003）「英国の地方都市における都市再生に向けた試行と成果」、ニッセイ基礎研所報、vol.

29.
数土直紀（1997）「ギデンズの構造化理論」、井上俊・上野千鶴子・大澤真幸・見田宗介・吉見俊哉（編）『岩波講座現代社会学別巻　現代社会学の理論と方法』岩波書店。

高橋正泰（2006）『組織シンボリズム：メタファーの組織論』同文館出版。

田中重好・山下祐介（1999）「地方都市と過疎地域との新たな関係性――過疎地域からのアプローチ」、日本都市社会学会年報、第一七号。

田中政光（2003）「意味体系としての環境」、組織科学、第三七巻二号、組織学会。

田中美子（1997）『地域のイメージ・ダイナミクス』技報堂出版。

出口敦（2002）「都市のアイデンティティとイメージ」、URC都市科学、五二号、福岡都市科学研究所。

出口将人（2004）『組織文化のマネジメント――行為の共有と文化』白桃書房。

出島二郎（2003）『長浜物語――町衆と黒壁の十五年』NPO法人まちづくり役場。

徳安彰（1985）「行為における〝意味〟と文化システム―パーソンズとルーマン―」、思想、第七三〇号（四月号）。

――（1989）「自己組織性と文化」、組織科学、第二三巻三号、組織学会。

富永健一（1986）『社会学原理』岩波書店。

――（1988）「組織変動の理論を目指して」、組織科学、第二一巻四号、組織学会。

富森虔児（2001）『自己組織化と創発の経済学』シュプリンガー・フェアラーク東京。

長尾謙吉（2002）「都心における産業立地と『都市再生』」、都市問題、第九三巻三号。

長尾謙吉・立見淳哉（2003）「産業活動の資産としての都市」、安井國雄・富澤修身・遠藤宏一（編著）『産業の再生と大都市――大阪産業の過去・現在・未来』ミネルヴァ書房。

中川万喜子（2001）「『黒壁』を中心とした長浜の中心市街地活性化戦略―『黒壁』の経営手法の分析を中心として」、都市研究、第一号。

西原和久（1998）『意味の社会学――現象学的社会学の冒険』弘文堂。

西村幸夫（2002）「まちの個性を生かした観光まちづくり」、観光まちづくり研究会『新たな観光まちづくりの挑戦』ぎょうせい。

日本政策投資銀行（2000）『海外の中心市街地活性化』ジェトロ。

庭本佳和（1994）「現代の組織理論と自己組織パラダイム」、組織科学、第二八巻二号、組織学会。

根木昭（1997）『文化政策による地域活性化の実態及び効果に関する総合的研究』、平成七・八年度科学研究費補助金研究。

野嶋慎二・松元清悟（2001）「まちづくり市民組織の発足と展開のプロセスに関する研究－長浜市中心市街地の事例－」、日本都市計画学会学術研究論文集第三六回。

野嶋慎二（2001）「多様な市民組織による持続的な地域発意－事業の連動とそのプログラム－」、都市計画、第五〇巻三号（通号二三四）、都市計画学会。

野中郁次郎（1989）「情報と知識創造の組織論」、組織科学、第二二巻四号、組織学会。

朴容寛（2003）『ネットワーク組織論』ミネルヴァ書房。

端信行（1994）「ネットワーク社会の未来像」、林敏彦（編著）『文明としてのネットワーク』NTT出版。

濱口恵俊（1988）「文化の基礎理論」、本間康平他（編著）『社会学概論』有斐閣。

濱島朗・竹内郁郎・石川晃弘編（1997）『社会学小事典』有斐閣。

尾藤章雄（1996）『都市の地域イメージ』大明堂。

福嶋路（2005）「クラスター形成と企業創出－テキサス州オースティンのソフトウェア・クラスターの成立過程－」、組織科学、第三八巻第三号、組織学会。

福原義春・文化資本研究会（1999）『文化資本の経営』ダイヤモンド社。

藤澤武明（2006）「戦後文化・都市政策の変遷と将来像」、端信行・中牧弘允・総合研究開発機構『都市空間を創造する』日本経済評論社。

藤田弘夫（2001）『都市と文明の比較社会学』東京大学出版会。

見田宗介・栗原彬・田中義久（編）（1994）『社会学事典』弘文堂。

宮川公男（2004）「ソーシャル・キャピタル論－歴史的背景、理論及び政策的含意－」、宮川公男・大守隆編『ソーシャル・キャピタル－現代経済社会のガバナンスの基礎－』東洋経済新報社。

宮島喬（1993）「文化」（見出し項目）、森岡清美他（編）『新社会学辞典』有斐閣。

――（1995）「文化と現代社会」、宮島喬（編著）『現代社会学』有斐閣。

宮本孝二（1999）『ギデンズの社会理論』八千代出版。

森岡清美・塩原勉・本間康平（編）（1993）『新社会学辞典』有斐閣。

諸冨徹（2003）『環境』岩波書店。

矢澤修二郎他（2003）『社会運動』東京大学出版会。

安村克己（2006）『観光まちづくりの力学』学文社。

矢部拓也（2000）「地方小都市再生の前提条件―滋賀県長浜市第三セクター『黒壁』の登場と地域社会の変容」、日本都市社会学会年報、第一八号。

――（2001）「中心市街地の衰退と再生のメカニズム」、第七四回日本社会学会大会発表原稿。

山内直人（2005）「ソーシャル・キャピタルとNPO・市民活動」、NIRA政策研究、第一八巻第六号、総合研究開発機構。

山崎弘子（2002）「第三セクター㈱黒壁の戦略とまちづくり運動―非営利組織『まちづくり役場』誕生に至る道―」、地域政策研究、第二一号。

山下祐介（2001）「都市の創発性―都市的共同性のゆくえ―」、金子勇・森岡清志（編著）『都市化とコミュニティの社会学』ミネルヴァ書房。

――（2003）「社会的ネットワークと地域活性化」、弘前大学人文学部人文社会論叢。

山田浩之（1998）「文化産業論」、池上惇他『文化経済学』有斐閣。

――（2002）「文化産業論序説」、文化経済学、第三巻第二号（通算一三号）、文化経済学会。

山田真茂留（1993）「組織アイデンティティの現代的変容」、組織科学、第二七巻一号、組織学会。

――（1996）「価値統合モデルを求めて――組織統合の社会学的メカニズム」、組織科学、第二九巻四号、組織学会。

――（1998）「組織のパフォーマンス―組織アイデンティティ論の新展開―」、広報研究、第二号、日本広報学会。

――（2003）「構築主義的組織観の彼方に――社会学的組織研究の革新」、組織科学、第三六巻三号、組織学会。

山本哲士（1999）『文化資本論』新曜社。

吉見俊哉（編）（2001）『メディア・スタディーズ』せりか書房。

初出一覧

第一章／第一節　「文化による都市再生と創造都市―その史的解釈の試み―」千葉大学紀要『社会文化科学研究』八巻、二〇〇四年二月、「文化経済時代における都市再生の条件と政策―文化産業政策を中心として―」二〇〇五年三月、全国市街地再開発協会自主研究報告書。

第二節　書き下ろし。

第二章／第一節　前掲「文化経済時代における都市再生の条件と政策」。

第二節　「都市の変容と文化資本―活動の創発とネットワークによる文化の創造―」文化経済学会『文化経済学』五巻二号（通算二一号）、二〇〇六年九月。

第三節　「都市の創造性と文化消費―消費者の文化創造能力からの考察―」文化経済学会『文化経済学』四巻四号（通算一九号）、二〇〇五年九月。

第四節　前掲「都市の変容と文化資本」。

第五節　同右および前掲「文化経済時代における都市再生の条件と政策」。

第三章／第一節　書き下ろし。

第二節　「地域の主題化とソーシャル・キャピタルの形成―意味の視点からの考察―」『日本都市学会年報』四〇巻、二〇〇七年四月。

第三節　前掲「文化経済時代における都市再生の条件と政策」および「都市の脱工業的変容と文化政策―英国グラスゴー市の経験から―」『日本都市学会年報』三九巻、二〇〇六年四月。

なお収録にあたっては、ベースになった論文を大幅に補筆した。

［ナ行］

［ハ行］

［サ行］

［タ行］

索引

［ア行］

［カ行］

［著者紹介］

渡《わた》部《なべ》　薫《かおる》

熊本大学大学院社会文化科学研究科教授．東京生まれ．東京大学文学部卒業．ケンブリッジ大学修士（M. Phil.），千葉大学博士（学術）．富士総合研究所，全国市街地再開発協会，大成建設都市開発本部勤務を経て現職．専門は，地域政策，都市論．現在の主要な関心は，創造都市論及びその政策．主な著書・論文に，『成熟都市東京のゆくえ』（共著，ぎょうせい），「都市の創造性と文化消費」（文化経済学会），「都市の変容と文化資本」（文化経済学会），「〈地域〉の主題化とソーシャル・キャピタルの形成」（日本都市学会）など．

都市の自己革新と文化

2010年3月31日　第1刷発行

定価（本体4000円＋税）

著　者　渡　部　　薫
発行者　栗　原　哲　也
発行所　株式会社日本経済評論社
〒101-0051 東京都千代田区神田神保町3-2
電話 03-3230-1661／FAX 03-3265-2993
E-mail: info8188@nikkeihyo.co.jp
振替 00130-3-157198

装丁＊渡辺美知子　　藤原印刷／高地製本

落丁本・乱丁本はお取替いたします　Printed in Japan

© WATANABE Kaoru 2010

ISBN978-4-8188-2099-9

・本書の複製権・翻訳権・上映権・譲渡権・公衆送信権（送信可能化権を含む）は，㈱日本経済評論社が保有します．
・JCOPY〈㈳出版者著作権管理機構　委託出版物〉
本書の無断複写は著作権法上での例外を除き禁じられています．複写される場合は，そのつど事前に，㈳出版者著作権管理機構（電話 03-3513-6969，FAX 03-3513-6979，e-mail：info@jcopy.or.jp）の許諾を得てください．

まちづくりの個性と価値　センチメンタル価値とオプション価値　足立基浩　本体3400円

都市空間を創造する　越境時代の文化都市論　端信行・中牧弘允・NIRA編　本体3400円

都市政策【国際公共政策叢書13】　竹内佐和子　本体2000円

地域メディアが地域を変える　河井孝仁・遊橋裕泰編著　本体2200円

地域再生への挑戦　地方都市と農山村の新しい展望　橋本卓爾・大泉英次編著　本体2400円

◇シリーズ都市再生

①成長主義を超えて―大都市はいま―　矢作弘・小泉秀樹編　本体3200円

②持続可能性を求めて―海外都市に学ぶ―　小泉秀樹・矢作弘編　本体3200円

③定常型都市への模索―地方都市の苦闘―　矢作弘・小泉秀樹編　本体3000円